Stardust to Stardust

命若星塵

艾瑞克．萊特——著

陳婉容——譯

Reflections on Living and Dying

Erik Olin Wright

目次

二〇一九年一月

推薦語

艾瑞克在這本病榻日記展現他一貫的樂觀與勇氣，讓萬千讀者陪著他走上一段無人知曉的「旅程」。正如同作者過往一本本啟發性的著作，帶給世人的各種領悟及行動熱情，我們在書中看到一生都在挑戰資本主義、追求「真實烏托邦」的艾瑞克，面對人生最後的挑戰，如何一邊承受肉體及精神的痛楚及折磨，一邊展示一名堅定不移的學者追求瞬息永恆的意志。旅程中，縱然有對上天的詰問，對「意義」的質疑，甚至對自我的否定，但艾瑞克最後留給我們的是他在身體轉為星塵消逝之際的無所畏懼，以及對人世的至愛。這本用心撰寫的生命之書，令人動容，也絕對值得一讀。

李宗義（安徽大學社會與政治學院副教授，《真實烏托邦》編輯）

社會科學家經常把學術討論的焦點放在公平、正義、民主等價值，生命的極限與死亡的意義等話題，往往隱沒在對利益與權力鬥爭的學術分析裡……曾任美國社會學會理事長，以睿智的左派分析而著名的學者E. O. Wright，在突如其來的絕症衝擊之下，面對自己的有限的生涯，重新省思自己過去所致力推廣的社會民主理念，也留給我們社會學人生的最後一課。

林宗弘（中研院社會學研究所研究員）

作者以無比的勇氣，真誠無懼地面對死亡，寫下回顧人生、思想、學術與宗教的珠璣片語，猶如深夜的星光，閃耀智慧的光點，令人心思一亮。我們看到一個深具人生睿智的學者，在生命的盡頭，卻能夠以清晰的思辨，持續反省回顧他的人生旅程，這就是他留給後人的最大禮物。

張烽益（台灣勞動與社會政策研究協會執行長）

萊特一直以來都把社會正義的現實性及可能性當作首要關懷，而他本身對於理念的身體力行更是令人印象深刻。《命若星塵》雖然並非學術文體，但仍展現出萊特一貫的書寫風格：真誠、善用隱喻、反覆辯證。在本書中，「生死、幸福、愛」這些並非與真實烏托邦無涉，卻較少見於社會科學的議題，都能看到萊特以充滿巧思的方式刻畫。

黃上銓（社科圖書編輯、《理解階級》責任編輯）

推薦序 愛別人生・宇宙歸隊

黃崇憲
東海大學社會系

書緣

《命若星塵》是本意外之書。

二〇一八年四月，業師艾瑞克・萊特（一九四七—二〇一九）被診斷出罹患急性骨髓性白血病，隨時可能奪走他的生命，就開始在CaringBridge社群平台上規律地寫起部落格，企能更有效率，讓關心他病情的人，因此有所連結，原本並無出書打算。

當艾瑞克在網誌（二〇一九年一月四日）寫到，大概只剩三星期餘生時，我內心沉重無比，決定帶兩個女兒同行去探望他，最後道別。在舊金山機場，特意找僻靜無人角落，撥電話：「Erik，我是崇憲，正要轉機去探望你。」「我收到你的Email，但最近已無法親自回覆」。之後，是短暫的沉默。再來就是艾瑞克語帶哽咽：「崇憲，沒想到你那麼大老遠回來看我，還帶著你的女兒……」。艾瑞克語不成聲，又是片刻空白，我淚濕眼框，不知如何接話。「你和女兒有地方住嗎？我在醫院附近租了一間小公寓……」。艾瑞克正面對命在旦夕的臨終，卻還掛念著我們今晚住處有無著落。

隔天（二〇一九年一月十三日）早上十點到醫院，找到重度看護病房，入口處備有酒精和口罩。艾瑞克當時已完全沒有免疫能力，最擔心的就是感染。病房很寬敞，艾瑞克斜躺在病床上微笑招呼我們，幽默地說，醫生警告不可和來探病者太接近，所以你們不能抱我。他精神很好，談興甚健，完全看不出是瀕危重病之人。寒暄聊過一陣之後，艾瑞克突然對我女兒們說，把口罩拿下來吧，我想認識妳們。「You are beautiful.」，我們只能淺淺微笑以對。

我問他有沒有打算將病中網誌結集成書？艾瑞克露出非常驚訝表情，「從沒想過耶！」其實，我比他更訝異，竟沒有其他人提及此事。艾瑞克不解地繼續說，那網誌是非常個人的書寫，值得出版嗎？「當然啊！」我堅定回答後，艾瑞克望向我的女兒們，似乎在徵詢她們的意見。大女兒殊非說：「我一直都有關切你的部落格，每次讀都給我很多的感動和啟發。」但艾瑞克當下並沒有隨即應允，此事就暫時打住。我又試著去遊說師母瑪西亞，她不置可否，要大家再想想看，最後由艾瑞克決定。

因此，當接到麥田出版社邀約為此書寫推薦序時，驚喜莫名，因為萬萬沒料到此書，竟能有與台灣讀者會遇之殊勝機緣。

展讀書稿之際，又看到艾瑞克在病痛凌虐、死亡逼視、預知時至，身心的艱難，及捨放不下家人的，愛別離苦。常在某些段落，掩卷太息，諸多感慨齊湧心頭。

此書把艾瑞克向來的人格特質發揮得淋漓盡致，被布若威（Michael Burawoy）稱為「攸關生死鬥爭的美妙民族誌書寫」。艾瑞克在生命陷入危殆，於病苦中仍奮力，甚至歡欣寫著。彷彿在沙漠中的瓊麻，必須在極為熾旱酷烈，乾冷的寒風中，努力儲藏水分，從毫無免疫力的身體，抽出柔軟的花莖，懸命開出顫巍巍，那麼艱韌、但又那麼淒絕的，愛別人生之花。

終極叩問

《命若星塵》，也是充滿哲思的，生死奧義書。

歷來，死亡就是哲學家探討的重要主題。蘇格拉底說：「真正的追求哲學，無非是學習死亡。」海德格決絕宣稱：「人類唯一的存在方式，就是向著死亡存在。」更且把死亡定義為：「不可能有進一步的可能性。」

我們都是向死的存有者。

時間就是無常的示現，天命可畏，倏爾奄忽，嗒然若失。

啊，死亡，你究竟潛伏何處？

在本書中，艾瑞克從社會學家，變成凝視死亡的，生命哲學家。

自確診起，連續幾個月治療，各種藥物帶來巨大副作用、永久性免疫系統破壞、殷盼骨髓移植配對、延宕、落空、起伏，到移植後復發、白血球於是愈發失速輾過，掐指倒數的餘生。

死亡如此靠近，在日常之中舒展開來，滲入生活，盤繞心頭。

迎接死亡，身心如何安頓？

艾瑞克以其獨特方式，在死亡無所不在的惘惘威脅中，以他強大的感知力與深刻洞察，將病情發展細節，鉅細靡遺呈現，鍵入書寫。

令我們得以一窺，他在病痛的磨難，與人生落幕之際的勇氣；也看到沒來由的淚水、夢魘、偶發的脆弱、與自我安慰。

面臨死亡輪番伏擊的日常，艾瑞克一方面維持他典型的樂觀，同時也以悍然的態度面對現實。

艾瑞克在此書中告訴我們活著有很多樂趣，古典音樂之美、和朋友家人相處的快樂、把愛傳遞給他人的美妙、以及讓這世界更美好的喜悅。

寫作成為他與死亡協商的自我療癒，有生之讚嘆、愛的擁抱，還有繼繼不捨的悠悠人世。《命若星塵》是感人至深，與死亡交手，所留下的存在證言、人性孤本、與華美的天鵝之歌。

艾瑞克優雅離席，如丁尼生〈尤里西斯〉詩中所言：「我不能荒廢我的旅程，我要暢飲，生命之酒，直到杯底。」

從部落格一開始沒多久（二〇一八年四月二十八日），艾瑞克第一次提到星塵（stardust）這個比喻。將自己稱為最幸運、最有利的，浩瀚無垠宇宙中的星塵。他是那一粒特別的星塵，奇蹟的轉化為有意識的生物，能覺察到自己的存在，而這粒星塵將消散，返回更平凡的物質狀態，隨機殞落在浩瀚無垠的銀河角落中。

「星塵」（stardust）之比喻，為本書點睛之筆，容我原文照引：

> 「我不過是一束星塵，因著偶然，散落在銀河此一角落。在這裡，有些星塵以複雜的方式聚在一起，故有了「生存」的狀態；又，更複雜的是，這些星塵也有了意識，而且感知自己擁有意識。多麼神奇——星塵不過從超新星爆發而來，本無生命，卻因偶爾以複雜方式聚集，故有了自我意識，並能感知自己的存在和意識。這是浩瀚宇宙間至高無上的光榮。也許這是有終點的。這個複雜的組織將會結束，而這束星塵，令我之所以為我的這束星塵，也將冰解雲散，返回一般的形態。這本無可奈何。人類作為有創造力，有幻想力的生物，我們總有辦法在星塵散盡後，用不同方式延續自身之存在。」

此為艾瑞克的宇宙論、人生本體論、生死觀。

作為一個「快樂的無神論者」，艾瑞克堅定無畏檢視存在處境，不靠宗教提供護欄過活，不依賴有許諾的天國、不朽、救贖、或輪迴，諸如此類的概念，來否認死亡後的巨大黑暗。認為此生只不過是宇宙千萬年歷史裡，忽然照到的一小小片段而已。

大無畏面對死亡，展現了艾瑞克全幅生命氣質最深邃的一面。

納博科夫（Vladimir Nabokova）在自傳《說吧，記憶》一開頭如此寫道：「存在不過是一道光縫，稍縱即逝，前後俱是黑暗的永恆。」

波赫士說：「人死了，就像水消失在水中。」

擅長警句的傅柯如此說：「人終將被抹去，如同大海邊沙地上的一張臉。」

從一個有形的人，最終進入一個無形的浩瀚中，隨風而逝，揮別塵世。莊嚴領受死亡，禮讚熱烈活過的一生，終於完成，宇宙歸隊。

也許學習面對死亡，不是去掀開有害的潘朵拉盒子，而是帶給我們更豐富、更積極重拾生命的契機。

因為，就像那神話所說的，雖然打開盒子時，有不少妖魔鬼怪會跑出來，但最重要的是希望，還藏在盒子內裡的最底層。在行經死亡幽谷的旅程上，艾瑞克一方面直面死亡之巨大且現實的威脅，一方面從不放棄希望，甚至是歡欣熱烈活在當下。

也許死亡不難，正走向死亡的路才難行，起起伏伏，在高山低谷震盪，逐步謙卑、理解、感恩、平靜。

艾瑞克步步走向大限的優雅、坦誠、絲毫沒有俗套的雕飾與矯情，讀之令我低迴，帶來極限體驗、深層觸動、全面覺知，與最本真的自我相連，重新思考自己的人生。

也許，生命真的是從死亡那端開始的。

生命存在的佐證，不是必將到來的死亡，而是曾經活出的精彩。

人生少些遺憾，也許比較容易面對死亡。

艾瑞克臨終前的生命退潮，像一首詩，雖然是令人悲傷之詩，但之所以悲傷，但沒有任何埋怨，也許正是他熱烈活過，愛別人生的最後慰安、與酬賞。

愛與真實烏托邦

《命若星塵》，也是愛的實踐之書。

在艾瑞克所有的學術生涯寫作中，從沒有寫過關於愛的主題。

學生時代，我上過他的課有十門之多（事實上所有他開的課我都修過），上課內容大抵是政治經濟學取向，很硬的高密度知性論辯，他很少提及個人私生活及內心世界。因此，在本書中才得以窺見，艾瑞克柔軟之心的感性面向，機會難得地，進入他內心隱密的聖所。

本書中最令我觸動的是他寫道：「愛真的是貫穿我生命中的一條主線，結合我如何為人師、如何為人父、我的學術工作、以及對馬克思主義和解放型社會科學之全心投入。」

再者，就是二〇一八年十二月二日的那個噩夢：大家對他寫網誌的嘲笑。一種深刻的自我被否定感，艾瑞克說沒有一個噩夢比這個更壞了。他的生命、他所愛的一切、他賴以生存的所有都是一場空，被徹底否定崩蹋。接著他繼續寫道：「跟我對資本主義的批判相比，我更堅定地相信，我在世上體驗到的愛。如果愛是假的，什麼都是一場空，那就什麼都沒有了。」

他總結說，他不覺得在一年前他會寫出上面這樣的話。我想對所有熟識艾瑞克的人來說也會跟他一樣，非常詫異。此反差真的太大了，可以說是課堂內與課堂外的兩個強烈對比。課堂內授課焦點，定錨在對資本主義的診斷，及討論如何超克與轉型的問題，可說是「解放政治」，但此書中所提到則是「生活政治」。

「解放政治」是生活機遇的政治，關心的是減少或是消滅剝削、不平等和壓迫，力圖將個體和群體，從對其生活機遇有不良影響的束縛中解放出來。主要取向是傾向於「脫離」而不是「朝向」，因為單把人解放出來，並不必然具有什麼「實質內容」的前瞻指南。因此我們需要新的「生活政治」，來處理如何實現自我。

當人的生命史從事先給定的，強制約束解脫出來後，變成是開放的。相對於傳統的「標準生命史」，生活政治面對的是「選項生命史」。生命階段與事件的發展不再是一「給定的」（given），具有強烈規範性的、集體的標準歷程，而是個人根據自我性向與意義，在不同選擇項目中，選擇自己的生活形式，此為「個體化」的「生活政治」。

以往艾瑞克的研究與學術著作多半是「社會如何解放？」的問題，社會學之於它不單只是一個學門，而是肩負更艱巨智識任務的「解放型社會科學」。其畢生學術志業，所情牽志繫的，就是叩問求索一個更平等、更公義、基進民主的世界如何可能。

如果說艾瑞克在《真實烏托邦》一書中，帶給我們智識上另一個更美好的世界是可能的「解放政治」。在《命若星塵》中，則留給我們他的做人方式、立身處世的種種美德、以身作則竭力建立社群、在繁重的教學、研究、著書、演講之餘，也還竭力把愛擴散出去，為身邊的人付出，讓他身邊的人都得以欣欣向榮。

艾瑞克所活出的典範，就像一個光源，這不是文學修辭，而是接近他、和他相處自然而然，就會感受到的，他那高貴人格，散發出的光輝。艾瑞克終其一生，總是真實在做自己，活出一個正直善良、懷抱崇高理想，以愛實踐其生命終極關懷，與核心價值的人生。即使死亡將臨，生命逐漸流失，卻還是持續不斷，為了更好的未來而奮鬥，在精神和實踐中，當一個烏托邦主義者的「生活政治家」。

死亡的威脅，就像存在主義精神分析所說的「邊界經驗」（boundary experience），將我們從日常中脫離出來，讓艾瑞克強烈意識到愛，將愛「前景化」，原來參與愛並深愛他人，就是貫穿他一生的主線、生命最大的目的與意義。

其一生行止，恰恰體現了佛洛姆在《愛的藝術》一書中所揭櫫的：愛主要不是一種和某個特定的人的關係。它是一種態度，一種性格取向，這種態度或取向決定了一個人與世界作為一個整體的聯繫性。

佛洛姆認為人有一種原生傾向（primary tendency）或潛能，可以透過積極建立關係來形塑自己的存在，讓自己的存在獲得越來越大的獨立性。他把這種建立關係的藝術稱為創造性（充分體現在艾瑞克的性格上）。當這種原生傾向內化在生命中，變成不間斷的創造性取向，就能夠以此力量去生活、去思考、去愛、去活出最大的可能。

艾瑞克在他臨終前，還是繼續熱情，甚至是欣歡地寫著，雖然心存感激自己所擁有的個人恩典，但從不縱容放任自己，而是試著讓世界變得更好，來為自己和別人創造意義。以感恩之情，回顧自己一生，之所以能堅定企圖重新活化馬克思主義傳統，並使其更深刻地關聯到對民主深化與社會正義之追求，乃源於他所擁有的有利條件與環境，因而得以活過一段極為豐富有意義、在智識上令人興奮的個人生活。所以，沒有埋怨。

《命若星塵》是一本病厄生死書，卻也是無以倫比的，充滿了愛的一本書，啟發我們活得越充實，死得就越坦然。

宇宙歸隊

在CaringBridge社群網站上，最後發文是由艾瑞克的女兒貝琦於二〇一九年一月二十四日寫的，〈愛與憂傷〉（未收錄在本書中）：

「大家好，我是艾瑞克的女兒貝琦。艾瑞克昨天子夜過世了（筆者注：二〇一九年一月二十三日半夜十二時二十二分），瑪西亞、珍妮、布若威和我都隨侍在側。昨晚他發燒一直喊痛，之後病情就急轉直下，不再有回應。我們竭盡所能讓他舒適，護士和醫生也都從旁給予支持協助。這整天從早到晚，我們都在一起，回憶、談笑、及握住他的手。聊著他如何能帶給我們，如此多的歡樂。瑪西亞為他讀完了《林中空地》（*The Clearing*），所以他能夠聽到書的結尾。我們相信，他撒手人寰前，內心是平靜的。這個網站對他意義重大，而且以此所形成的社群真是棒極了。讀留言是非常大的撫慰與啟發，藉此得以讓我們繼續體驗，他對生命和世界之大愛。謝謝你們參與其中。」

當得知艾瑞克去世時，我除了感到傷痛外，隨即想到師母及他們的女兒。艾瑞克走了，生命到此結束，無聲無息回歸到宇宙浩瀚中的，那粒星塵。但生活中的這一休止符，對依然還活著，摯愛著他的親友和學生們，有多麼殘酷、多麼難以面對的死別之痛，以及千呼萬喚不回的失落。

艾瑞克離世前，我和女兒們去探視他的最後情景，乃又重新浮上心頭。

第一天（二〇一九年一月十三日），我和他得以有五六個小時的相處，討論《如何在二十一世紀反對資本主義》中文翻譯的出版計畫。接著聽艾瑞克口述一封要給他三個都還不滿三歲孫兒女的十萬字長信。因為孫兒女年紀都還太小，艾瑞克想藉此信讓孫兒女長大後，可以認識他是一個什麼樣的人，如何養育兩個女兒，從生命中學到的教訓，他的政治立場，核心價值、以及人生觀。本來在電腦前寫，後來因病情惡化，妨礙了手指的操控，常打錯字。因此，改由艾瑞克口述，貝琦聽打下來。

隔天早上十點，再訪艾瑞克，那天是大陣仗，訪客前前後後總共來了二十五個他所教過的和正在教的學生。艾瑞克情緒高昂，滔滔不絕，似乎又回到了以前上課時的口若懸河。但當一提到即將離開人世，和最摯愛的家人永別，就瞬間哭了出來。

他感嘆回憶是帶不走的，只能留給活著的人。最難過的是無法看到三個孫兒女長大，參與他們的成長，他們也沒有機會多認識他。當下是很傷感的時刻，但隨即大夥兒們又回到往日時光的敘舊中。

時候不早了，艾瑞克在病房門口送客，學生們一一過去跟他道別，將內心深處，感激的最後話語，娓娓道出。我刻意留到最後才走，因艾瑞克坐在輪椅中，我必須屈膝蹲著才能和他說話，心亂如麻，根本不知該說什麼。

艾瑞克對我說：「崇憲，你什麼都不用說，我了然於心，作為朋友，我們有共享的信念和價值，在過去的歲月中，我們就像旅伴，在知識之旅一起跋涉，共同探索，那是多美好的時光。」

我無言以對，只能緊抓最後機會，又再次建議病中部落格一定要出書，如果美國不能出版，我可幫忙在台灣出中文版。艾瑞克又看看女兒殊非、殊凡，說很高興認識妳們。我們父女三人早已淚流滿面。

從第一天早上探訪，本來預想以他的病情，頂多待上一小時，沒想到一直留到薄暮冥冥時才離開，隔天亦是如此。完全沒有料及，在艾瑞克撒手人寰前的一個多星期，能有十多個小時跟他相聚的寶貴時光，還分享了他的過去人生。

艾瑞克在我生命中，有巨大無比的影響，而且他的為人處事與知識上的啟發，可以等量齊觀。他不只是我的指導教授，也是我打從心底最敬愛的人師。何其有幸，今生能有此師生情緣的恩寵，跟隨他讀書，且驚險又不無帶點戲劇性地，完成碩博士論文，若無他睿智又出格的「另類指導」，後果不堪設想。

艾瑞克在開始寫部落格的第一天（二〇一八年四月十九日）中，就寫下療程中的各項步驟，最後「到了春季，我又可以上馬繼續前進了」。他把整個療程當成是往未知荒野，充滿危險的一次遠征，而不是一場需要別人拯救的災難。康復以後還是沒有退休的打算，希望在二〇一九年能再回到系上開課。

艾瑞克的離世，喚起我對麥迪遜（Madison）無比珍貴的回憶，我從學於他已是三十多年前的往事了。那個美麗的、充滿人文氣息的大學城，春天該是雪融、春回大地的季節。每一個角落，都藏著春天的小精靈，那從冬青樹叢中探出頭來，在長達半年的雪季封鎖後，迫不及待地在枝頭發佈春天的消息。那美麗是難以形容的，只有打赤腳走過社科院前鐘樓草地的人才會知道，只有漫溢著丁香花的春風才知道，只有春天的麥迪遜的夜才知道。

榮格聲稱：「生命就像以根莖來延續的植物，真正的生命是看不見、深藏於根莖。」

當代精神分析學家歐文·亞隆（Irvin D. Yalom）談到「漣漪效應」的概念。我們每個人，往往在不自覺中創造了影響力的同心圓，就像池塘中的漣漪不斷擴散出去，直到看不見，卻會仍然以奈米的層次再繼續。雖然看不見了，但依然持續在人心深處起波瀾。

二〇二一年我退休前所開的最後一門課，以艾瑞克在病中完成的最後一本書《如何在二十一世紀反對資本主義》為課名，作為對艾瑞克最深摯的悼念。在第一堂課上，通常只是課程簡介發課綱就結束的慣例中，我卻不自覺連續不間斷，沒下課休息，講足了三個小時，學生也都精神貫注傾聽，沒有人離席。還有另一次在獨立書店分享該書，本來預計兩小時結束的活動，也一口氣講了四個多小時。讓我深深感覺原來艾瑞克對我的影響如此之大、之深。還有我的投入也許也感染了聽眾們，這就是漣漪效應吧。

艾瑞克在病房中給三個孫兒女寫的那封長信，在不久的未來，就會跨過死生契闊之冥界，成為抵達他們手中的「時光瓶中書」，陪伴他們成長。此事讓我常想起，如果艾瑞克能像里爾克所寫的《給年輕詩人的一封信》般地，寫本《給年輕社會學家的一封信》，該有多好。

艾瑞克已離世三年多，但還是不時會在靈光乍現的記憶中，現身。所謂「在場」，就是存在呈現於此時此地（here and now）。相對地，「缺席」，即是存在的缺失狀態。艾瑞克已宇宙歸隊，但他的身影卻雄辯式地、音容宛在地在場。

缺席的在場，在場的缺席。

他一生的知識追求，帶給世界許多啟發。任何熱烈向前生活的靈魂都能為這世界帶來光亮。艾瑞克活在很多人心裡，以他特有的溫暖的方式。

注：筆者在此文之前曾先後發表兩篇關於艾瑞克・萊特的文章，分別收錄在《如何在二十一世紀反對資本主義》（二〇二〇，春山出版）後記中的〈追憶從學於萊特的悠悠時光〉，及《理解階級：二十一世紀階級論》（二〇二二，群學出版）之推薦序〈階級理論之知識遠航：Erik Wright〉。對艾瑞克其人、為人師感興趣的讀者可參考前文，對艾瑞克作為當代最重要的階級理論家，可參閱後文。本文最後一節與前文有些許重複之處，請酌參，特誌之。

編輯說明

這本書是艾瑞克・萊特（Erik Olin Wright）部落格的精要。出版內容由芮貝卡・萊特（Rebecca Wright）、瑪西亞・萊特（Marcia Wright）與凱西・勒布（Cathy Loeb）摘選並合併條目。所有的文字都是出自艾瑞克之手，完整版全文可以在caringbridge.org查閱。照片由芮貝卡・萊特、珍妮佛・萊特・戴克（Jennifer [Wright] Decker）與芮貝卡・萊特選錄。

來自艾瑞克家人的按語

在因急性骨髓性白血病（acute myeloid leukemia）治療和住院的十個月間，艾瑞克一直在網誌公開書寫。他幾乎每天都寫，直到撒手塵寰前的一天。他寫到寫作於他的意義：寫作不單讓他快樂和興奮，也是一種整理和深化他對事物的思考的方式。一開始的時候，他寫網誌只是為了方便跟人們保持聯繫，以及讓他們得知自己的病況；但這個網誌後來也成了一種安慰、一種連結方式與一項啟迪。艾瑞克無論身處何地都會去組織社群，神奇的是，這個網誌也不例外。他自覺跟讀者有所連結，而這種感受是雙向的。讀者透過在網誌的留言和回應，以及意識到他們正分享同樣的資訊，感受到彼此之間的聯繫——也就是說，他們感受到自己是社群的一份子。

在艾瑞克的一個追悼會上，有人說他「活了正直高尚的一生」。這句話千真萬確，但為甚麼呢？可能是因為艾瑞克無論遇到甚麼情況，有些特質始終不渝——他的好奇與包容性，他的智慧、深刻與靈敏；他廣泛的興趣；他慷慨的精神；還有他的良善。他天性外向，總是透過與他人分享一切來獲得靈感、快樂與能量。他公開網誌是因為他從沒想過要私下寫作。他聰慧過人，但正如他的一位學生所說的，他的智識能有如此大的影響力，是因為他愛人的能力。他總是在做他自己，不論境遇何如都一貫真誠。正如另一位前學生這樣寫道：「看到他總是這麼忠於自己，也讓我們覺得自己應該也可以活成這樣子。」

艾瑞克對社會學問題的興趣也體現到棒球或他身邊的人身上。他不只對工作生涯中長年共處的其他學者的觀點感到好奇，對醫院裡照顧他的護理師和護理助理的生活和觀點也如是。他在網誌裡提到的內容包括造血幹細胞、醫院病房的社會結構、他所讀的科幻小說、他的孫兒女、他的症狀、音樂，還有生死。當然他也寫到愛。還有廣泛的興趣與不滅的好奇心——他在這十個月裡盡情享受一切的能力，總是叫人驚嘆不已。

這個網誌跟艾瑞克過往的學術寫作截然不同，也跟他最後的寫作計畫——給孫兒女寫的信完全不相似。它帶來了些獨特的喜悅。而值得感激的是，艾瑞克從寫這個網誌，以及眾多對網誌內容的回應中，感受到他受到多少人深深的喜愛。艾瑞克是一個美麗的人。我們對他只有綿長的思念。這個網誌是他留給我們所有人的最後的禮物。

序：艾瑞克·萊特的精神

二〇一九年一月二十三日凌晨，世界失去了當代其中一個最偉大的社科學者：他既是實踐者，也是思想家。逝世的時候他七十一歲。悼念之辭從世界每個角落紛至沓來，當中有他的同儕以及學生，有社會活動家和政治家，有認識他與不認識他的人，還有許多為他的情理所觸動的人。社科學者中能受到這麼廣泛的注意，收獲這麼多忠實支持的，屈指可數。

艾瑞克·萊特是個全面的知識分子。他的學術根基是史學，受過數學訓練，是個充滿熱情的音樂家、潛在的哲學家，也是個妙不可言的說書人。他選擇以鑽研資本主義之沉痾為志業，開創了兩個知名的研究綱領。第一個研究綱領是他在一九七〇年代初，還是個研究生的時候創造的，基礎是對於經濟不平等的一套創新理解。直到生命之終，他還在和其他人合作，繼續闡述這個研究綱領，並提出新的問題和實證材料。但一九九〇年代初，他展開了另一個宏大的計畫：他認為，如果資本主義系統性地產生了具破壞力的不平等，那麼他的任務必然是想像並實現一個更加公義的世界。於是他開始著手，從許多深嵌於資本社會現實縫隙之內的組織和機構中，找尋這個替代世界的幼芽——由民主、社群和平等的價值主導。他稱這些幼芽為「真實烏托邦」。

在生命的尾聲，艾瑞克在他的病榻中創造了一個不斷進化的真實烏托邦——透過他在網誌的描述，使世界眾多讀者心嚮往之的真實烏托邦。這本書就是那個網誌的濃縮版。無論是通過寫作還是攝影，或是兩者兼而有之，艾瑞克一直不懈地記錄生活。這一次，他將自己的日記公開。在生命最後十個月，他講述對生命和死亡的想法。令人難忘的是，他將自己稱為「在無垠宇宙間最受榮寵，最至高無上——或隨便你怎麼形容——的星塵」的其中一顆。他就是那些「偶爾以複雜方式聚集，故有了自我意識，並能感知自己的存在和意識」的獨特的星塵之一。而最後，「令我之所以為我的這束星塵，也將冰解雲散，返回一般的形態」。這本書講述艾瑞克與在他體內的癌細胞對抗的過程，又談及這些癌細胞如何吞噬他新近移植的、脆弱的免疫系統。他描述了他用冥想來控制痛楚的信念。他喚起了看到同病相憐的人天天從眼前消逝的淒傷，也意識到他終會面對同樣的命運。他反思了愛和慷慨之情的付出和收獲。而在最後一篇網誌中，他寫了傻氣的藝術。這是一本逐日記錄疾病與艾瑞克如何對之回應的書。

但他也傾吐了自己的夢魘——他想像至親嘲笑他寫的這些「可笑」的網誌文字，想像生命和愛對他鄙棄不顧。他也寫到了和醫院裡血液腫瘤科主任的一次動人的交流。那位主任是位天主教徒，他提及耶穌在十架上的呼告：「我的神，我的神，祢為何離棄我？」雖然艾瑞克是無神論者，但至此他明白了這些話的普世意義：它們表達了纏繞他夢中的，被摒棄隔絕的深層恐懼。但夢魘只屬黑夜。白天，艾瑞克總是歡迎所有前來他的真實烏托邦的人。他在網誌裡記錄了會見訪客的欣喜。他的友人、學生與舊生時常簇擁在他病榻旁，艾瑞克會就他們的論文發表意見，討論近日政治形勢，或安慰正經歷困頓的他們。參加線上研討會的時候，艾瑞克會表現得特別有精神，孜孜不倦地反思著社會主義的意義，或者思考他上一本書《如何在二十一世紀反對資本主義》當中的疑難。但對艾瑞克而言，家人還是排在首位——當中有容許他在患病後把每個時刻都活得淋漓盡致的人，五十三年的妻子和伴侶瑪西亞；他們的兩個女兒珍妮和貝琦，以及三個孫兒女：薩菲拉、弗倫和艾達。

艾瑞克鮮少回顧過去的巨大成就，反而更多放眼將來，為建立更好的世界而謀劃。在二〇一八年十二月之前，他還心心念念要在春季學期回校上課。在生命最後的日子，他仍牽掛著威斯康辛大學麥迪遜分校社會學系，為學生的研究經費和指導而費心，也擔憂著誰會成為他一手創立的黑文斯中心（Havens Center）的接班人。黑文斯中心現已易名為黑文斯—萊特社會正義中心（Havens Wright Center for Social Justice）。

正如他曾公開承認的，最初建立網誌只是為了便於讓別人知道他的情況。但這個網誌很快就超越了它本身的目的。從學術的矯飾解放出來的他，在網誌裡探討了許多令他興味盎然的主題；這些文章為他逐點消逝的生命賦予了意義，也記錄了他的多才多藝。就算住院期間，艾瑞克也竟然可以組織到一個「生產者」社群，讓照顧他的醫護人員參與一場關於他們的生命及工作的持續對話。由始至終，都沒有甚麼逃得過艾瑞克永不枯竭的好奇心。

這本書為我們上了關乎生與死的一課：它讓我們知道，即使死亡將臨，我們還是可以在精神和實踐中，當一個烏托邦主義者。但這本奇妙的民族誌並不是憑空出現的。要追溯它的源頭，我能做的，就是簡單勾劃艾瑞克的生命和思想歷程。

而源頭在哪裡？很難說。可能是艾瑞克的童年時期，在萊特家的晚餐桌上，當所有人都必須報告他們當天行程的時候開始的。又或是他在哈佛上大學，受帕森斯（Talcott Parsons）結構功能系統理論的優雅所吸引的時候？又或者，是他在牛津師隨偉大的馬克思主義史學家希爾（Christopher Hill）和社會學家及政治理論家路克斯（Steven Lukes）的時候吧。

又或者，艾瑞克從來都是個烏托邦主義者。他在一九六八年，二十一歲的時候製作的動畫「棋局」（The Chess Game）在西洋棋盤上戲劇化地表現了革命的困局。他在一九七四年完成但從未出版的手稿《西洋棋規則的顛倒及其他偏離》（*Chess Perversions and Other Diversions*），本質也很相似。通過修改西洋棋的遊戲規則，擾亂西洋棋和其他遊戲玩法背後的既得利益，並帶來一系列具變革性的後果。他在手稿的序言裡寫道，「這部手稿鼓勵讀者享受發明和不按牌理出牌帶來的喜悅和自由。實驗室的老鼠可能會說有效率地跑完迷宮確實有它的樂趣，但改變迷宮本身，就是實驗人員的特權了。」

艾瑞克本人喜歡將他對烏托邦的興趣追溯到一九七一年。當時他是柏克萊普救一位神教神學院（Unitarian Universalist seminary）的學生，藉以逃避兵役。他在那裡組織了一個學生自主運作的研討會，名為「烏托邦與革命」，探討美國社會進行革命轉型的可能。其後他在聖昆汀[1]擔任牧師工作，在那裡參與了致力獄政改革的運動組織。他的第一本著作，與聖昆汀在囚人士和囚權運動家合著的《懲罰的政治》（*The Politics of Punishment*），就是在這樣的背景下誕生的。

這些經歷為他在瘋狂的七〇年代成為柏克萊的研究生打下了基礎。在那個時代，尤其是在柏克萊，又尤其是在社會學這樣的科系裡，學生對改變世界的興趣遠大於追求學術事業。言論自由運動（The Free Speech Movement）、第三世界解放陣線罷課運動、反戰運動與民權運動令教師們針鋒相對，而研究生則從中開啟了爭取掌控自己教育的空間。艾瑞克和其他研究生自行組織研討會，當中最重要的要算是「馬克思主義社會科學的爭議」（Controversies in Marxist Social Science），艾瑞克後來在麥迪遜每年都開設類似主題的課程。艾瑞克是《資本政權》（*Kapitalistate*）期刊周邊形成的馬克思主義社群的踴躍參與者，也是「共產營」（Commie Camp）——討論馬克思主義理論與實踐中迫切議題的年度靜修營——的主要組織者。他又一次將這些計畫帶到了麥迪遜，它在那裡以「基進節」（RadFest）的名號為人所知。對艾瑞克來說，社會學本

1 譯注：聖昆汀州立監獄。

身就是一個真實烏托邦。

因此，艾瑞克成為一個知識計畫的重要人物：將馬克思主義觀點帶入社會學。這個知識計畫在當時讓很多人心生嚮往。他的博士論文從科學而非意識形態的基礎上挑戰主流社會學，並證明了一個重構的、建立在剝削概念上的馬克思主義的階級定義，比起當時建基於社經地位的社會學模型，以及建基於人力資源的經濟學理論，能夠更有效地解釋收入不平等。在挑戰主流社會學的同時，艾瑞克也在重新打造馬克思主義。長久以來，中產階級都是馬克思理論的棘手問題——它根據理論應逐漸消解，現實中它卻不斷壯大。為解釋這樣的異常現象，艾瑞克將中產階級重定義為由三個「矛盾的階級位置」組成：中階經理與主管、小僱主、以及擁有「半自主性」的受薪專業人士。這些位置夾在三個基本的階級——資本家、工人，以及自僱業者中間。

由此，艾瑞克開展了階級分析的研究綱領。為準確地「測量」他的新階級類別，他籌措研究經費來做了自己的全國性調查。他的想法傳開之後，吸引了十五個國家的研究小組投入平行的調查。他的分析也展開了許多關於如何測量階級與階級的意義，令人振奮的辯論。通過這些辯論以及對批評者的回應，艾瑞克經年累月持續修正他的框架，有時是進行一些小調整，有時則改變了它的基礎。艾瑞克．奧林．萊特成為了社會學界以及鄰近學科一個無人不知的名字。此後二十年，艾瑞克出版了五部著作，全都帶有他明晰的風格，也都被翻譯為多種語言。

為表彰這樣一位享譽全球的學者，威斯康辛大學頒予艾瑞克傑出教授的職位。一九八四年，艾瑞克得以成立屬於他的批判社會科學中心，他以剛因癌症病逝，與他關係緊密的同事黑文斯（Gene Havens）的名字命名。艾瑞克利用他的國際知名度，吸引了無數學者、社會活動家與傑出人物來訪，使得黑文斯成為左翼思想的一個獨特中心。來訪者不只對艾瑞克一針見血的思考貢獻留下深刻印象，也會記得他的好客——或許還會記得他的拿手菜「紅酒燴韭蔥」與「素食法式紅酒炖雞」。

一九八一年，艾瑞克加入一個由傑出的國際社會學家和哲學家組成的小組，共同推行「分析馬克思主義」，或更白話的——「零廢話馬克思主義」（No Bullshit Marxism）。小組的目標是通過徹底拷問彼此的著作，來釐清馬克思主義的基礎。過去四十餘載，小組的成員有所更易，也偏離了於馬克思主義的定錨，但艾瑞克在其中仍是堅定但心胸寬大的馬克思主義者。於他而言，小組是他在智識上的第二個家，也是刺激他思考馬克思主義的道德基礎的源頭之一。

真實烏托邦計畫的第二個靈感源頭，是自一九九一年蘇聯倒台始不斷變化的歷史脈絡。無論人們對蘇聯和它的眾多衛星國抱持著甚麼想法——例如艾瑞克就對它們想法很負面——它們的確看似提供了一個資本主義的替代方案。蘇聯戲劇性的崩潰鼓勵了，甚至是逼使著人們重新想像一個真正具備民主、自由與平等特質的，對社會主義的新理解。當艾瑞克提出「真實烏托邦」的時候，他想到的不是一個政治夢想家腦子裡天降靈感似地出現的藍圖，終在未來某日某地由不知其名的某些人實現。一個「真實烏托邦主義者」應該是一個人類學家，在世上尋找對資本主義有潛在挑戰的機構和組織，將它們都放在調查和分析的顯微鏡下，研究它們的存在條件、動態與內部矛盾，以及傳播的可能性。艾瑞克最喜歡用的一些例子，其中包括巴西愉港的參與式預算案[2]、西班牙巴斯克地區的蒙德拉貢（Mondragon）合作社、維基百科的集體自我組織，以及全民基本收入計畫。公共圖書館也是艾瑞克時常用來說明社會主義的機構之一——讀者借閱用以發展能力的書，讀完之後歸還。圖書館也不一定只能借書，它的用途也可以是公共討論的範圍。

艾瑞克意識到，每一個這樣的「真實烏托邦」作為獨立個體，都有可能成為資本主義的幫兇，而不是資本主義的替代品。因此，用一個有共同語言和願景的，廣義的反資本主義將它們連結起來，就變得無比重要。他提出的不單是科學上的可能性，也是一個政治性的路標。在生命最後十年，並在巨著《真實烏托邦》（*Envisioning Real Utopias*）出版後，艾瑞克花了很多時間在世界各地跟許多社會活動家交流，這些人對於利用這個框架來理解自己的草根計畫，產生了莫大的興趣。我們看到的，是一個經常向不起眼的勞動者致敬的，了不起的知識分子。即使不時要忍受侮辱和謾罵，他仍鼓勵勞動者突破萬難為社會正義而奮鬥。

他的批評者認為他過分樂觀[3]，但艾瑞克會回應說，我們今日不但需要智識上的樂觀，也需要意志的樂觀。他會說：「當一個悲觀主義者很容易。」在資本主義的壓迫下，要做到既樂觀又現實是如此困難。他的過人之處，正是同時堅持了樂觀主義和現實主義。

艾瑞克留給我們的，既是一種思維方式，也是一種做人的方式。在我認識的人裡，沒有人比艾瑞克思維更澄澈，更有說服力，更敏捷，又更毫不費力。我也不認識能夠比他更快切入任何議題、文章或書本核心的人。他總是既溫和又有說服力，使人又敬又畏。他對對手的主張、論據和實證看得比對手更認真；而他也從不靠誇大、歪曲或過度簡化來和別人爭論。相反，他總是專注於對手論點中最好的部分，而且總是能比對手本身更清楚這些部分為何。這就是他慷慨的精神。他向眾多學生和全球聽他演講的聽眾展示出這些優良的特質，呼籲他們也要有邏輯，要嚴謹，要有想像力——但同樣重要的是，要正直和誠實，嘗試肯定他人的善意。這些都是他一直以身作則的。

他所推崇的特質——平等、自由、社群——我想他現在也會加上「愛」吧——不只是新社會的基礎，也是我們日常應該持守的道德價值。如果我們對這樣的未來感到急不及待，我們在今日就必須以實際行動展現我們對未來的信念。艾瑞克對所有人都平等對待，不分等級地位。他是個不欺暗室，不忮不求的人。

他總是想要去說服人，也總是竭力建立社群，讓他身邊的人都得以欣欣向榮——或用馬克思的話來說，是能夠發展人們豐富、多樣的能力。我們大概沒法成為艾瑞克，但我們可以從他的種

2 譯注：一九八九年，巴西勞工黨在愉港（Porto Alegre）推行公民參與的政府預算案，獲得巨大成功。

3 譯注：原文為「潘洛斯主義者」（Panglossian），潘洛斯是伏爾泰小說《老實人》中一個角色。

種美德中得到啟發，努力追隨他的腳步，以他的願景為指南向前邁進，同時也在過程中不斷重新塑造這個願景。

——邁可・布若威

二〇一九年九月十日於加州大學，柏克萊

日誌

二〇一八年四月十九日

病情和治療計畫

二〇一八年四月六日星期五，我確診了急性骨髓性白血病。這完全出乎我意料，因為我可是一點癥狀都沒有。起初是在一次例行驗血時懷疑有問題的，然後通過骨髓穿刺（Bone marrow biopsy, BMB）證實。因為我的年紀和細胞突變的狀態，這種白血病不能依賴減少癌細胞的週期性化療來控制與緩解。唯一可行的辦法是嘗試通過密集化療根除癌細胞，再進行幹細胞移植手術，基本上就是擁有一個全新的免疫系統。整個過程有很多潛在問題，從小失誤到挫折到災難都有可能。但也有一個不小的可能是到最後我能完全康復。這也是我想要的！

我們決定在密爾瓦基的威斯康辛醫學院福德瑞特醫院（Froedtert Hospital）接受治療，而不是在麥迪遜。得知罹癌後，我啟動了我的醫生人脈：我在佛羅里達醫學院任職的姐夫，還有兩位麥迪遜的醫生。他們各自問了他們熟悉且信任的血液腫瘤科專家，然後不約而同地說威斯康辛醫學院很擅長進行幹細胞移植。我在四月十日星期二就成功約診到血液腫瘤科和移植小組的主治醫生，而且很喜歡他們的為人和他們的整個工作態度。雖然我們可以在麥迪遜完成療程的第一階段，但決定還是整個過程都在一處進行比較好。以我所知，下列就是療程中的各項步驟：

1. 由四月十一日開始，進行一個月的化療，目標是產生緩解（remission），也就是無法檢測到癌細胞。這個階段的化療用上了剛獲批准的緩釋型藥劑，一貫有效但減少了副作用。到現時為止，我沒有覺得噁心想吐也沒有掉髮。如果緩解的目標達成，我會進行第二階段；沒達成的話就重複這個階段。

2. 然後就是四至六個月的休息時間，為了從化療中恢復過來。如果期間癌症復發，那就回到第一階段。如果沒有的話就直接到第三階段。要知道有沒有復發要靠骨髓穿刺。我的一位心理學家朋友用了實驗室老鼠打比喻：「我不會為它壓條子。」[4]

3. 再來是幹細胞移植手術，要從全球二千七百萬個登記捐贈者中找出匹配者。就我對過程的理解，獨特的遺傳標誌共有八個，所以所謂完美匹配就是八個標誌都相同。雖說不一定要完美匹配才能活下來，但這會減少移植物抗宿主所引致的疾病。假設找到了適當的幹細胞匹配，我的整個免疫系統會被剷除——是剷除一切，不只是癌細胞。這就是我理解的化療了：激烈且會帶來很多副作用。這是破釜沉舟的一著。如果移植失敗，那就完了。就好像心臟移植手術，舊的心臟拿走，你就只有新的那個了。如果有不錯的匹配，成功機會率還是頗高的。這個過程需要再留院一個月。

4. 為移植手術留院過後，我們要在密爾瓦基醫院附近住上四十五天，因為要不斷看門診，而且這段期間有很大機會發生感染，需重新住院治療。感染和移植物抗宿主引致的病就是兩個最大的災難來源了。完成這一切後，大概夏天也將要完結。

5. 如果我熬得過第四階段，我們就可以回到麥迪遜。化驗在麥迪遜進行，此後大約六個月間，要定期往來密爾瓦基看門診。

6. 到了春季，我又可以上馬繼續前進了！

我現在處於療程第一步期間。就像旅鼠跳下山崖時會說的：「到目前為止還不錯。」[5] 我在寫給一位學生的信裡這樣說，他立刻回應道，幸好谷底有個彈翻床啊。我是心懷希望，甚至樂觀的，但能出錯的地方太多了，所以我盡量保持開朗但面對現實的心境。我會盡力不去做的，是讓未來幾個月有可能會死這件事，玷污我還能活的時間。我們誰不會死呢。又不是第一天知道。而且唯一可以肯定的是，我還活著就即是還沒死。所以為甚麼要破壞活著的時間呢？

我會把這個療程當成是通往未知荒野、充滿危險的一次遠征，而不是一場讓我需要別人拯救的災難。經過這段歷程康復後，我還沒有退休的打算，希望在二〇一九年能回到工作崗位吧。

---

4 譯注：在一些科學實驗中，實驗室的老鼠會對著光或聲音亂跑，如果牠們不小心碰到條子的話，食物就會掉下來。實驗室老鼠很快會理解到，「按條子」跟食物是有關係的，之後會故意去按條子來獲得食物。科學家稱這種行為作「操作性條件反射」。艾瑞克這裡說的是，他不會刻意追求骨髓穿刺這種體驗。

5 譯注：旅鼠是一種感到驚慌時會自發跳下山崖的動物，這裡是說艾瑞克不知前路如何，唯有享受著墮崖的過程。

二〇一八年四月十九日

我的苦中樂清單

我打算將患上急性骨髓性白血病期間發生的所有好事，都記在流水帳上。以往總有加州來威斯康辛的研究生很擔心那裡的冬季嚴寒，我都跟他們說：「你要找個讓你希望冬天沒那麼快結束的理由。」對我來說，那個理由就是越野滑雪了。所以，我的流水帳暫時記錄了下列這些：

1. **二十五年後，我第一次吃冰淇淋**

自一九九三年起，因為心血管健康的原因，我奉行嚴格的低脂飲食。當時我得到的建議只是要「低脂」。但從那時起，醫生對於吸收不同種類的脂肪有了更細微的建議，現在一般都認為精製澱粉對心臟健康尤其壞。飽和脂肪有害健康則是二十五年來不變的說法，所以我有四分一世紀沒碰過冰淇淋了。但這裡的醫生和營養師對我說，我需要很多卡路里去打這場仗，而且此後我的食慾很可能下降，所以我應該放棄這些限制。瑪西亞給我買了班傑利公司的櫻桃巧克力口味冰淇淋，我吃完了一整碗。

2. **瑪西亞願意跟我一起看《權力遊戲》**（*Game of Thrones*）。我之前（邊做運動）邊聽完了《權力遊戲》的有聲書，非常喜歡；ＨＢＯ影集也看了幾集，但因為瑪西亞不喜歡太暴力的影集，所以我說服不了她跟我一起看。現在她說「在這種情況下」，她願意試一試。有些暴力的情節她還是沒看，但她說她喜歡裡面的角色塑造、長篇冒險，以及幻想小說與中世紀現實主義的奇怪組合。

3. 我在我們的「家外之家」[6]可以看到密爾瓦基的美麗景色，感覺像跟瑪西亞在異國渡過了長達一個月的假期。

4. 在四十二年的教授生涯裡，我的「任務清單」第一次空空如也。在得知患病時，我就知道自己必須要取消一系列計畫，尤其是我特別期待的五、六月底在義大利、德國和挪威的講座之旅。來到這裡之後，我得知要取消二〇一八年年底以前所有計畫，甚至更久以後的。我開始通知任何有可能因為我的情況，直接影響他們計畫的人，然後取消了所有事情。

其中一項任務是找人接手我之前籌組的會議、學期剩下的時間安排代課，告訴研究生們我不能給他們的論文草稿寫評語，向《政治與社會》期刊的編輯部請假，等等。剩下的就是一張空蕩蕩的死線清單。我仍然希望把未完成的書繼續寫下去，也許清空了其他計畫，對此也有幫助。之後我會在這個流水帳上繼續記錄的。

6　譯注：指醫院病房。

二〇一八年四月二十一日

第一次短兵相接

對於癌症治療，很難不用上軍事比喻。我們總是說和癌症「搏鬥」，病人「英勇地反抗」、化療是一場「化學戰爭」……我的醫生們是策動攻勢的戰爭內閣，護理師們則照顧著戰場上的傷者。這般戰爭的敘事結構是這樣的：有衝突，有會戰，有戰略性撤退，有重整潰兵，當然還有對敵軍的不斷監視。

兩天前的晚上，我經歷了第一次與敵陣的嚴重衝突：我的體溫突然飆升不少，有六、七個小時都在打寒顫和盜汗（一夜之間，我的汗就濡濕了六件病人袍），感覺壞透了。在那之前我從沒感到不適。我在電子郵件裡總是語帶歡欣地跟人說，確診患癌完全出乎我意料——因為我一點症狀都沒有。我立刻被安排用上了各種預防性抗生素靜脈注射，醫護人員的探視也變頻繁了。午夜時分燒退，我立刻感覺好多了。整個晚上都有點反覆，但也還不算很糟。之後那天我漸漸地感到好轉。

這整個經歷完全符合戰爭比喻。一九一四年八月，第一次世界大戰開始。群眾在街上歡呼，年青壯丁群起自願參軍；他們嚷著：「聖誕前我們就要凱旋而歸了。」幾個星期後，他們在佛蘭德斯[7]登陸，浩浩蕩蕩地上戰場，人人戰意高昂。而我是四月六日得知患癌，四月十一日毫無症狀地到這裡就診的。要注意的是，我當然沒有為要打仗而歡呼，但我確實不怎麼害怕。別人問起近況，我總是說：「如果不是因為身患頑疾，我會把這一切都當成一場『有趣的』經歷。」這種幻想在我去到前線之後就破滅了。之後天崩地裂。困惑和不確定不再是智性的角度，而是現實的經歷。往後也得這樣了嗎？這就是我的「新常態」？但轟炸戛然而止，一切都平靜下來。一天過去，我感覺像從前線暫退下來，在酒吧舒服休假的士兵。

所以，這個經歷只是個小插曲，不是我的「新常態」。這當然叫人欣慰。知道痛苦有終點會比較容易捱過去。施酷刑的人都知道這一點，所以他們會避免在酷刑中把對象殺掉，還會告訴受刑的人，如果他合作的話，這些酷刑就會停止。我知道在未來的戰事中，會有更惡劣的情節會發生，有些會維持數日，甚至更長。但我也會擁有從前線退下來稍歇的時間。

二〇一八年四月二十二日

當社會學老教授遇上年輕的皮膚科醫生

首先給點背景資料：我安裝了一根周邊置入中央靜脈導管（PICC導管），這樣靜脈輸液

7　譯注：比利時北部地區。

袋中的液體就可沿著置於靜脈中的導管，直接輸液進入我的心臟。整個過程牽涉到以即時性X光影像來引導導管。完成後，血液科醫生問：「你有患過肺結核嗎？」插導管時見到的影像令我的醫生們有些擔憂。我知道問題所在。我大概八歲的時候患過組織漿菌病[8]（histoplasmosis）。那次患病在我的肺部留下了些疤痕，每次照胸腔X光的時候都讓醫生們萬分驚恐。這個解釋似乎被接受了。但幾天後……

場景：週六（四月二十日）早上，我的主要血液科醫師蘿拉・麥凱利斯醫生（Dr. Laura Michaelis）留意到我額頭上有些粉紅色的斑點：「這些是新長出來的嗎？」瑪西亞之前就問過我了。「是的。」我說，「幾天前，在化療後蹦出來的。」醫生走過來問：「按下去痛不痛？」「不知道，沒人按過它們。」醫生於是就按了幾下，發現最大的那顆斑點是會痛的。她決定找皮膚科醫生來檢查一下。其中一個可能性是，因為我的免疫系統崩潰了，組織漿菌病被重新激發。六十三年後也能捲土重來？可能性不大，但組織漿菌病是一種真菌性疾病，而真菌可以潛伏非常久。「我希望找皮膚科來看一下。」

事件：那天下午，一位皮膚科住院醫生來到我的房間。她對我進行了從頭到腳的檢查，發現了一些其他這樣的斑點。她之後和皮膚科小組的負責人一起過來，對那顆最大的斑點做了切片檢查。可能性很多，有些沒太大影響，有些應該要治療。其中一個可能性還是組織漿菌病，但他們也會對其他東西進行檢查。切片檢查要從我的頸部右側，近肩膀的位置取下來。整個過程我都躺在床上。手術非常簡單：先給我打一針麻藥，用幾把薄薄的手術刀取樣，然後全部縫合，減少留疤的可能。

住院醫師問我是做甚麼的。我跟她說我是個社會學教授。她問起我的研究領域。然後我開始解釋「真實烏托邦」的概念，並對我現在的家，福德瑞特醫院病房展開一場討論，以及為何我認為這裡非常有「真實烏托邦」味道。我像是在發表演講。我強調這個病房文化的一個具體面向：醫生確實會聆聽病人的意見。當然，我只是說出根據自己所受待遇的觀察：有些醫生日常巡房的時候會來我的房間聊天，他們總是認真傾聽，從來不會露出不耐煩，想要快點繼續工作的神情。我用教授的角度發表了我的看法：我知道效率很重要，但至少在這裡，它並不是第一順位。護理——或關懷的品質，是令我印象深刻的地方。年輕的皮膚科醫師邊留神傾聽我要講甚麼，邊縫合傷口。我繼續我的演講。有時候這些對話會被說成是「臨床禮儀」（bedside manner）[9]，但這個說法講得好像醫師們這樣做純粹是出於禮貌。其實這些互動是重要的，目的是為了創造人和人之間的連結；而唯有雙方都覺得這是重要的，這些對話才會變得重要。而這些是裝不出來的，沒法在它不重要時假裝它很重要。

---

8 譯注：一種常見於免疫力受損人群的呼吸道疾病。

9 譯注：醫生診察病人時對病人傳達同理心和關心的技巧。

然後我想了一下，在腦中看到了整個場景：我躺在床上，頭在床腳，喋喋不休地談論著思想、價值、社會分析。有一位年輕的醫生，專注地盯著我脖子的右下方，為我的治療盡心上力。我跟她說，我突然有很多情緒湧上心頭，不知如何啟齒：「我想我是當成教授在講課。」她把手放在我的胸前，說了些安慰的話。但當然，我幾乎在啜泣，不是因為絕望或悲傷，而是來自這段期間的強烈情緒——我的身分、和世界的連結曾強烈影響著我的日常存在，它們不單是我個人的背景。而我所看見、感受到的，以及以「教授」的身分進入這樣的時刻，令我感慨萬千。

二〇一八年四月二十三日

醫療報告

我本來沒打算用這個網誌來定時報告自己的臨床／治療狀況，但可能偶爾寫點短短的更新還是值得的。這些短文我都用「醫療報告」稱之好了。這是第一條更新：

除了累以外，我感覺非常好，沒有任何其他症狀。各項指數都如願好轉了。我在第一、第三和第五日做了化療，今天已是第十三天了。第二十天（四月三十日）將進行骨髓穿刺，然後我們就會知道在這個治療階段，緩解的狀況到底如何了。

二〇一八年四月二十三日

我為甚麼寫這個網誌？

我開始寫這個網誌，最簡單而又明顯的理由就是效率。與其逐一向想知道我近況的人寫電郵，倒不如定時更新人人都看得到的網誌。正如我之前說的，我決定不時寫「醫療報告」來達到這個目的。

但對我而言，這些資訊性的更新還不是寫網誌的重點。我正在經歷這麼豐富有趣，又令我萌生許多念頭與反思的事；許多人會好奇我有甚麼想法。就像之前說的——最簡單的方法就是寫在這裡分享。旅行的時候我常記下自己的想法，現在當然也會寫。以前我沒有公開分享自己的旅行手記，但我想很多人會想讀我的「急性骨髓性白血病」遊記——所以怎麼不寫呢？

但還有另一個我覺得很重要的原因。把正在發生的事寫下來，大大地安慰，甚至是治癒了我。寫作是快樂之源，並不單單因為有時寫出來的作品很好，而是因為在寫的途中，我不時會感受到一種情緒的提升，一種既滿足亦興奮的感覺。當我為全神貫注地寫一些有趣的問題時，整個腦子裡都是那個問題。我有個讓自己快速入眠的方法，那就是思考我正在寫的東西，回顧整個敘事結構，思考某些具體的闡述問題。即是說，我邊睡覺邊思考，然後一覺醒來又找到前進的方法了。寫作時常令我感到快樂，不過當然不是每次都如此，那些該死的死線常常破壞了寫作的美好。但在這裡我沒有死線，所以我可以寫的時候，就會盡情地寫。而我也會與你們分享我寫了甚麼，因為我愛的人們在這些文字裡找到的幸福和意義，也是我在寫作中找到的快樂之一啊。

二〇一八年四月二十四日
努力與意志

為了鼓勵病人多做運動，骨髓移植病房舉行了一場「骨拉松」（marrow-thon）。整間病房被布置成一個「8」字型的跑道，跑八圈大概是一．六一公里，跑二百一十圈就是一場正式馬拉松的長度。病人在住院期間完成「骨拉松」的話，獎品是一件T恤，上面印著一個人將點滴架推過終點線。我覺得骨拉松實在頗為可愛——有點像為疾病籌款而辦的週末十公里「為療癒而跑」。我不需要那件T恤做誘因，為了自己的健康著想，我本來就會遵從醫生指令。當然「骨拉松」也讓運動本身更好玩了。我決定了：我要每天走十圈。初來報到的時候，我都是輕快地穿過病房走廊的。我身上沒掛著點滴架，而其他病人有，所以他們都趿拉着腳步。這也是我難得見到其他病人的時候。他們有些順時針的走，有些人則逆時針，路過的時候我們會打招呼，但沒有講上甚麼話。除此以外，我也參加了設計來鼓勵我們動起來的體能訓練班。只有一位「骨拉松」的參加者也去上課，我很疑惑其他人為甚麼不去。運動對身體很好，為甚麼他們不多付出努力呢？

那是我在頭一個星期的想法。到了第二週，我的體力直線下降。我經歷了幾個難熬的晚上——我的身體已不如之前了。在我離那件骨拉松T恤又多了一天十圈的距離後，我和從柏克萊來探病的布若威一起去走走。我深刻感受到自己的身體跟不上我們的行走速度。半圈之後，我已經不能邊走邊聊天，所以我們慢了下來。我不再講話，但我們沒停下腳步。我們經過病房門前時，我在想：要停下來嗎？我跟自己說，不要——再走一圈吧。在拐下一個彎的時候，我開始發抖，很快意識到問題不在於願不願意付出努力。某些限制是真實存在的。我一直發抖，一句話都講不出來。布若威扶著我走回房間。我倒在床上，在五分鐘內回復到了某種均衡狀態。

就算是以前，我當然也知道單單看一個人的行為舉止，你是無法知道那人「付出」了多少的。但我也發現，我的確對那些沒去上體能訓練班，沒參加走廊步行的，看似沒有付出努力的病人，有那麼一點點的批判。就算在充滿重症病人的環境（對，我本人就是一名「重症病人」），我還是隱隱然展現出一種「以努力為美德」的職業道德。多麼愚蠢啊。當然，當大家要合力完成一件事的時候，如果有些人沒有盡責，沒有分擔工作量，那麼批評不公平或有人坐享其成是合理的。但那是如何分配每個人付出多寡的問題，而不是付不付出的問題。再者，觀察本身是有誤導性的。他人在檢視一個人付出了多少努力時，未必能感知到那個人的心理負擔。

雖然沒說出口，但我一直覺得，自己可以靠著努力和意志度過任何難關。面對很困難的事情，可能需要花更多時間，但我憑著意志，可以再付出多些努力。我未必會為這種看法辯護，但心裡的確有類似的想法。意志可能是重要的，為了達到目標，努力也是不可或缺，但付出的能力，很可能就不是個人能掌控的了。

二〇一八年四月二十五日
跟母親討論「吹首快樂的口哨」的歌詞

我每天都跟母親通電話。她名叫碧翠絲．萊特（Beatrice Wright），現在住在麥迪遜的一間輔助生活（assisted living）院舍裡。她活了超過一世紀，眼睛已幾乎看不見，身體也不大好。在我生病以前，我盡量每天從大學騎單車回家的路上，順路去看看她。

在這些聚在一起的日子，我們總有知心的日常對話：我會問她今天感覺怎麼樣，她幾乎都是答：「夠好的」。然後我會回應：「答案正確。妳通過了這場考驗。」有些時候，她會興致勃勃地答：「夠好了！」那我就會說：「那好像比『夠好了』還要更好一些！」我們倆會因此哈哈大笑。

近月去探望她的時候，我們會聊起熟悉的歌的歌詞。有時她會建議要聊甚麼歌，有時我會當建議的人。母親是復健心理學的榮休教授，所以我時常會建議一些能讓她想起過往專業生涯，以及，如果合適的話——讓她想起一些激發過她學術生涯的意念的歌曲。選定一首歌之後，我就上網查那首歌的資料。很多時候，我們會發現在較為人熟知的第一節之後，會有些出人意表的歌詞，又或者我們會發現，原來另一個版本的歌詞更精采。上星期，我從醫院打電話給她，跟她一起研究了「美國（為妳，我的國家）」（My Country, 'Tis of Thee）這首歌。這首歌在一八三〇年首版，原本是一首歌頌美國這片自由之地之偉大的愛國歌曲。但一八四〇年代，這首歌又有了廢奴主義者[10]的版本。

我們聊歌詞總是聊得非常開心。對我來說，和母親一起研究歌詞，是既給人力量又令人感動的事：我們是兩個教授，也是一對母子，一個活了百多年，一個已經七十一歲。而我們都住在輔助生活的設施裡——她住在養老社區，我住在醫院的癌症病房。而我們倆還在談論歌詞。

另一個特別甜美的記憶，是我們在聊起「美麗的美國」（America the Beautiful）這首歌的時候。我念到「並以兄弟情誼為其加冕」這句歌詞，媽媽說：「里奇啊[11]，應該是『並以手足情誼為其加冕』，不然別人會覺得歌詞講的只有男人。」我自小認知的媽媽就是這樣的：她總是在找方法令世界變得更好，又對語言改變思想的能力特別敏感。作為復健心理學家，她一直倡議改變我們形容肢體障礙的語言：與其說「殘障人士」（disabled person），更好的說法是「有身心障礙的人士」（person with a disability）。

10　譯注：在十八至十九世紀初於美國出現的一種思潮，主張廢除當時仍在南方運作的奴隸制。

11　譯注：艾瑞克的小名。

幾天前，我提議我們研究音樂劇「國王與我」裡面的一首歌「「吹首快樂的口哨」（I whistled a happy tune）。父親很喜歡百老匯音樂劇，所以這些歌曲也是我童年不可或缺的部分。他有部很特別的黑膠唱盤，可以從下面播放黑膠唱片的一面，又再從上面播放另一面。「國王與我」開場後不久，有首由母親唱給小男孩聽的歌：故事中小男孩初到暹羅，非常怕生；母親安慰他說，害怕的時候，她總會「吹首快樂的口哨」來裝出勇敢的樣子。

歌詞前段是這樣的：

如此欺瞞的結果
實在有點難以形容
每當我騙倒他人
好像連我自己都被騙過了

之後說得更鏗鏘有力：

相信自己無所畏懼
這招會讓你走的更遠

你有多相信自己
你就會有多勇敢

所以你不只是在騙自己——你是真的勇敢起來了。

我之後反省了一下，於我的處境而言，這首歌的歌詞對我意義何在。我沒有怕甚麼人，但的確有些讓我畏懼的事物，而我希望「勇敢地」面對這些令人恐懼的事。我不覺得自己是為了真的變得勇敢而裝勇敢，但確有點那樣的影子：我知道，如果我老是想起那些叫人恐懼的東西，我會失去希望。但是，刻意留意正面事物也不是在「騙」自己啊。同樣地，我也沒有要「壯膽」面對甚麼。「壯膽」好像是為了獲得別人那些「很勇敢」的讚許，而隱藏自己內心真正的想法。我必須承認，別人說我面對頑疾多麼勇敢的時候，我的確感覺良好——但我不覺得自己是刻意壯膽來搏取稱讚。我想，更有可能的是，我覺得承認這些令人恐懼的可能性，然後將它們拋諸腦後，就是我處理它們的最好方法。我不要讓它們成為我好好過日子的絆腳石。

在我身體還可以，而所有嚴苛考驗還未到來的時候，這些會比較容易做得到吧。

二〇一八年四月二十六日

穿插雜耍節目和大舞台

醫生們喜用「雜耍」這個可愛的比喻。想像你信步走在路上，要往大舞台看馬戲團的主秀，但路旁有人在嚷嚷，要你看他們的雜耍表演。他們堅持不懈，非要你進門為止，十分煩人。你想要去大舞台，但那些討厭的雜耍表演者，一如那些惱人的症狀——硬要得到你的注意。而你是無法忽視他們的。

我的第一個穿插雜耍節目是尿崩症（diabetes insipidus）。最初讓我求醫並驗出白血病的症狀，是極端的口渴和幾乎是持續的尿意。這些症狀都是三月初突然出現的。診斷結果花了大概一星期才出來。在那一週期間，我在大學生的課堂裡，要麼在上課前的一小時完全不喝任何東西，然後忍受著乾渴講課；要不就必須在中途休息一下，上個廁所。

總之，經過一週的檢查，又轉診到威斯康辛大學的內分泌科診所後，出來的結果很明確：我的腦下垂體，沒有產生調節血液中鹽分平衡所需的激素。我們平常講的糖尿病是「甜」的糖尿病（diabetes mellitus），意思就是葡萄糖濃度高，所以尿液的味道是甜的。但我的那種尿崩症，尿液的味道很淡。醫生給我開了一種叫「去氨加壓素」（desmopressin）的鼻腔噴霧，一天兩次，立即解決了這個問題。

雜耍表演的問題是，它們隨時是通往另一個大舞台的門——誰知道呢。

二〇一八年四月二十六日

在醫院裡，讀羅伯斯的小說《物自體》

三月下旬，我在澳洲探望女兒一家，又在昆士蘭大學和雪梨大學辦了講座。在布里斯本時，我跟社會學界的老朋友琪蓮（Janeen Baxter）和馬克（Mark Western）共進午餐，同場還有他們的女兒潔西卡。潔西卡剛在英國完成考古學碩士，多年以來，她向我推薦過各種有趣的科幻和幻想小說，此行她就送了我亞當．羅伯斯的小說《物自體》（*The Thing Itself*）。這部小說是對康德「物自體」[12]思想的哲學思考。康德認為，人永遠無法感知被稱為「物自體」的現實——因為感知本身，是由認知範疇[13]，以及透過這些認知範疇而成為可能的感官知覺模塑的。小說的構想是，人類發明了一種能繞過人類思維限制，不受時間和空間這些感知座標所約束的電腦，解決了部分

---

12 譯注：「物自體」是康德提出的一種形上學及認知論的概念。康德認為，人類認知世界的方式由感官和認知範疇構成，也因此，人類認知到的世界只是「現象世界」，並不是「物自體世界」，後者是不可知的。

13 譯注：語言學家認為，人類的思想和行動是由時間、空間、因果關係等一小部分先驗的認知範疇（cognitive categories）形成的。因此，所有自然語言都發展了表達這些認知範疇的方法。

問題。這為操縱宇宙的空間維度開闢了廣闊的新途徑，又從根本上消除了人類幾乎所有形式的稀缺。我喜歡這種書。我輕鬆地由它自圓其說，就不自己花時間去追蹤那些理據了。

反正我住院的時候，書已經讀了三分之二。我在書裡，讀到一段跟我的病和住院經歷產生強烈共鳴的話。那是公元二三五〇年，前面的段落交代了背景：

11. 無論你有甚麼癢處，都要抓一抓。

12. 啊，但如果你的癢處是想要傷害別人呢？哦，那麼抓它的代價，將很可能比你抓癢後獲得的快樂要大。同理心（Empathy）跟我們所有人是分不開的，這點沒有商量的餘地。

13. 但在這點上沒商量餘地也不重要，因為——嘿，這裡是烏托邦！

14. 雖然你會忍不住去關心他人的福祉，但那不礙事，其他人都過得很好，謝謝！因為——嘿！這是烏托邦。如果你有痛苦，我們有辦法醫好你。

然後就是和我有強烈共鳴的段落了：

15. 除了那些喪親的人。他們很痛苦，而且沒甚麼能幫助他們。

16. 但那是死亡，死亡是很少發生的。除了承認死亡，經歷他人的死亡，並且在我們每個人死去的瞬間停止活著以外，我們對死亡是完全無能為力的。

這些段落非常接近我思考死亡的方式。而且又恰恰在這種時候，在談論烏托邦的小說中遇到這段話，讓我深受感動。

幾頁之後（第二五八頁），在格式和風格完全迥異的一章中，又有一個與我自己的想法完美交匯的段落。在一九七〇年代初，我寫了一份從未出版的手稿，題為《西洋棋規則的顛倒及其他偏離》。我在文中對西洋棋的規則進行了修改，產生了不同的變體。而在《物自體》中，有這麼一段關於結構，以及結構如何影響行動的段落。有個主要角色認為結構是一座監獄，而電腦聞言如此說：

> 哦，**監獄**不是最好的說法。我的意思是，如果你是一隻西洋棋的棋子，你會將棋盤上的方格，以及決定你如何移動的規則視為**監牢**嗎？不會，如果你想要下棋的話就不會。它們只是玩遊戲的必要結構框架而已。當然了，西洋棋怎樣都比生活簡單，你可以輕易改變規則：例如按你喜歡的方式移動棋子，等等。但那不會令遊戲更有趣。這樣它反而**沒**趣了。[14]

14 注釋：此段出處 Adam Roberts, *The Thing Itself* (London: Orion Publishing Group, 2015)。

生命、死亡、意義、烏托邦、結構，能動性、還有西洋棋——當我在醫院病榻上和急性骨髓性白血病搏鬥的時候，這本書還真是強心劑啊。

二〇一八年四月二十八日

關於生死的不成文隨想

一如所有患上危及生命的疾病的人，我想了很多關於生死和意義的事情。可能因為我對結果還很樂觀，身體感覺也還不錯，所以我的想法不是痛苦或憂鬱的。如果治療無效，我覺得身體很糟糕，或者覺得死亡迫在眉睫的話，可能就更難用一種輕鬆愉快的，客觀的方式去談論這些話題了。無論如何，我有很多想法突然湧上來。這是一個有許多小小感悟的時期。

我不會試圖將這些想法組織成一篇完整的文章，只會在想到的時候把它們寫下來。但首先，我想我應該寫下自己對「生命的意義」，和其他跟宗教相關問題的看法。

作為一名快樂的無神論者

我不相信有上帝（God），當然也不相信上帝是一個有目的地干預宇宙運行的偉大存在（Powerful Being）。如果單單把有意識地存在的奇妙和快樂稱為「上帝」的話，那麼我當然會相信，但我不覺得將之稱為「上帝」有甚麼意義。

但對「靈性」（spirituality）這個概念，我就不太確定該如何描述自己的想法。我當然有與他人或大自然深深連結的經驗，有時這種感覺很像「天人合一」的概念。同理心、良善、愛——這些都是超越我自身的偉大概念，但那是「靈性」嗎？至於「湧現性」[15]和平常說的「整體大於部分之和」，我大體來說也是接受的。就我生活所處的人際網絡而言（那又是一種特別的「整體大於部分之和」），這也可能是一種思考在我的存在以外的，一種「超越的現實」的方式。但那也不過是超越我自己一個人的現實，而不是現實本身。那又是「靈性」嗎？很可能人們經驗的靈性就是類似的東西。

回到宗教本身：簡單來說，我相信人類創造了上帝，而不是上帝創造人類。上帝是人類在嘗試解答困難的，也許無法回答的問題時創造的產物。宇宙間不存在任何意義或目的——除非我們自己去創造。道德原則也是如此：某些事情是道德的，並不是因為有某個全能的、睿智的存在說它是道德的，而是因為我們有充分理由如此認為。

15　譯注：在社會學裡，湧現性（emergent property）指許多個元素組成一個更大的實體後，這個實體會擁有組成元素不具備的特質。而之後艾瑞克說自己所處的人際網絡「又是一種特別的『整體大於部分之和』」，大概是在指學術交流與知識積累的特質。

人類的生命是既瘋狂又了不起的現象：某些元素在恆星和超新星爆炸的中心醞釀，並在宇宙中噴湧而出。這些元素最終聚集在一起，成為一顆圍繞著一顆中型恆星的小行星；然後，經過幾十億年的時間，這些「星塵」成為具有自我複製能力的複雜分子，我們稱之為生命。又幾十億年過去，這些自我複製的分子結合成為更複雜的形式，進化成能察覺、甚而具有意識的生物體，最後甚至意識到了意識——至此，星塵變成了有意識的生命物質，覺知自己的存在。而由此而來的，是對死亡的感知。

凡此種種，最非凡而美妙的事情是活著，並且意識到自己是活著的。宇宙中的大多數物質既沒有生命也沒有意識。我作為一個有意識的生命體將會不復存在，但與我正存在的事實相比，顯得微不足道。我並不覺得那就剝奪了我存在的意義；正是這一點使得為生命注入意義成為可能。

年輕的時候，我對宗教懷著強烈敵意。在堪薩斯州上高中時，我和同學辯論過上帝的問題。我並不厭惡圍繞宗教形成的那種道德共同體，但我絕對敵視關於超自然的信仰內容。我生長在一位論教（Unitarian）[16]的家庭，在一位論教的青年團體「自由宗教青年」（Liberal Religious Youth, LRY）中非常活躍。但一位論教是一個完全世俗化的團體，關注的是道德、社會公義和群體的問題——不是上帝。

我覺得，後來我對現在所謂「信仰團體」的看法，已變得不那麼去評判了。我更傾向透過人們的行為去判斷，從他們待人接物和生活中表現出來的積極價值，而不是他們解釋這些價值觀和意義的象徵性手法。如果耶穌的故事能幫助人活得更善良和公正，那完全沒問題。而當宗教越界地對世界的運作提出主張時——例如創造論否認進化論時，那麼我當然會評判那些內容，因為我相信那些主張是完全錯誤的，而不僅僅是表達意義的象徵性手法。如果信仰能成為人類在公正、人道世界中能茁壯發展的根基，那我就不只容忍它了，我會接受它。

對死亡的可能感到哀傷

我最近在播客「哲學咬一口」（Philosophy Bites）中聽到很有趣的一集，節目中哲學家雪莉・卡根（Shelly Kagan）談到了「死亡與匱乏」（Death and Deprivation）。卡根的論點之一是，如果一個人不相信有來世，那麼「害怕」死亡是不理性的。信仰來世的人可能有充分理由害怕死亡，至少如果他們相信地獄存在的話。但如果你相信自己的存在會終止，那麼死亡就不是一種經歷，沒有任何叫人不愉快的地方。死亡的過程可能值得恐懼，因為有痛苦和折磨，但死亡本身不值得害怕。

然而，還有個圍繞著死亡的情緒狀態的問題：對自己未來不存在感到悲傷。我一直在思考這

16　譯注：一位論教相信耶穌只是一個凡人，並拒絕了三位一體的說法，是一個完全世俗化，主要推廣善心、自由和多元化的教會。

個問題。我在未來幾個月內死亡的可能性，為甚麼會讓我感到遺憾和難過？關於這一點，有兩件完全不同的事讓我特別觸動。遺憾的來源之一，是不知道某些故事會如何發展。我想知道共和黨會不會在十一月的選舉中大敗。川普要得到報應了嗎？或者，對我個人而言——我有兩個既了不起又迷人可愛的孫兒女：差不多三歲的莎菲拉和兩歲半的弗倫。他們長大成青少年的時候會怎樣？當大人了又會怎樣？他們年紀小小已經是很有趣的人兒，我很想知道他們的故事「結果」。這就好像在看刺激有趣的電影，但被逼提早半小時離場；錯過大結局實在太可惜了。想像死亡的這個面向，令生命本身好像一場敘事，而我只是消費這個故事的觀眾。故事的主角是我，以及我在這個世上的經歷。

但遺憾與真正的悲傷，也還有另一個面向。那就是沒法在置身故事之中，沒法幫助所愛的人。尤其是我的孫兒女，我不會在場形塑他們會變成什麼樣的人。那不是因為我質疑他們會不會得到很好的照顧，只是我相信，我可能有些別的甚麼可以教給他們，有意義地豐富他們的生命。他們的人生逐漸綻放時，我希望在場支撐他們，而不是單單享受他們帶給我的快樂（當我跟瑪西亞說起這件事的時候，她說她想到這一點時，覺得讓她遺憾的是她不能再保護他們了，而我——我是為了不能影響他們而覺得遺憾）。這是想像死亡時所有悲傷的面向中，與愛最緊密相連的。第一層悲傷的面向完全關於我自己：我想起我不會經歷到的事情，突然中斷的有趣故事。另一個面向，卻是關乎我對他人的關懷與愛的；而想像這個面向，比想像另一個面向，叫人痛苦得多。

一個比喻

跟人說起我患病後的感受時，我想到了這樣的一個比喻。想像自己在做一份又爛又辛苦又無聊，你又討厭到不得了的工作。然後你去了一躺四星期的山間健行，完全沉浸在美麗的大自然中。天氣好得不得了。三個星期過去，你開始害怕要回去工作，所以最後那個星期，你開始悶悶不樂，自怨自艾。所以結果你只去了三個星期的旅行。

二〇一八年四月二十九日

更多不成文的隨想

自行車意外和急性骨髓性白血病的對比

一年半前，我在騎車看望母親時被車撞倒了。我當時在十字路口上，剛好那輛車要左轉，陽光太猛所以司機沒看到我，從側面撞了上來。我的左腿有四處骨折，自行車也毀掉了。我戴著頭盔，但依然昏迷了五分鐘，還有輕微腦震盪。我對那次意外已經記不太起來——我的記憶在意外前五分鐘就停止了，幾個小時後才又回復。

只要那次意外改變幾個細節，我就可能被撞死。撞倒我的車是一輛小小、底盤很低的日產豐田。後來有人告訴我，我被撞倒的時候被拋到了引擎蓋上。如果那是一輛改裝過的輕型客貨車或越野車，而且司機在轉彎時加速的話，我就會被撞到街上，或者還會被車輾過，很容易就會被撞死。事實上，我的確受傷了，復康過程也很艱巨，但總的來說，這次事故並不算甚麼大事。尤其是，（當我在創傷中心完全恢復意識後）我立即知道自己會活下來，唯一的問題是修理身體和復健可能很困難而已。

急性骨髓性白血病是另一件事。從三月初確診尿崩症到四月六日確診白血病，歷時不到一個月。而現時在我眼前的，是我需要經歷的一連串階段，而它們可能帶來不同結果。死亡是一個很明顯的可能性，但不是確定的。而且我現在——其實從一開始——就知道這一點了。我有足夠的時間來考慮自己的死會帶來的影響。

這兩種遭遇，都指向一個關於活著的核心事實：它是有結局的，可以在這秒或下一秒出現，可以在患病期間經歷的那一串痛苦後出現，也可以在未來一個不確定的時間出現。而患上白血病的情況，要比瞬間消失的情況要好得多，不僅僅是因為還有心懷希望的理由，還因為它是一趟經歷，是一種令所有感情和理解都更強烈的生活形式。可能，如果以後的階段會帶來強烈的肉體不適和痛苦的話，那就沒有甚麼好指望的了。但這一刻，我尚有樂觀的理由。

二〇一八年四月三十日

和母親的另一次對話

三重巧合

1. 昨天下午我給母親打電話。我問她感覺如何，她說：「夠好了。」我回答說：「我也夠好，所以我們就有雙倍的『夠好了』。」

這次我跟母親聊起身邊的人最近在做的事情和他們的近況，沒有聊歌詞。很多時候她只說一句「很好啊」，就是知道我在說甚麼的意思。但我談起了弟弟伍迪（Woody）的近況——他在十多年前確診多發性骨髓瘤。（如果你覺得我們可能有甚麼家族血癌病史的話，其實六、七十歲的兄弟一起患癌的機率並不低，更不要說有接近四成美國人一生中要患癌一次了。）兩年前，伍迪接受了一種先進的免疫療法，令他完全擺脫了癌症。雖然康復過程很艱辛，但他已經回到實驗室工作了（他是德州大學醫學院的細胞生物學家）。

我說：「伍迪身體很好，他已經回到實驗室，在做真正的科學工作。他對自己在做的事情非常興奮，這一點比任何成就都更重要。」

我頓了一頓，然後母親插了一句：「嗯，我會說是『幾乎』比任何成就都更重要。」

她的反駁多麼可愛。

我說：「媽，過去近七十年來，自我學會說話起，你都在糾正我說錯的話。我覺得那實在太好了。我年輕的時候你也常這樣糾正我，而我以前可會覺得非常煩人。」

「對，你說得沒錯。」

「但現在我覺得這樣實在很美好，只要是你喜歡的事情，我都容許你糾正我。」

「太好了。」她說。

母親骨子裡還是老樣子。

2.今天早上，我收到一封來自舊學生的美妙的電郵。她現在在一個頂級學系任職，在學術事業上已經非常有成就。她這樣寫：

對於要感謝你的事，我當然可以一一列舉：你培養了我，我在你身上學到了許多作為學者的美德。但你也給了我一些更深層次的東西：「樂趣在於學習」此一簡單但同時深刻的學問。與之相比，事業算不上甚麼。這些年來，這一直是指引我前行的原則。諷刺的是，在我知道你生病以前，我沒有想透這個想法其實來自於你。當然，你對工作和教學富有感染力的熱愛，你對學生和他們的研究的承諾，以及你拒絕被事業成就干擾的態度（即使你在輝煌的事業生涯中積累了很多成就），都一一向我展示過了。

昨天我跟媽媽說，伍迪對於工作的熱愛比他所得到的成就重要，今天學生就告訴我，她在我這裡得到的一個重要的原則，是學習——而不是事業，才是快樂之源。

3. 在今天的《紐約時報》上有一篇慶祝馬克思誕辰二〇〇週年的，寫得很好的專欄文章。文章中有句話深深震撼了我：「如果有個令人信服的案例可以證明哲學的危險性，那肯定會是馬克思發現了黑格爾。黑格爾那些『怪誕刺耳的旋律』[17]起初讓馬克思感到厭惡，但很快就讓他在柏林的街上瘋了似的舞動起來。馬克思在一八三七年十一月給父親寫了封同樣神志不清的信，信裡寫道：『我想擁抱每一個站在街角的人。』」

這句引述，為我關於研究帶來的興奮比成就更重要，樂趣在於學習而非事業的說法，又增加了一個維度。馬克思在信裡，正好表達了對思想的熱情，可以成為一種兼容並蓄的愛的一部分，令人想要「擁抱每一個站在街角的人。」

這些日子，我以一種肯定生命的方式，感受到了思想上的興奮、創造力、善良，和他人的聯繫——還有愛。

17 譯注：馬克思曾在寫給父親的信中，指黑格爾的思想是「怪誕刺耳的旋律」（groteske Felsenmelodie）。

二〇一八年四月三十日

我的苦中樂清單（續四月十九日的日記）

過去兩星期，我發現了身患危疾可以感受到的其他苦中之樂：

5. **美好的事情要大聲講出來。**自從我患病的消息傳出後，我收到了好多美好的電郵和信件，人們紛紛捎來支持、關心和愛護我的言語。這些訊息對我很重要。當中有些人詳細地寫下我如何影響他們的生命。有些聊起了我們交往中的某些特定時刻。有些談到我以某種方式傳達給他們的想法和價值觀。這些是人們平常不會談起的事情。在榮退歡送派對或很重要的生日聚會上也許會提及吧，但在日常生活中，人們是不會鉅細無遺地細數自己的生命是如何因別人而得到提升的。我覺得這樣的交流很動人。我所關心的人說出我對他們的生命有正面影響，我自然覺得很滿足，但那可不止於此：這些肯定，也令我覺得自己的確被認識，而且也讓我覺得自己跟這數十年來相交過的人有了更深厚的連結。
6. **大大小小的感悟。**無疑，在這趟人們愛稱為「旅程」的頭幾個星期，我對各種事情都看得更透徹了。而「旅程」這個比喻本身就是一個小感悟。我一直覺得人們用「旅程」來形容個人成長有點討人厭：它有點我一直討厭的「新紀元靈性運動」（New Age）的感覺，因為它總帶著有點追隨潮流的，虛假的味道。但我現在真的覺得很有共鳴。旅程的隱喻也代表前路是與各種不確定性，甚至是痛苦互相交錯著的。這是我很喜歡這比喻的一點。

更重要的是，我對那些構成人生的重要問題，有了更具意義的新見解和理解。其中一個見解，關乎我面對死亡時感受到的那些遺憾的性質：一種是作為觀眾，無法見證我關心的故事如何完結的遺憾；一種是作為參與者，無法存在於我愛的人的人生中的遺憾。兩者的分別我現在看得很清楚了，但之前我沒辦法。另一個見解是「愛」作為我人生的核心概念，以及「愛」如何為人生注入意義。從前我認為對意義的追求，其實是理性思考和分析的那類認知活動。人類在他們生活的宇宙中創造意義，而不是某些超自然力量為他們賦予意義。我當然還是如此相信著，但我也看到，追求意義這項任務本身是如何被「愛」，以及讓我們建立互相關懷的關係、為人生創造意義的那些連結所支撐的。沒有患病的話，我不認為自己會明白這些道理。

二〇一八年四月三十日

個人的、哲學的、社會學的愛

在我的學術寫作生涯中，我應該沒有寫過關於「愛」的主題。在我討論家庭和親密關係如何令分析性別壓迫比分析階級和種族壓迫更複雜時，很可能「愛」這個字有悄悄出現在我的文章裡吧。但愛本身從來都不是一個重要主題。

我在過去數週的經歷，把愛放到了我意識的最前沿，我努力地想要從智性上理解這一切意謂著甚麼。

四月十日，我到我的「真實烏托邦」（Real Utopias）研究生課堂上跟學生道別。那天我很明確地感受到「愛」如何影響我的思想，以及我與他人的關係。我沒有事前計劃好要說些甚麼，想讓眼前的環境模塑我的思想和語言。我談到了這堂研討課對我是多麼有意義，我的學生是多麼優秀，我多麼感激他們熱情地承擔起責任，將這個課進行到底。然後我談到愛——愛如何通過我們彼此間的關懷而將我們聯繫在一起，如何使我對學術生活和研究生指導工作充滿熱情——還有學生們對我的愛是如何一直支撐著我。整個氣氛很感性，我哽咽了幾次。大家都哭了。

那次之後，我想了很多關於「愛」的事情。

「愛」與之前我提及在思考死亡時，我所感受到的兩種悲傷或遺憾的對比密切相關：錯過我一直在追隨中，精彩有趣的故事的發展，以及在我所關心的人生命綻放時，無法幫助或影響他們——尤其是我的孫兒女。兩種遺憾都很重要：第一種是關於我的，但第二種的核心是人與人之間的關係；這些也是關於愛的，非關我因死亡而被剝奪某些美好的經驗。

我收到許多訊息和來信，讓我感受到家人、朋友、同事以及舊生滿滿的愛。我總有一種感覺

——我們在自己的身體裡是孤獨的，而嚴重的惡疾會讓我們把注意力集中在自己的身體上，讓那些孤獨感、分離感更加強烈。人感覺自己孑然一身的話，很容易就會墮入孤獨感之中。而我得到的，這些確定我和他人有聯繫的證據，消除了所有潛伏著的孤獨感，也減輕了我在自己的身體裡孤苦伶仃的感覺。

我還認為，「愛」與我一直在努力將之變得更全面的「解放型社會科學」（emancipatory social science）框架有關。之前我寫到關於解放型社會科學的四個錨點——第一：規範基礎；第二：按著這些規範基礎，對社會的診斷和判斷；第三：對於世界現狀，能更好的實現這些規範性理想的替代方案；以及第四，轉型理論，即我們如何到達目的地？在規範基礎方面，我主要關注的是三組價值：平等和公平；自由和民主；社群和團結。我的大部分精力都花在前兩個方面，但現在，當我正在寫《如何在二十一世紀反對資本主義》這本書末章的時候，第三組價值才開始浮現。

我現在能清楚見到，社群和團結作為規範性理想，與人們現實生活中的「愛」有著深刻的關係。不斷擴大和更加包容的團結協作和社群網絡的理想，是真實烏托邦式美好社會的一部分，也意謂著「愛」有了更多滲透到社會關係的方式。對我來說，當下最讓我感慨地體認此一事實的，是有二千七百萬人的幹細胞登記冊，以及現在已經被確認為完美匹配的三個人。這三個人在世界的某個地方，自願幫助拯救我的生命。他們是我不會見面的陌生人，但因為愛，我們緊緊地連結在一起。

二〇一八年四月三十日

為減輕骨髓穿刺的痛苦而進行冥想

我第一次做骨髓穿刺是四月四日。過程很痛苦，但痛得錐心刺骨的時間則不過幾秒鐘而已。上一次的過程相當難受，所以我對下一次再進行抽骨髓相當恐懼。而今天就是第二次抽骨髓的日子了。

瑪西亞的妹妹珍妮特（Janet Kahn）在整合醫學界（integrative medicine）很有名。她是歐巴馬的委員會成員，負責研究如何將整合和替代療法（alternative medicine）納入醫療改革中。她有一個長時間冥想的練習法，所以我向她求助，希望她能為我準備一個我可以聽的冥想指導音檔。下列是音檔核心內容的大概：

珍妮特為骨髓穿刺而做的冥想指導

我不知道我能否向你保證你不會受苦，但可以肯定的是，你會比其他情況下要吃少一點苦。我們希望減少你的疼痛體驗，希望你快樂並感到舒適。我們會通過兩種方式，來實現這個目標。

首先，你要對你的身體說：「我知道你的工作，是在有危險的時候向我發出信號。所以如果有人要鑽進我的骨頭裡，拿走我的一些骨髓，你要丟給我一個『嘿，大事不妙了！』的信號，是很合理的。你會通過疼痛來向我發出這個信號，以引起我的注意。

但其實，我是自己要求進行這個抽骨髓手術的，因為我希望為骨髓移植做好準備，將白血病的經歷變成過去。有三個人的骨髓和我完全吻合，可以給我捐贈骨髓。我們為此非常感激，希望好好利用這個機會。所以我希望你——我的身體——給我輕輕的打個訊號，因為我在進行抽骨髓過程時，還想要和你繼續交流。但相信我，這個過程正正是我想要的，我希望你會和我一起，令整個過程變得愈無痛愈好。所以給我訊號的時候，盡量溫柔一點，安靜一點吧。希望你明白，我有聽到你要跟我說的話，也很感謝你此時，以及一直以來的盡忠職守。但請你也尊重我的決定。我們好好合作吧。」

處理身體放出的訊號是第一件事，而第二件我們想做的事，是減低骨頭的密度。

首先，嘗試在腦中想像自己的骨骼，整個骨骼結構，然後仔細看看它。細心留意你的骨架，向它說，謝謝你容許我做到那麼多的事情。謝謝你讓我可以跑步，站立，成為一個人——而不僅僅是軟組織。感謝你給了我形體，也給了我活動的能力。

主動的道謝完後，將注意力集中在你的骶骨上，他們要進行穿刺的那個小區域。我希望你在這裡做的，是體認到你的骶骨，就像你的其他骨骼一樣，就像這個星球上的每一個生物一樣，是在振動的——所有分子和細胞之間都有空間。它好像很堅固，但沒有甚麼是完全堅固的。實際上，世上一切都是空隙與不同程度的振動而已。當你看到這一點，看到細胞之間的空間，那麼你要做的，是在你骶骨上的那個小區域——那二．五四公分的直徑上——讓細胞之間的空間增加。你的細胞不會縮小，但它們會移開一點點。我們要的，是讓骶骨本身裡頭的空間更柔軟、並擴展開來。你可以想像針頭穿透，不需要用到很大的力氣，但因為骨頭裡面的東西都在動，讓開給針頭通過，所以它穿透了。就像水或人群被分開一樣。首先在冥想練習中感受它發生，然後採檢過程的時候再試一次。真的發生的時候，感謝你的身體允許你這樣做。感謝你身體的智慧。

今天的骨髓穿刺

因此，我聽了這個音檔四、五次，也在冥想時練習了這些內在想法。今天準備抽骨髓的時候，我又聽了一遍。然後我開始了緩慢的深呼吸，喚起冥想指導中的畫面和內容。這些畫面有些還滿滑稽的，但確實有效——整個抽骨髓過程幾乎無痛。最痛苦的事情，其實是我因為要平躺在床上，頭轉向右邊，脖子有點扭到了。過程中有一絲絲疼痛的陰影，但沒有超過感官的底線，還有一種奇怪的，叫人顫抖的壓力，但我從來沒有真正感到非常不適過。我仍然不會像扎克

（Irving Zucker）所說的，「為它壓條子」——但今天的經歷沒有像四月四日第一次穿刺那樣，讓我對未來的穿刺產生恐懼。

二〇一八年五月一日

恐懼的時刻

今天再晚些，我們就會知道骨髓穿刺的結果。可能的結果不是二元的：

- 我的疾病完全緩解了，在這種情況下，我將在這裡再待一週，然後去麥迪遜，同時進行幹細胞移植的準備工作。
- 我的病情部分緩解，在這種情況下，我們要再做一輪剛做過的事情。
- 沒有甚麼緩解，這種情況下，我們就要一套全新的策略了。

很明顯，我們最想要的是第一個結果。第二種情況也不會是災難性的，但確實令人失望。第三種情況似乎是壞事的先兆，所以這是個恐懼的時刻。

以前，在等待醫學檢查的過程中，我也有過一絲絲的不確定感——我的膽固醇濃度會不會更平衡了？我的飲食習慣改變，有沒有影響我的空腹血糖值？但這是一個全新的現實，每個癌症患者都會經歷的現實。一直在測試，一直在等待結果。那些「數字」的表現如何？這是不是疾病復發的信號？我的同事，社會學家梅納德（Doug Maynard）做的研究，是關於「壞消息」傳來那一刻的細微社會互動：醫生說甚麼，病人如何回應，而這種微妙又艱難的溝通，在此一微觀的社會場景下是如何進行的。我的人生中已經有幾個這樣的，收到「壞消息」的時刻。一九九三年，我在心臟病發六週後才知悉自已曾經病發；今年四月六日，我確診了白血病。但這是我第一次遇到成為癌症患者生活中常規的情況：等待檢查結果，知道「數字」就是一切。很難歡快地渡過這些等待的時刻。那些未來的可能性，已經闖入我的當下了。

二〇一八年五月一日

醫療報告

我剛剛收到了骨髓穿刺的報告，結果是最好的：骨髓是完全「空」的，意謂著骨髓中沒有可檢測到的白血病跡象。我之前錯誤地認為，這就等如我將被判定為處於完全緩解的狀態。但等到我周邊血液（peripheral blood）流的全血細胞計數恢復，我就會進行另一次骨髓穿刺，到時才會知道我是否完全緩解了。因此，還有更多的恐懼時刻要到來，但是，就目前而言，這是最好的消息了。《芝麻街》的大鳥（我常常引用這個）就說過：「你能做的最好的事情，就是你能做的最好的事情。」那麼，盡可能的好消息，也就是盡可能地好的消息了。

二〇一八年五月二日
恐懼的時刻之後

昨天是我第一次經歷等待測試後的消息。這種經驗是很特別的：事先知道你將要得到一件會戲劇性地改變你的生活的資訊。恐懼當然是源自於有可能得到壞消息。而這種恐懼是很集中的，不是分散的——不是一般的不祥之感，而是一種很集中的恐懼感。我試圖壓下這種感覺，嘗試想透它，將可能得到負面消息的感覺困起來。我覺得這些努力還是起了一些作用，不過恐懼感沒有消失。

而一瞬間我就解脫了。一種實際感受到的，放下心頭大石的感覺沖昏了我的頭腦，清楚說明了對這種消息的預期令人異常緊張。骨髓穿刺是在星期一中午進行的，昨天，即週二下午兩點左右，我得到了好消息：我的骨髓中完全沒有能檢測到的白血病細胞。這是焦慮難以完全消散的一天。

我當然知道，這是個非常正面的結果——在目前的階段來說，是最好的消息了，但那並不代表今後會一帆風順。但我的確覺得是會一帆風順，不是覺得自己只通過了許多測試中的其中一個。我將順著這種感覺走，而不是說服自己更清醒地評估情況。

二〇一八年五月二日

關於8CFAC病房的一些社會學觀察

我所住的病房位於福德瑞特醫院高級護理中心的八樓（8CFAC），該醫院與位於密爾瓦基的威斯康辛州醫學院有聯繫。過去三星期，這裡已是我的家，而我最少還要待在這裡一個星期。病房是一個小小的社會世界。

大體而言，我對醫院的社會世界所知不多，也不了解不同類型病房社會組織的特點。我猜，在大多數醫院裡，急性白血病和幹細胞移植病房的組織方式，跟大多數其他病房是不一樣的，因為這裡的病人都要連續待上四到六週的時間，於是帶來了特殊的難題。所以，可能我在這裡發現的非凡之處，都只是其中一種標準作法而已。

無論如何，我發現8CFAC的組織妙不可言。護理師和護理助理以小組形式工作，他們稱呼班表為「七十／七」：七個長達十小時的輪班，緊接著是七天的休息。每個護理師只負責三個病人。所以，護理師、認證護理助理（Certified Nursing Assistant, CAN）和病人之間建立了牢固的情誼，病人得到一種真正被持續關懷的感覺。我們能跟護理師們混熟，他們也能加深認識我們。他們會抽時間和我們插科打諢和談心。我有位護理師是《權力遊戲》（*Game of Thrones*）的超級狂迷。我們聊到一些情節點，又討論為甚麼這系列影集那麼令人難以抗拒。她提到敘事結構中一些有趣的，我沒有注意到的面向。另一個護理師跟我分享了「肋排配德式酸菜」的食譜。**我覺得他們真的了解我**。社會學家霍希爾德（Arlie Hochschild）寫過，需要進行情感勞動的人常常有一顆「管理之心」——無論他們真正的感受是甚麼，都會擺出歡快的姿態，擺出一副很關心自己的「客戶」的樣子。但我經歷到的不是這樣，反而更符合護理工作最好且最理想的品質。這裡的環境鼓勵真實的，知道彼此名字的人們，建立一些真誠的關係，而不是角色參與者之間產生的那種結構性關係。

我從那些為我治療的醫生處經歷到的也是一樣。他們每次看到我，除了花時間提供關於治療的必要資訊外，還會傾聽我的心聲，跟我短暫地交流一下。這種交流很重要，它令人們能夠建立正面聯繫，而不是僅僅履行角色上的責任。他們似乎從不急於要離開，或暗示他們有更重要的事情要做。

從社會學的觀點來看，這些使人關注到在任何社會結構中，人們持續交流時的兩個面向之間的對比。實質關係既由社會建構，也由個人建構。（用上誇張的社會學行話），這就是微觀設定版本的經典結構／能動性「問題」。被結構框住的社會關係，無法完全決定人們在這些關係中的實際行動，當中總是有留給「能動性」，留給在這些關係中的人們，擁有一些自決的空間。而人們的行動又再現了這些關係——人們制定了這些關係，又在這些關係中充滿想像力地行動。

（夠了，不要再來這些抽象的社會學論理了！）

這些都是思考角色和人的普遍形式。也許，我們可以這樣思考社會組織的各種變化：社會關係的第一個層面，如何狹隘地界定了第二個層面的空間。我相信在一些醫院的病房裡，定義角色的規則和規範，嚴重限制了這些病房裡的人創造個人建構的紐帶和連結。但在我的8CFAC病房裡，制度化的角色關係，似乎是促進，而不是阻礙人們建立有意義的關係。我覺得照顧我的人看到我是一個真實的人，我也真正了解他們。照顧我的，是我喜歡和認識的人，而不只是能夠好好完成工作的專業人士。

當然了，我在這裡的「參與式觀察」的基礎很狹窄，只是我自身的經歷。而且由於我很健談，常常有很多有趣的事情可以說，又總是渴望促進與人之間的關係，所以我的經驗與許多其他病人的經驗或會非常不同。況且，有些病人也許不希望有更親密的聯繫，或者因為他們自己的社會化或焦慮而無法形成這種聯繫。不過，在這裡待了三星期後，我有理由認為我的經歷不是因為我自己創造性地建構關係形成了獨特案例，而是因為這個病房的穩定特點所促成的。

能肯定的是，工作人員對病人的高比例有很大幫助，七十／七的班表可能也有幫助。護理小組的結構組織，目的可能是促進過程中不同護理人員之間的良好溝通，雖然我也沒有足夠證據對此作出判斷。病房空間的組織似乎也很有幫助。護理師的工作站很靠近他們的病人的房間。當我在走廊上跑「骨拉松」時，我經常看到一小群工作人員在交談。有一次我經過時，數了一下有多少個這樣的小組圍在一起輕鬆地笑；我想，在六、七個小組中，有三個是笑著的——在隨便一段五分鐘的時間內，這也是個很高的「笑率」啊。這個「每分鐘笑聲頻率」，對於度量融洽度、小組感情和合作精神來說，也不是一個壞的指標。

如果有人認真研究一下這個病房的文化和社會習慣，再和其他醫院的骨髓移植病房，或同一家醫院的其他病房相比，那肯定會很有趣。如果能弄清楚，我在這裡的正面經歷，在多大程度上得到其他人的認同，病房所在的機構有甚麼特點令這樣的經歷成為可能，以及有甚麼更廣泛的社會力量，能夠解釋不同醫院之間的差異，那就更好了。

二〇一八年五月四日

關於在醫院寫作的一些隨想

確診白血病之後的幾天之內，我開始處理手頭上的各項事務，確保我的計畫中會影響到別人的事情，我都安排妥當。然後我在病房安頓下來，設立了一個工作站。我不知道身體最終會有多難受，而且，可以肯定的是，噁心、頭痛和發燒會大大干擾寫作。但一開始的時候，我感覺不錯，幾乎沒有症狀。令我驚訝的是，除了一段小插曲（在四月二十一日的日記「第一次短兵相接」中有描述）以外，我在第一階段治療中感覺很好。

結果，我獲得了一次「寫作假期」。以往數十年，每年夏天，我都在瑪西亞家人在密西根州北部托茨湖（Torch Lake）的別墅待上一個月。我在那裡的作息時間，一般是早上寫作三到四個小時，其餘時間就騎自行車和閒逛。我發現這種作息時間非常適合我，我一些最好的想法和文章，都是在別墅裡，不把寫作當成「工作」時所產出。好吧，現在我就在一個能望著美樂棒球場（Miller Park）與密爾瓦基市區美麗景緻的八樓房間，跟瑪西亞渡過一個沒有各種雜務的假期。偶爾會有人來檢查我的姿勢性生命徵象[18]、送藥，或是巡房。我不騎單車了，但每天在走廊走十圈（約二公里）的「骨拉松」。不過，我還是有幾個小時的空餘時間用來寫作。我因此感受到了快樂與平靜。

一開始，我就想到兩個寫作計畫：一是網誌，二是完成《如何在二十一世紀反對資本主義》的最後一章。這本書我已經寫了好幾年了。最後一章的主題是「轉型的行動者」，而且我已經知道自己想寫甚麼。書的其餘五章也已經完成，雖然也還是可以再順過一遍，但我對它們很滿意，覺得它們基本上是可以出版的了。所以，我以現實主義的模式思考了：如果我明明能寫一個還不錯的草稿，但最後只出版了一本五個章節的遺稿，還寫上「稿件在此中斷」，那也未免太悲哀。所以我覺得，我應該在醫院裡用心寫好那一章。但我一開始寫網誌就發現，這才是我現在需要做的事情，所以這本書又被擱置了。

我正在經歷由生病激發的，令人振奮的日常寫作。寫作的時候，我感受到自己和將會讀這些文章的人產生連結，所以有時這種寫作更像是寫信給朋友，而不是寫給匿名公眾的文章。不懈地寫作，能幫助我更了解自己正在經歷的事情。寫作一直是我整理思考的方式。我從來都不是已經對問題有個完全精煉過的概念，才把它寫下來；我嘗試的策略是以持續筆耕來澄清事物。當一切就緒，我有了一個我覺得能觸及問題核心的新見解時，我會覺得很高興。這些日子，我經常出現這種體驗。因此，我決定先擱置我的書，專注於寫日記。我覺得這是個很好的決定。

幾日前，當我在寫關於8CFAC病房的文章時，我寫著寫著就寫到了一些關於人類能動性的，抽象的社會學問題上。我關注的是，在病房的微觀環境中，人們所扮演的角色，是如何允許人與人之間共同創造有意義的關係。我認為那有助於形成一個充滿關愛的環境。

在醫院這個微觀環境中書寫有關能動性，引發了我對《如何在二十一世紀反對資本主義》第六章的想法，該章涉及到集體能動性的問題。於是，我的思緒又飄向了我的另一項寫作任務。我重讀了為第六章的問題做鋪墊的第五章，又重讀了我給第六章寫的筆記。我只寫了一段介紹這一章主題的文字：

18　譯注：orthostatic vitals，即先測量病人仰臥著時的血壓、氧飽和度等指標，然後站立再測一次。

從某些角度來說，侵蝕資本主義（eroding capitalism）的戰略願景最令人頭疼的問題，是如何創造一群具有足夠一致性以及鬥爭能力的集體行動者，以長期維持解放性變革的計畫。僅僅擁有對世界現狀的可靠診斷和判斷，以及可取可行的、會令世界變得更好的替代方案的有力描述，這些都還不夠。為了使替代方案能夠真正實現，必須有能夠使用這些戰略來實現替代方案的變革力量。那麼，這些集體行動者在哪裡？

那天晚上，我思考著這一章的策略，思考著系統轉型的具體背景下的能動性問題，思考著如何避免不必要的複雜性，以及甚麼才應該是整個敘事的核心，想著想著就睡著了。我昏昏沉沉，在夜裡的不同時間都夢到了這篇文章。到了昨天，我坐了下來，開始下筆寫這一章。瑪西亞這天大部分時間都在麥迪遜處理各種事情，我也沒有訪客要來，所以我的時間不被打擾，可以回到這個題目上。我實驗了幾種提出問題的策略，寫了近千字。今天早上，我醒來時清楚意識到我用的策略不太正確，但也知道如何解決這個問題了。

因此，現在我的兩種寫作會同步進行，邊寫網誌邊寫書。

二〇一八年五月四日

這場史詩式旅程開展時寫下的筆記

在我開始發布網誌前，我一直用傳統日記記下自己的經驗。因為這個網誌在四月十九日才開始，我想就不妨把這些早期的筆記也放上來：

四月四日——今天第一件事就是去檢驗室，測試跟我的尿崩症有關的鈉平衡。晚點的時候接到個電話，說鈉離子值沒有問題，但檢驗室結果要送去血液科，因為血小板數目完全不正常：七十萬，而不是二十萬左右的正常水平。

四月五日——史斯卡醫生（Dr. Ciske）下午打電話給我，說他有壞消息。我有些看起來像白血病的異常問題。他將我轉介到血液腫瘤科，並幫我預約週五進行骨髓穿刺。

四月六日——首先我們見了一位資深研究員。她說她認為我年紀太大，又有過心臟病發，不適合做移植手術。我說心臟病發是二十五年前的事了，我沒有任何功能損傷，而且潛在的血脂狀況完全受控。她堅持那怎麼樣都是一次心臟病發。後來威廉姆斯醫生（Dr. Williams）說我很適合做移植手術。他確認我的白血病是急性的，也可能是骨髓性的。我做了骨髓穿刺，雖然能忍下來，但相當痛。兩小時後，我們接到電話，確認了之前的懷疑：我得了急性骨髓性白血病。我們會在週一得到更精確的診斷。

四月七日和八日——週五和整個週末，我都在寫清單，取消之前的一些計畫，並且向我們認識的醫生問了很多問題。我完成了《隨機立法院》（*Legislature by Lot*）結論部分的編輯工作，又為《政治與社會》的特刊寫了跟《隨機立法院》主題一樣的序言。我所有的寫作任務以及任何形式的死線，都在這裡結束了。

週末我打了通很多電話。我最關心的，是要通知所有會被我的病情影響計畫的人。我感覺理性且平靜，但有許多強烈思緒隱而不發。尤其當我想到有關自己的孩子和孫兒女的事，我就哽咽了。

我發了一封電子郵件給同事：

> 我要向大家公布一個壞消息。上週五，我確診了急性白血病。這完全是意料之外的，因為我沒有任何症狀。起初引起懷疑的是一次例行性血液檢查，骨髓穿刺隨後證實了那些懷疑。確實的預後（prognosis）和治療方法，要到下週全部染色體分析完成後才知道。但無論如何，這是個嚴重的病。我將待在醫院最少一個月，可能最快從週三開始進行密集化療。醫生說我很適合做幹細胞移植手術，那意謂著「痊癒」還是有可能的，但下週我才會知道更多前景展望。我心懷希望，甚至是樂觀，覺得我將會渡過這個難關，但我也清楚未來幾個月，我將會面對嚴峻的挑戰。

我現在感覺還不錯，在開始化療之前，我將用兩天時間，為所有立即會受我的情況影響的人作出必要的安排。寫完這封郵件，我還會給那些我需要另作安排的人發電郵。

祝好

艾瑞克

P.S.我知道有時人們會覺得，跟患有危及生命的疾病的人交流很尷尬。我想要向你保證，我是一個很實際，也很有韌性的人，你問起我的情況或其他問題的時候，是不需要感到尷尬的。

四月十日——我們幸運地能在上午約見福德瑞特醫院的麥凱利斯醫生（Dr. Michaelis）。她出色極了。然後我們又見到了移植小組的負責人哈瑞醫生（Dr. Parameswaran Hari）。在回麥迪遜的路上，我們順便去探望母親。她已經一百歲了。我覺得太難了，不知要跟她說甚麼。起初，我打算告訴她我要在醫院接受白血病治療，但淡化一下嚴重性。但是我們和她院舍單位的社工師談過，他們認為，這個消息會令她的焦慮加劇，並造成很大的痛苦。所以我們決定，我只會含糊地說自己要外出幾個星期。大概是四個星期吧，但我會盡量給她打電話的。

六點半，我去上「真實烏托邦」研討課，跟學生們道別。所有人都很傷感。我說我沒有準備甚麼講稿，只想分享我的感受。我開始滔滔不絕地說我將如何面對這個病，這個病在這幾天對我有甚麼影響，還有我對學術生涯的想法。我跟他們說，我將長時間取消所有計畫和職責，但唯一讓我真正心痛的，是我沒有看到女兒貝琦導演的舞台劇，也沒看到孫兒弗倫。這讓我明白到，愛才是真正的，最根本的東西。我談到愛是關懷、善良和慷慨，而愛又如何令我的學術生活如此有意義。

晚上八點前我們到家了。今天最後一件愚蠢的任務：TurboTax報稅。我們都是電子報稅的。在去醫院治療急性骨髓性白血病的前一天晚上報稅，確實有點荒謬。

第一天：四月十一日——現在是晚上七點十五分，我在福德瑞特醫院的病房裡，被掛了一台輸液機。這台機器正在將一種被稱為CPX-351的毒性複合藥滴入ＰＩＣＣ導管，然後導管又將藥物從我的二頭肌下方，輸送到我心臟上方的大靜脈裡面。瑪西亞正在病房裡吃晚餐。一切都很平和、安靜。La lutte commence.（鬥爭開始了）。

我記得一些片段：我被醫院傳送人員接去了放射科，準備插ＰＩＣＣ導管。傳送人員是個身材高大，非常溫文的非裔美國男性，大約三十歲。他把我推到長長的走廊上時，我和他聊天。我雖然是躺著的，但下面墊了東西。「從我這個角度看，我們好像在走下坡路，所以不要鬆手啊。」我說。他輕聲地笑了。我問他在醫院工作多久了，對這份工作有甚麼看法。「十個月。還可以，就一般的工作吧。」手術後在回房路上，我們來到一扇門前，按下旁邊的一個按鈕就能開門。因為他在擔架床後推我，所以騰不出空間按按鈕，有點尷尬。他巧妙地調整圓形欄杆前端的角度，點了一下按鈕。門開了。

「好身手。」我說。「你辦到了。」回到房間後我跟他說：「你推我推得很好啊，很舒服很流暢，速度也剛好。」他頓了一下，然後說：「從來沒人跟我這樣講過。謝謝你。」

第二天，四月十二日——瑪西亞說我話很多，也許是昨晚打了類固醇的緣故。我夢見我的書的最後一章，向她形容了那個夢。我還吃了二十五年來的第一口冰淇淋。

第三天，四月十三日——瑪西亞今天回麥迪遜了。她帶回來了很多我們發現需要用到的東西：床頭閱讀燈、我的人體工學藍牙滑鼠、還有我只在少年時期短暫用過，因為不喜歡而沒再用的電動刮鬍刀。

我還第一次上了物理治療課。課堂很有趣，分十個階段，裡面有各式各樣的練習。上到一半的時候我哭了，不知道為甚麼，因為沒有明確的觸發因素。我發現用語言來表達情緒很困難；我的情緒似乎無法用以往的分類標籤來形容了。

第五天，四月十五日——感覺不錯。羅傑斯（Joel Rogers）驚喜來訪，他說他想繼續過去三十年的習慣，跟我在週日早上散步。我們一起走了五圈的「骨拉松」。

二〇一八年五月五日

醫療報告

現在我正處於一種迷茫的狀態，要等待我的免疫系統中的一些關鍵元素，從這個階段的化療中恢復過來。這個關鍵元素被稱為嗜中性球（neutrophils），基本上是白血球中吸收細菌的一種。我目前有嗜中性白血球低下症，即是說我的血液裡沒有可檢測到的嗜中性球。這是預料中的事情。在我可以出院返回麥迪遜之前，我的嗜中性球數目（絕對嗜中性白血球數，ANC）需要增加。沒有一個固定的門檻，但ANC必須要上升。我的ANC目前是零。希望未來幾天內它會增加，在那之前，我會和瑪西亞和在福德瑞特醫院舒適的八樓度假。

二〇一八年五月七日

號外！號外！請看！

從密爾瓦基福德瑞特醫院高級護理中心發來的獨家報道

五月七日　早上九點

著名的血液腫瘤科專家麥凱利斯醫生剛剛現身，並通知八號病房的病人：她想讓他今天出院。即使他的嗜中性球計數只有二十，遠遠低於一〇〇〇的目標水平，但她相信這個數目會逐步上升，而且他沒有發燒，情況非常穩定，在家裡也沒問題。目前計畫是週三和週五在麥迪遜抽血，然後在五月十四日週一返回福德瑞特醫院的血液腫瘤門診，到時會有更具體的幹細胞移植計畫。麥凱利斯醫生希望移植手術能在未來兩到三週內進行。8CFAC房的八號病人在接受獨家專訪時說：「我很激動，高興極了。」

二〇一八年五月七日

回到麥迪遜家中

回到麥迪遜，我躺在床上，打開了窗戶。這是一個怡人的春夜。瑪西亞還在把車上的東西卸下來——我們在小小的8CFAC-8度假屋放了很多物品。珍妮、馬克和孫女薩菲拉來了。薩菲拉抱住我的腿，讓我很高興。

如果一切按計畫進行，未來的情況是：

- 這週在麥迪遜進行兩次抽血和檢驗室檢查。如果有需要的話，要輸血小板或紅血球。還要檢查嗜中性球的數量。我仍然插著可愛的PICC導管，所以抽血也是通過這種方式進行。
- 五月十四日，在密爾瓦基的血液腫瘤科預約看診。
- 五月十五至二十三日，在麥迪遜，每週抽三次血。在密爾瓦基的門診之間要繼續例行抽血。
- 五月二十四日，在密爾瓦基跟移植小組進行整天的診症。會做一系列的測試、電腦斷層掃描，和其他檢查腎臟、肝臟、心臟和其他器官功能的測試。可能會再次進行骨髓穿刺，確認有緩解的情況。

- 五月三十日，再一次與移植小組會面，了解移植的程序，填妥各種同意書。
- 六月六日，回到8CFAC病房。開始密集化療，盡可能地清除我的造血幹細胞。
- 六月十二日，進行移植手術。
- 接下來的幾週，在醫院處理移植物抗宿主的問題以及感染問題。
- 七月和八月，定期到門診看病。我們將住在密爾瓦基的醫院附近。
- 九月，如果一切按計畫進行，我將要回到麥迪遜開始長期的康復過程。

未來的情況就是這樣。而現在的情況是，我們回家了，回到我們熟悉的環境中。

二〇一八年五月八日

關於住在家裡

在家真好，在家當然好了。

但在這裡也有些奇怪的地方。在醫院裡，我每天都要面對自己的疾病。不是說我覺得自己很可憐，而是說我不斷地被監察、被評估、被提問。而8CFAC的社會組織，意謂著這一切都以一種充滿關懷的方式進行——我認識自己的護理人員，我也覺得對他們來說，我也是個熟人了。

但無論怎麼說，我還是個住醫院病房，睡醫院病床，經常連接著一支點滴架的病人。現在我在自己生活了三十五年的家，我完全熟悉這裡的環境。在醫院裡，人們老是說要回到「現實世界」，但不知何故，我覺得在這裡更覺得整個情況「很不真實」。圍繞著我的，是孩子們的成長照片，牆上的印度地毯，客廳裡的巨大圓桌，我雜亂無章的書房。但我卻不認識自己身處的現實了。這個現實更適合醫院病房，跟那裡比較一致。

在這裡，我確實比在醫院時感到更軟弱無助。

而且，正如預期，在這裡意謂著瑪西亞要承擔更多的工作了，因為我們不在我們的小小度假病房裡。那裡事情比較簡單，一切都為我們安排好了。

不過，回家的感覺還是很好。明天是我第一次去血液腫瘤科檢驗室看診，然後與一名護理師會面，如果需要的話，可能會輸血。我們將看到密爾瓦基和麥迪遜的護理人員合作無間。

二〇一八年五月十一日
「最後一次」的陳腔濫調

昨天傍晚時分，我和瑪西亞一起溜菲比（珍妮的狗）。五月的夜晚清朗怡人，盈滿長了新葉的樹和花朵發出的春天氣息。我們和一位新搬來的，以前沒見過的鄰居聊天。原來他在威斯康辛大學教應用經濟學，我們談了些各自的研究生課程和經費問題。「有時間我們一起聚聚吧。」「好啊，一言為定。」就是平常人會說的輕鬆的話，關於未來可能的計畫。

我和瑪西亞繼續沿著小巷，往我們的房子走去。這時，一個念頭湧上心頭：這可能是我最後一個有丁香花、萌芽的樹木，以及悠長夜晚的春天。這種陳腔濫調的想法，很具體地闖入我的思緒。我想這是來自甚麼電影對白、小說，或電視節目的吧。我也不知道。可以肯定的是，它不像一種原始的想法感受，比較像在這種情況下，我「應該」要想的事。當然，這真的可能是我最後一個丁香花季。但這種形式的想法感覺像一種入侵，而不是提醒我們注意和回味當下的快樂。

我敏銳地意識到，今天，也就是現在我所經歷的，是無數其他人都在經歷的事，而當中許多人都有相同的想法，感到相同的困惑，有同樣的領悟和體會。許多人都從一樣的文化裡汲取預先就包裝好的配方，甚至是公式，為了能夠理解當下的情況。這是作為一名個體，內部經驗升高的時刻：意識到「我」正在經歷這一切，而且「我」能感知到「我」的身體正江河日下。但就其所體現的個體性而言，這種體驗也是普世的，並且是深刻地為很多人所共同體會的。而遇到文化給我們提供的陳腔濫調，也是普世性的一種。所以，我應該懷著善意看待這些陳腔濫調——它們提醒了我，許多人也在同樣經歷著我正在經歷的一切。

二〇一八年五月十五日

醫療報告：確認了完美匹配的骨髓捐贈者

大新聞：移植小組的協調人員今天下午打來說，他們已經確認完畢，在國際骨髓幹細胞登記冊的二千七百萬人中，有一位完美匹配的捐贈者願意捐出骨髓幹細胞來拯救我的生命。再早些的時候，我們得知已經找到三個完美匹配者，後來又變成了兩個完美匹配者。完美匹配的意思是，滿足以基因為基礎的全部八項標準。完美匹配不是移植的絕對必要條件，但會令一切都好辦得多。因此，現在我們不僅知道在登記冊上有與我完美匹配的人，而且其中一位匹配者已確認願意給我一些她的造血幹細胞。是的，捐贈者是「她」——我將擁有女性幹細胞，即是說也會有標誌XX染色體的女性血液。太好了。

確認了捐贈者，也意謂著確認了我上週出院時得知的時間表：假設五月二十四日的骨髓穿刺確認白血病正在緩解狀態，我將在六月六日再入院，進行五天的化療，「休息」一天後，再於六月十二日進行移植手術。在我得到的詳細計畫中，這一天被稱為「零日」。那將是四個星期後的事。

二〇一八年五月十七日

小熊巴克利和穆尼鼠

我正躺在床上休息時，快要三歲的孫女薩菲拉走進房間。她和珍妮、馬克從澳洲來訪，會待上十天。

她說：「哈囉，爹爹[19]。」聲音甜美又輕柔。

「嗨，薩菲拉。想聽故事嗎？」

她笑了。

「有天，薩菲拉在廚房裡吃早餐，爹爹正在做鬆餅。」

我用關節敲敲床邊的桌子：咚咚、咚咚、咚咚、咚咚。薩菲拉將手舉向頭頂，手心向上：

「這會是誰呢？」

19　譯注：dadoo，對祖父或父親的暱稱。

「我也不知道，去看看吧。」我模仿打開門的動作。「是小熊巴克利！」

小熊巴克利用低沉的熊聲說：「你好，薩菲拉，我可以進來和妳一起吃鬆餅嗎？」

「不可以。」薩菲拉說。

小熊巴克利可憐兮兮地說：「拜託了——薩菲拉，我可以進來嗎？」

薩菲拉興致勃勃地笑了：「可以。」

小熊巴克利進屋，坐在薩菲拉旁邊。然後又有咚咚、咚咚、咚咚、咚咚的聲音了。薩菲拉再一次把手舉高過頭。

「會是誰呢？」

我開了門：「是穆尼鼠，小熊巴克利的朋友。」

穆尼鼠問：「我可以來吃早餐嗎？」

薩菲拉說：「好啊。」

穆尼鼠也坐下了。之後巨兔弗雷德、猴子莫里斯（牠堅持坐在桌子上，到薩菲拉跟牠說不行才肯下來），還有大象愛莉也敲門要來吃早餐了。薩菲拉跟愛莉說：「你體型太龐大，不能進屋裡。」所以愛莉坐在後陽台，只把象鼻從窗子伸進來。

薩菲拉對此有點生氣。「這樣太壞了。」她又想了想：「大夥兒一起去野餐吧。」

我繼續把故事說下去：所以，小熊巴克利、穆尼鼠、薩菲拉、巨兔弗雷德和猴子莫里斯都去了後園野餐。爹爹把鬆餅拿出來了。

爹爹問小熊巴克利：「你要多少塊鬆餅呢？」

薩菲拉說：「五塊！」

爹爹又問穆尼鼠：「你又要多少塊？」

薩菲拉回答：「四塊。」

爹爹問薩菲拉：「你要多少塊？」

「五塊！」

就是這樣。然後我說出客人要的配料：小熊巴克利要巧克力碎片和香蕉、穆尼鼠要棉花糖和糖漿、薩菲拉只要糖漿，以及愛莉要花生。有時候薩菲拉會打斷我，糾正其中的細節。故事中途有點脫軌了。薩菲拉敲了桌子：咚咚、咚咚、咚咚、咚咚。

我問：「會是誰呢？」

薩菲拉回答：「是壞蛋大灰狼。不好了！！！」

她宣布壞蛋大灰狼想來參加野餐，卻嚇倒自己了。我想了一些辦法，說大灰狼其實很善良，只是假裝成壞蛋大灰狼。薩菲拉並不賣帳。所以我就打發了大灰狼，牠也聽話走開。我們進行完野餐。每個客人都沾滿了糖漿，所以他們都需要洗個澡。薩菲拉引領大家來到浴缸，不知為甚麼，他們居然都擠進去了，洗得乾乾淨淨。故事結束。

穆尼鼠和小熊巴克利，是珍妮和貝琦還是薩菲拉這麼大的時候，我給她們講的故事。那是三十六年前了。再次講這些故事，感覺多麼甜蜜啊。

二〇一八年五月十七日

一首關於淘氣造血幹細胞的史詩

以下是我們準備對淘氣造血幹細胞[20]做的事：

六月六日，化學戰嚴正開始。在我的身體世界裡，突變的造血幹細胞一直在破壞骨城裡的骨髓住宅區。骨城沒能製造出想好好完成工作的熱情和效率的漂亮白血球，反而來了一堆一心想把事情搞糟的陰沉討厭鬼。所以，六月六日當天，也是「行程」表定的六天前，真正的戰爭揭開了帷幕。混亂籠罩，讓人震驚畏懼，會有很多附帶損傷——但，喂，誰說戰爭是好事？上皮細胞會蒙受損失。毛囊會死亡，禿頭是新常態。要付出的代價還有噁心和口腔潰瘍。

殘忍的五天毒戰之後，在移植手術前一天休息。沒有更多的毒藥了，只有一劑抗排斥藥物，使新的健康幹細胞在零日來臨時生活更輕鬆。

與此同時，在很遠、很遠的地方，有個不為我所知的，善良又充滿愛心的身體世界，吸收了一些仁慈的藥物，讓骨髓將她可愛的造血幹細胞剝落到她的血液中，然後為了讓我變得健康，這些造血幹細胞被採收了。她的幹細胞盡責、年輕、充滿熱情和活力——願意辛勤工作，也有強烈的責任感，但顯然不知道前方等待她們的是怎樣的挑戰。她們被從熟悉的身體世界抽離，放入一個小袋子中，然後被溫柔地處理，讓她們與血液中的其他居民分開。一切均小心翼翼地進行。對於正在等待她們的任務而言，她們是完美的匹配。

零日來臨，移植手術的當天。這些新的、健康的、充滿愛心的女性的造血幹細胞抵達。她們的小袋掛在點滴架上，然後逐滴進入我的身體。她們迅速散開。她們遇到的，是一個奇異新世界：一個沒有大多數熟悉居民的血液世界，還有骨城裡被空置的住宅大廈。她們知道要幹甚麼，這是她們的天性——她們會找到空置的住宅，然後住進去。

但有些地方不對勁。這個空間看起來還可以，但好像哪裡有點怪怪的。這裡不像「家」啊。那我們要留下來嗎？我們要不要生悶氣？還是應該把住宅裝修一下呢？我們是該盡力而為吧？好多、好多、好多問題啊。大多數情況下，新的幹細胞都會聳聳肩說：「這裡我們不太熟，但已經夠好了。我還有事情要做，還是繼續工作吧。」夠好了。我問起我的百歲母親她感覺如何時，她總是這麼說的：「夠好了。」我希望這些新的幹細胞也抱持同樣的理念：這個新的身體夠好了。

---

20 譯注：淘氣造血幹細胞（rogue hematopoietic stem cell）是一種不成熟的細胞，可以發育成所有類型的血細胞，例如白血球、紅血球，以及血小板。

還有很多事情。他們要分裂、複製，因為需要更多的幹細胞。之後又要分化成紅血球、血小板和嗜中性球，以便這些後代可以在新的身體世界中茁壯成長，之後可以快樂地複製和分化。

然後，膠原蛋白基質公寓大廈那邊的新住戶，發現有些東西不對勁了。有些討厭的鄰居住在隔壁公寓裡。這才發現原來要消滅淘氣幹細胞的化療，沒有將他們全部除掉，一些殘餘的變種勢力仍然存在，潛伏在已多數空置的公寓裡。化學戰的專家策劃了移植手術六天前開始的攻擊，他們知道永遠不可能百分百擺脫有缺陷的細胞。問題是，如果專家們用上太多毒藥，他們殺的就不止是幹細胞，還會損害其他重要器官，甚至有可能殺害整個身體。那個身體就是我。聽來不太好。而且，當你越過某條巨大的年齡分水嶺，進入「老年人」的範圍後，過多化療會增加風險，所以化療小組選了「減少密集化療」。我比較喜歡密集的化療，但有人向我保證了，減少密集化療還是有效的，而且對已經工作了七十一年的腎臟、肝臟和心臟都更好。這種化療還是會讓你過得很慘。但也代表有更多倖存的淘氣幹細胞。所以，這些新的、健康的、快樂又熱情的ＸＸ染色體幹細胞從很遠很遠的地方趕來，有很多工作要做：她們必須產生有活力的白血球細胞，來滅掉這些危險又討厭的鄰居。

這裡就有個棘手問題了：新的幹細胞必須喜歡自己的新身體，而不是把宿主的組織視為異己和危險人物。所以完美匹配令一切好辦得多：你比較不會有嚴重的移植物抗宿主疾病。但這些白血球同樣需要攻擊來自宿主身體的突變幹細胞。所以需要一個微妙的平衡。我的移植小組策畫者暨負責人哈瑞醫生有各種技巧來實現這個目標。

因此，六月將會很有趣。在二戰諾曼第登陸「D日」的七十四週年當天，將會揭開大規模化學戰爭的序幕，緊隨的是六月十二日的「零日」，新的神力女超人造血幹細胞會被注入，她們能夠執行多項任務，而且保持一切平衡。然後，在隨後的幾週裡：為了確保我未來的安危，我們要一邊與討厭的鄰居進行消耗戰，一邊重建漂亮的免疫系統。

二〇一八年五月十七日

醫療報告

我今天去了威斯康辛大學醫院做化驗，檢查我作為癌症病人的各種指數。此時此刻，我最關心的數字就是ANC，也就是絕對嗜中性白血球計數。嗜中性白血球低下症的臨界值是一〇〇〇，如果比這個標準低，就會被評為有很大的感染風險。低於五〇〇的話，你就有很高的感染風險了。有幾星期，我的ANC數值是零，十天前我出院時，數值是二十。上週五是六十，三天前在密爾瓦基檢查時，數值是二六〇。今天的數值：一八〇〇。這在正常範圍了。意謂著我的幹細胞免疫系統健康的部分，已經進行全面生產模式，相當活躍。我相信另外淘氣的部分還在幹壞事情，但也許都被抑制住，所以沒太大關係。總之，我又達標了。我正在等我的血液科小組的消息，看看這對我有甚麼影響，還有我該做和不該做的事。無論如何，這意謂著一切還在正軌上。

二〇一八年五月十八日
號外！號外！請看！

威斯康辛州麥迪遜

五月十七日，在收到威斯康辛大學醫院的化驗結果後，正如昨天的醫療報告所述，艾瑞克．奧林．萊特對於自己的嗜中性球數量急增至一八〇〇，感到非常欣喜。後來，他看到化驗報告最下方還有一組數字：這些嗜中性球中有百分之四是「芽細胞」（blasts）。因此，他寫信給血液腫瘤科想要確認：ANC數量增長得如此快，需要擔心嗎？這個百分之四的「芽細胞」又是怎麼回事？對有關的全血細胞計數（Complete Blood Count, CBC）分類測試結果的澄清請求，福德瑞特醫院血液腫瘤科剛剛發布了正式答覆：

回覆：化驗報告問題

內文：

艾瑞克你好——

你的ＡＮＣ（嗜中性球計數）明顯上升，這沒有甚麼要擔憂的。這就代表有很多健康細胞正在從化療中恢復。早期的（還沒變成有功能的白血球）細胞被稱為「芽細胞」，有時它們是白血病細胞，有時不是，它們只是從再生的骨髓中溜出來的早期細胞（在這種情況下，在全血細胞計數報告中看到芽細胞，是很常見的）。唯一能確認的方法是做骨髓穿刺，而這在我們下週的計畫之中。你可以不戴口罩上街，也可以去看望母親。你仍然應該避免人多擁擠的地方，而且勤於洗手。

收到這個答覆後，艾瑞克和瑪西亞心情激動，非常興奮。

二〇一八年五月十八日
關於軍事化隱喻的一些初步疑惑

今天早上收到我的免疫系統大大改善的消息後，我跟瑪西亞和珍妮特提起了我的「淘氣造血幹細胞的史詩」。珍妮特說這在很大程度上借用了「向癌症宣戰」的戰爭隱喻，以及這又如何造成了我在「對抗」他者的錯覺——就好像癌症就不是我的一部分。

我可以這樣看待自己的癌症嗎？有沒有可能我和癌症是可以攜手合作的「我們」，而不是我在「對抗」癌症？在減輕骨髓穿刺痛楚的冥想中，我很容易就接受了我和我的痛覺一起合作的概念，但我和我的急性骨髓性白血病，有可能有這樣的關係嗎？如果我能彈一下手指，它就會消失的話，我會這麼做的。走開吧！消失吧。但珍妮特也是對的，癌症也是我的一部分。感覺它像個外來的侵略者，但它不是。也許我只是把事情過於擬人化了，把我的細胞當作是有意識的發起者，必須對他們的行為負責。淘氣幹細胞的故事當然是這樣的：他們就像少年虞犯，他們打破窗戶，搗毀公共園地，只是為了洩忿。但當然，我對這種行為的社會背景分析，跟我對淘氣造血幹細胞的分析不同，我認為淘氣造血幹細胞的犯罪行為是不可饒恕的：他們不能通過輔導或新的工作機會矯正復歸。他們需要被摧毀，被看成激進的異己。我不知道我能否真的超越這種對白血病的二元思維方式。要看看進一步反思會給我甚麼新的想法。

二〇一八年五月二十日

寫書

自從回到麥迪遜後，我把我的寫作精力從對自己健康的反思，轉移到寫《如何在二十一世紀反對資本主義》的最後一章去了（參考我五月四日的文章）。這實在很具挑戰性，因為很難為這一章梳理出最好的論述策略，也因為我遇到了一波又一波的疲勞（fatigue），實在是無法繼續下去。那種疲勞像時差一樣襲來：我的眼皮變得沉重，無法集中精力思考。累成這樣的時候，我發現在網誌上寫一些關於自己健康狀況的小文章，比處理這一章中的艱難問題容易。但大多數時候，真的很累的時候，我就去睡一會。

不過，過去幾天我還是取得了一些進展。到目前為止，我已經寫了約三千一百字。書中大部分章節都是六千字左右的長度，所以我大概完成了一半。我在這一章遇到的最大問題是，我沒有一個果斷扼要的「哏」可以讓我圍著它去建構敘事。我寫這種理論文章的時候，通常都是先想好要傳達的訊息，再從那裡展開敘述。我想知道，這會不會也是單口喜劇演員打造好笑的笑話的方法：先想好那個哏，然後圍著它說故事？對於這一章，我當然知道它要處理的問題：「侵蝕資本主義」的戰略思想，需要連貫的政治行動來改變資本主義的遊戲規則，以擴大建立替代品的可能性。但要改變遊戲規則，就需要堅忍不拔的集體行動者，能夠持續為這個目的採取政治行動。這些行動者在哪裡？怎樣創造他們？

因為我對此沒有一個清脆果斷的答案，大部分已寫下的內容，都與回答問題所需的關鍵概念相關。特別是，我一直在討論「身分」和「利益」這兩個概念，它們是集體行動者得以形成的基礎元素。關於這兩個概念，我有很多很多話要說，而這就是問題了。如果沒有「哏」，根本不知道應該要裁掉甚麼。畢竟我不是在寫一本總述集體行動的社會學教科書。關於共享認同和利益（shared identities and intersts）如何形成的有趣議題很多，當中一些主題來自認知心理學。我也教過許多這樣的課，但它們應該不屬於這本書。所以，我不斷地添加一些東西，然後又把它們刪掉。

離「D日」只剩下兩個多星期了。只要我每天都做一點點，繼續思考，應該能在六月五日前完成初稿。

二〇一八年五月二十二日

醫療小報告

五月二十四日週四，當我在密爾瓦基的福德瑞特醫院完成整日的化驗，包括新的骨髓穿刺後，將有重大更新。希望這次的骨髓穿刺會證實活性白血病在很大程度上緩解了，六月份的移植程序可以得到綠燈能進行。

昨天，我在威斯康辛大學醫院的診所又進行了一次定期抽血，而我的嗜中性球再一次表現良好，ANC達到了二七〇〇的數值，遠遠高於正常下限（一七〇〇）。三月初，在診斷出白血病之前，在一次試圖找出鈉失衡來源的血液檢查中，我的ANC是一二〇〇，我現在知道那代表我處於中度感染風險區。所以當時白血病已明顯壓低了我的ANC值。

四月份的化療一如所料地讓ANC降到零。現在它已經回升到遠遠高於治療前的水平了。這種事情就是一個新手的專業癌症病人會聊起的：數字的微妙變化，它們的變動軌跡，這些預示了甚麼，有甚麼在暗中蟄伏著。這讓我想起了二〇一六年十月看FiveThirtyEight的民意追蹤報導的情景：這就是數字預測未來的神奇力量啊。[21]

21　譯注：FiveThirtyEight是著名數據專家西爾弗（Nate Silver）創立的數據網站。二〇一六年十月，FiveThirtyEight民調預測希拉莉將勝出十一月的總統選舉，但勝率從之前的八成半大幅下跌至比六成半多一點；所以川普雖落後，但仍有差不多三分一的機會勝出。當時許多大型媒體預測希拉莉將毫無懸念大勝，所以FiveThirtyEight受到不少批評。但川普最後勝出了該屆選舉，FiveThirtyEight因此聲名大噪。艾瑞克說的，就是在數字中的確可以看出一些平時觀察不到的暗湧，因此具有神奇力量。

二〇一八年五月二十二日
受苦，但擁有特權

患有像急性骨髓性白血病這麼嚴重的，危及生命的疾病，總會引起許多不同的反思。到目前為止，我還沒有真正面對與癌症相關的，令人恐懼的那些肉體痛苦。也許下個月我就會嚐到了，也許不會。但我很清楚的是：無論我的身體遭受甚麼痛苦，我所擁有的非凡的特權，都讓我避免這種痛苦所帶來的大部分恐懼。我將在一個平和安靜，每個護理師只照顧三位病人的醫院病房裡。我有一個關心我身心狀態的醫生小組，我信任他們，而且他們身懷可以幫我存活下來，而且能減輕許多嚴重症狀的醫術絕技。瑪西亞會陪在我身邊。我是被保護著受苦——我的痛苦都會被特權壓下來。面臨這種境遇時，每個人都應該要可以在這種環境中生活。但在世上，這樣的情況當然只有很少數人能享受到。

此時此刻，我想全世界有成千上萬的急性骨髓性白血病患者，至死也不會知道自己患了甚麼病，而且無法得到任何治療。還有些人是在擁擠的，不合格的醫院裡，沒辦法進行或許能救他們一命的幹細胞移植手術。而且，不說我患的這個病吧，在難民營中還有數以百萬計的人飽受肉體痛苦，並持續面臨剝削、疾病和絕望的威脅。在戰地，又特別是兒童——在沒有任何保護之下，完全暴露於極度痛苦的恐懼之中。對於自己擁有能幫助我減輕痛苦、並從病中康復過來的特權，我並不感到愧疚。即使我單方面拒絕擁有特權，世上的不公義不會因此有任何改變。但這雖是事實，也不代表我所獲得的，在醫療方面的特權，是公平或公正的。這在我和其他人之間製造了一道鴻溝。其他人和我一樣，面臨著生命的不確定性，但無法獲得他們需要的護理照料。我開始感受到——我認為是很深刻的感受到——自己的經歷有著普遍性，這個病改變了我，如同改變了其他人。但這種一體性，這種因同病相憐而褪去的自我界限，卻因我擁有非凡特權的現實而削弱了。我不太確定要如何描述自己因此湧起的情感，但應該是類似於悲痛吧。

（這邊有個附帶說明，是我完成了對特權和苦難的思考後加上去的。由於聯邦醫療保險〔Medicare〕會支付住院費，在福德瑞特醫院的急性白血病病房裡的人來自許多不同階層，不是說擁有財富就能住在這個病房裡。因此，不公平之處不在於能否進入有這類設置的環境，而在於在全球範圍內，有許多人都還在受苦。）

二〇一八年五月二十四日

醫療報告：第一波小問題

好吧，今天密爾瓦基診所之行捎來了令人失望的消息。第一站是檢驗室抽血，然後跟社工師討論了些實際問題。再之後是骨髓穿刺。

現在的核心問題，是緩解程度是否足夠能繼續往移植階段。要明確回答這個問題，就要對骨髓穿刺進行詳細分析。我們明天就會得到結果了。但從檢驗室的抽血分析中，也可以看到一些跡象。其中一個血液分析中的指標，是「芽細胞」白血球的百分比。在周邊血液中測得的芽細胞，可以是不成熟嗜中性球，也可以是白血病細胞。之前我得知在化療後骨髓「自我重組」時，血液中出現一些芽細胞是很正常的。所以之前我在麥迪遜抽血，見到芽細胞的數量是百分之一，之後是百分之四的時候，我被告知不用擔心。今天的數量是百分之七，已經高到足以讓人擔心了。其他一切看起來都不錯。但移植小組的負責人哈瑞醫生認為，百分之七的數量，可能表明白血病正在反彈。我們明天就知道了。由於複雜的原因，出於要為移植的新幹細胞創造最佳環境，除非出現穩健的緩解，否則不可能進行下一步幹細胞移植手術前的化療。

因此，明天有兩種可能性：（一）骨髓中還是沒有白血病，所以我們按原計畫進行。（二）骨髓中的白血病回來了，因此我們要轉向「B計畫」。B計畫有幾種選擇，包括完全重複我在四月份所做的一切事情；或與四月份化療類似、但使用不同的「雞尾酒」[22]；或採取門診策略，與藥物結合，進行更長時間的化療。麥凱利斯醫生明天會打來，告訴我們她的看法。

在確診急性骨髓性白血病時，染色體分析顯示，我的特定突變令我處於白血病的「高風險」族群。其他的特定突變則與低度或中度風險的急性骨髓性白血病有關。我今天問麥凱利斯醫生，「我們現在面臨的問題，是不是『高風險』明確意謂著更難以建立穩健的緩解？」她說問題確實如此。事情就是這樣了。

這決不是末日，還是有許多通往移植手術的途徑。麥凱利斯醫生說這是條「曲折的道路」。這固然叫人失望。這套敘事有一整套的步驟，我有條不紊地在這上頭努力，井然有序的一步步前進。每一步都很順利，那些「數字」都達到了我們希望的效果。但這個簡單的序列現在可能被打亂，我們明天就會知道了。

二〇一八年五月二十五日

醫療報告：有些小錯誤，但還沒脫軌

簡單說吧：今天從麥凱利斯醫生那裡得到讓人放心的消息，雖然在骨髓中測出的芽細胞顯示白血病回來了。這意謂著緩解不如希望中的那麼穩健，因此我們不能直接在六月六日進入移植程序。麥凱利斯醫生告知我們，哈瑞醫生說有個新的臨床試驗計畫將在一個月內啟動，那個計畫就是專門為像我這樣的人設計的——也就是說，一個具有明顯但非完全緩解的人。為了符合條件，我將需要進第二輪引導性化療（我在四月進行的第一階段治療就是引導性化療）。麥凱利斯醫生

22　譯注：即使用多種化療藥配合免疫治療。

說，到目前為止，她只看到了骨髓穿刺的初步報告，但她需要完整的報告來決定第二輪引導化療應採取的形式。那可能需要住院或門診進行，也可能是在麥迪遜或密爾瓦基。她大概在週一就會讓我們知道了。有件事她斬釘截鐵的告訴我們：她決心「要讓我進行移植手術」，而且認為這次的挫折是可以控制的。

所以，在我的情況而言，我們又回到那條曲折的路上了，但沒有走丟。我還是很有可能接受移植手術的，再加上有完美匹配，手術成功的機會也是不錯的。

二〇一八年五月二十六日

疲勞

我正在對抗疲勞。我當然經歷過很多很累的時候：小孩子剛出生時睡不飽、時差偶爾襲來，或偶爾生病也會耗費精力。但我覺得陌生的體驗，主要是那種持續地沒有能量的感覺，尤其是在我需要的時候，沒有能力打起精神的感覺。

昨晚我和瑪西亞的妹妹珍妮特討論了很久，我們談及我的療程、我的優先事項，以及我的感受。她提到我總是個有「無窮無盡能量」的人。我喜歡這種說法，覺得直中心坎。我現在看得很清楚的是，這麼說不但很好地形容了我，也的確是構成我的自我理解，以及立身處世的自我認同的重要一環。（這與我談到在醫院裡的努力與意志力問題不完全相同，但我想它們是相關的。）

每次我受邀前往講座時，我總是請主辦方盡量將行程填滿：面對不同聽眾的多樣挑戰、宛若快速約會般的研究所大師課程，拜訪真實烏托邦的據點。越多越好。有時候真的會相當費勁，直逼我的極限。有一次我在雪卡毒食物中毒（ciguatera food poisoning，我吃青甘鰺〔鰤魚〕時攝取到的某種神經毒素）過後，依約先後前往冰島與阿根廷。就算我會周期性的全身發癢、伴隨其他症狀，但也沒有取消任何一場既定活動，而且總是能為了活動所需而挪出精力、全神貫注。

有一次的快速約會大師課（speed-dating master class），課堂上有大概十八位學生。上課流程是每一位學生花十分鐘拋出自己研究中懸而未解的難題或疑問，然後我試圖給出一些實用的回應。這些互動整體而言非常熱烈。我必須很仔細地聆聽才能抓住每位學生的重點，然後給出一些有趣或有用的評論。就算有時間限制，幾個來回通常就超過了時間，所以十八場「約會」幾乎就進行了快四小時。而這還是在我公開演講過後幾小時內進行的。結束後我當然累壞了，但在活動當中，我從來沒有感到專注力或體力下降。能夠像這樣子對我而言意義重大。（雖然在這裡不是重點，但我也必須承認，大家驚訝於我擁有「無窮無盡的能量」這件事，讓我感到非常開心。許多人評論我進行智識活動時擁有持久力。我很喜歡在別人心目中，我給人的印象是這樣子的。）

現在我沒有無盡的能量了。在我需要的時候也打不起精神了。今天我坐在電腦前，研究我正在寫的章節中一個棘手段落。我完全知道我想說甚麼，但有些困難的遣詞用字需要處理。我完全無法集中精神。寫這個網誌是沒問題的，但寫網誌不同於寫分析性的複雜論述，不需要高度集中精力。今天早上我就是怎樣都集中不了。

我知道這個狀態不會永遠持續。可能是因為我的血紅素數值一直很低，一直徘徊在要輸血的門檻上吧。（如果下週這種情況持續，可能我會要求輸血。）儘管如此，我發現難以打起精神集中智力不僅僅令人沮喪，還令人不安。也許是時候睡個覺了。

二〇一八年五月二十八日

醫療報告

新計畫是這樣的：從明天開始的二十一天試驗，包括了化療輸液和藥物的組合，兩者時間表是重疊的。這個計畫是專門為像我這種情況的人所設計：一個適合進行移植手術的人，但在最初的引導性化療中沒有得到讓人滿意的緩解。我想，在這二十一天的新治療後，將會很快進行至移植階段，但我也不完全確定。明天下午我們去密爾瓦基做化驗和初步治療時，就會得到細節了。明天晚上我會分享消息的。

二〇一八年五月二十九日

醫療報告

我正坐在福德瑞特醫院臨床癌症中心日間門診的化療輸液椅上。在注入一種叫阿扎賽德苷（azacitidine，商品名是委丹扎〔Vidaza〕）的新化療藥前，我要先接受預防噁心反胃的藥物。我看到很多化療藥物名稱都有後綴「dine」[23]，我選擇相信是因為它們會吃掉癌細胞。太美味了。

我們之後的行動計畫如下：

1. 我會以門診方式接受阿扎賽德苷（即委丹扎），為期七日。那即是說我這週要每天開車去密爾瓦基，但從我家直接到醫院才一小時又十五分鐘，跟很多人的通勤時間也差不多。
2. 這二十一天，我也會接受一種叫來那度胺（lenalidomide；又名瑞復美〔Revlimid〕）的藥物。它不會吃掉癌細胞，但會將它們「酰胺化」[24]（我剛剛查了一下，來那度胺的後綴「amide」代表「氨的單酰基衍生物」——希望這個解釋夠清楚）。同一種化學物也在二十

23 譯注：dine指用餐。

24 譯注：酰胺（Amide）能干擾細胞用來相互發出信號以促進生長的化學物質，故能抑制細胞增生。

世紀中期用於沙利竇邁[25]，並在當時產生了災難性的畸胎問題。所以它現在是一種受高度監管的物質。我必須在一堆表格上簽字，表示我之後要（一）避免受孕，又或者（二）每次進行性行為都要使用保險套，因為這種藥物顯然可以進入精液裡。我盡責地簽了承諾書。只要保險公司批准我接受治療，我可以隨時開始這二十一天的療程。審核的時間從幾天到幾週不等（真是蠢透了！），所以整個週期可能需要二十五到三十天的時間（那是假設我獲批使用來那度胺的話。而我相信我會獲批的）。

3. 然後我要再做一次骨髓穿刺，看看我的骨髓中是不是再沒芽細胞了。如果還有芽細胞，就進行5b的步驟；如果沒有的話，就進行第4步。

4. 一旦我的嗜中性球恢復運作，就要重做骨髓檢測，這可能是在數週後。如果有穩健的緩解，那就去進行移植手術，即5a步驟；如果沒有穩健緩解，就進行五b。

5a. 進行骨髓移植調理，然後進行移植。基本上是沿著最初計畫的路線進行。這將在七月發生。

5b. 如果我沒有得到穩健緩解，即基本上維持了目前的狀況，那麼我將會進入一個臨床試驗計畫。這是個第三階段的試驗，即是將會隨機地決定我是否一開始就接受新的治療（一種名為Iomab-B的臨床試驗藥物，在第二階段試驗中的成功率幾乎為百分之百），或者接受在沒有新療程的情況下，我會得到的標準治療。可是，如果我被分到對照組，而治療如果又沒有效果的話，我也會得到Iomab-B的實驗治療。所以，即使可能一開始我沒被分到去臨床試驗的組別，也不代表我將被排除在外。那只是意謂著，如果標準治療無效的話，我會遲一點才得到實驗性治療。這也將在七月發生。

所以這一切還是很複雜的，會有意外情況，也會節外生枝。目標仍是要進行骨髓幹細胞移植。如果一切按新的時間表進行，移植手術應該會在七月中下旬某個時候進行。

二〇一八年五月三十日

重塑敘事&陷入泥淖

歷史學家和歷史社會學家有個普遍的觀點：歷史事件的「意義」會隨時間變化。當中有部分原因，是因為過去發生的事，被今人拿來達到政治上或是文化上的目的。這就是歷史記憶轉變和歷史失憶的奇妙領域了：人們建構關於過去的敘事，來為現在的行動辯護。但還有一個問題是，

25 譯注：在一九五〇年代，治孕吐的處方藥「沙利竇邁」被發現增加孕婦流產率和畸胎率，是二十世紀最著名的藥害事件之一。

歷史事件和歷史時期的「意義」來自它們的實際後果，而不只是來自歷史時刻或現在的行動者在生活中經歷到的意義。

我不相信史達林主義的恐怖，會是布爾什維克[26]把握沙皇政權崩潰的機會時，就懷揣在心的動機、願景，或意義的一部分。在行動者之間，有許多不同的意義在影響全局，而這個過程中，也有很多互相矛盾的趨勢或意義。但我認為，一九三〇年代的恐怖政權夢魘，不在任何一個派系的原先設想之內。然而，那些革命的後果和影響也成為了今日俄國革命的意義的一部分。同樣地，拿破崙也改變了法國大革命的意義。如此類推。

嗯，我藉由積極建構關於我健康和醫療過程的個人敘事而活著；而在這樣的情況下，我思考著這些歷史詮釋中的宏大主題，也就是歷史敘事如何構建。我在想：如果一切順利，我能好好活下來的話，在幾年後，我將帶著我所獲得的所有見解和感受來回顧這段時期：與瑪西亞在不同形式上的親近，以及對我所處在充滿愛的關係網，有了新的感激之情。我會將這段時期回顧成是一場充滿挑戰的冒險，而不是樂觀的幻象、虛假的希望，以及自我欺騙的時期。如果我死了，（至少對某些人來說）這些又會否成為敘事的一部分，意義的一部分？但即使我死了，那些正面的意義也都是真的吧，它們不會被什麼事情所否定，不是嗎？但當然，要是我死了，那個敘事就不再是我的敘事，而是別人對我的敘事了。

我跟瑪西亞說了自己的這些想法，而且對這件事感到心煩意亂。因為「我自己建構的敘事」

和「別人關於我的敘事」之間的分別，以及談論這些也包括壞結果的敘事，有種詭異感。如果我在某個時候，因為藥石罔效，任何孤注一擲的辦法都耗盡，所以被送進安寧緩和病房，我的敘事會是甚麼？我此時此刻正建構的敘事還會保持不變嗎？如果我死了，五年後我的敘事也沒意義了，但法國大革命在所有參與的人都死了之後還是很重要。瑪西亞堅持說事情沒那麼複雜，是我把它複雜化了。她認為，雖然我講述的故事會隨著新的複雜情況出現而變化，但我賦予這段經歷的意義是加深，而不是真的改變了。她認為沒有任何理由會改變。

我聳了聳肩，說了句類似「也許我太聰明了，這樣對自己不太好」的話。她說：「你不是太聰明，只是想太多了。」她給我看了她存起來的《凱文的幻虎世界》舊漫畫[27]。背景是，凱文的父親對他講了些複雜故事，解釋世界是怎樣在一九三〇年代從黑白變成彩色的。凱文覺得很困惑，跟霍布斯（他的老虎玩偶）說：「世界是個很複雜的地方啊，霍布斯。」霍布斯回答說：「我每次這麼想的時候，就在樹上打個盹，等著吃晚飯。」我補充說：「還要看一集《權力遊戲》呢。」（這仍是我們兩個人逃離當前現實的一個好方法。）

26 譯注：布爾什維克（Bolsheviks），意指「多數派」，指俄國革命時，俄國社會民主工黨中的一個以列寧為首的派別。

27 譯注：《凱文的幻虎世界》（*Calvin and Hobbes*）：又名《卡爾文與霍布斯虎》、《凱文和跳跳虎》或《凱文與虎伯》，是美國卡通漫畫家Bill Watterson所繪製的每日連環漫畫，一九八五年首發，被稱為「最後一部偉大的報紙漫畫」，非常受歡迎。

二〇一八年六月四日
醫療報告

今天是在密爾瓦基進行七天門診化療的最後一天。過去一週我幾乎都在化療：從家中到醫院，單程要一個半小時的車程，然後在醫院待一至四小時，視除了化療之外，還有沒有需要檢驗或輸血。化療輸液本身不太難受，總共需要大約四十分鐘，到目前為止的直接影響，主要是疲勞和輕微的想嘔吐。可以肯定的是，過程很艱難，但還可以忍受。而且幸運的是，瑪西亞很喜歡開車。

這週我身題狀況的重要主題，是便秘、春季的鼻涕倒流，以及不間斷的咳嗽。這種咳嗽在晚上特別麻煩，讓人難以入睡。這些情況都很難處理。雖然沒必要講太多細節，但便秘是我在化療時止吐的靜脈注射劑和止咳藥兩者都會產生的副作用。這似乎會持續是癌症患者生活的特徵：處理一種症狀的藥物產生了副作用，然後又需要處理這些副作用了。有時候這些不適也只能熬過去，無可奈何。

這些症狀和日漸嚴重的疲勞感互相影響著。我沒甚麼用語可以很好的形容這一點了。疲勞有很多表達方式——形容枯槁、無精打采、氣力耗盡、疲憊不堪、昏昏欲睡、虛弱無力、精疲力竭。有時我覺得自己正處於某種十個時區的時差最嚴重的時候，幾乎不可能把眼睛睜開。疲勞現在已經到了一個地步，我不僅沒能在我的書的最後一章上寫下甚麼，甚至連回覆電郵和寫網誌有時都有點困難。我希望幾天後，一旦這輪化療結束，有些能量就會回來了。

我的精力可能耗盡，但我的精神，不過就受了一點打擊而已。

二〇一八年六月七日

醫療報告：在彎曲的道路上有個坑洞，而我們希望不用改道（簡短版）

簡短地說吧：我又回到了密爾瓦基的醫院，這次是由於嚴重便秘。我會在之後的文章中詳細說明，但我想立刻讓大家知道基本情況。我出現了嚴重的便秘，這主要是止吐藥物的一種副作用。昨天下午，麥凱利斯醫生認為，單靠門診很難處理這個問題。所以我和瑪西亞開車去了福德瑞特醫院，並於昨天（六月六日）晚上十點辦理了住院手續。

今天，經歷了一次很奇怪的灌腸，幾次排便之後，下午又經歷了一次腹瀉階段之後，我已經好多了，肯定已經渡過了最糟糕的時期。我們可能要在這裡待上幾天，直到一切都穩定下來。我已經太累了，所以我現在不打算再寫下去。但當中也有些有趣的細節，如果有時間的話，我明天就一五一十寫下來。

二〇一八年六月十日
醫療報告（詳細版）

我也不知道，是不是真的有人對我跟便秘史詩級般的抗爭細節有興趣。但我想，寫一篇關於便秘的文章是項好挑戰。首先有個語言問題，應該用shit、crap、stools、poo（澳洲用字）、poop（美國用字），還是turds？然後，如何讓這個問題變得有趣呢：臨床細節？內心體驗？發生過的好笑的事？

這場鬧劇現在已經結束，今天是六月十日週六，我回到了麥迪遜。疲勞，以其令人昏昏欲睡的特殊形式，重新確立了其作為主要症狀的重要地位。過去一週裡，它被便秘取代了。這是一位癌症患者的庸俗生活中，極為真實的一部分。疾病本身以及對疾病的治療產生了一系列的症狀，強度隨時間變化：疲勞、噁心、便秘、各種疼痛、發燒、頭痛，等等，不一而足。最近幾週，越來越深的疲勞感令我深深不適，特別是因為干擾到我完成書的最後一章。疲勞支配著我。然後，從六月一日左右開始，便秘開始變得嚴重，到了六月六日，便秘已經取代疲勞，成為了最明顯的症狀。

這個故事有六幕。

第一幕：入院

第二幕：等待灌腸

治療困難便秘問題的一般預期方法是灌腸，但在進行任何治療之前，我需要進行腹部X光檢查，以確保沒有堵塞或阻塞的情況。我們一直到凌晨三點才拿到X光影像，然後到了早上七點才有人來判讀。

等待的時候，我自拍了一張我肚子的照片寄給貝琦。我的腹部嚴重膨脹，充滿氣體，像個鼓一樣緊繃。醫生敲打我的肚子了解情況時，聲音很響亮。我把它想像成是交響樂團中，一種位置在定音鼓旁的新型打擊樂器。於是我寄照片過去給女兒貝琦，她正有孕在身，還有一個星期就要生產了。我在電郵主旨中寫道：「假性懷孕」。她回傳一張她的肚子的照片：「滿厲害的，但我的肚子贏了。」

第三幕：灌腸

令我驚訝的是，灌腸劑是由糖蜜和牛奶混成的。它被掛在我床邊的點滴架上。我側身躺著。一根又細又長的藍色管子被插入我的直腸，盡量插到最深的地方。我得知管子「沒能插得很深」，因為我的直腸有一堵堅實的牆（現在我必須選擇正確的字眼，用臨床的方式講這個故事）——由糞便堆成的牆。溫暖的液體流進腸管。護理師跟我說，試著把這個東西留在體內二十分鐘。我收緊了我的括約肌。二十分鐘？應該不會太難。我開始冥想，數著呼吸。我看了看時鐘，只過了五分鐘，但感覺像十五分鐘。吸氣，呼氣，我可以做到的。我努力地做了十七分鐘，但我應該在十六分鐘半、也許十六分鐘就下床了。

第四幕：冷顫

一個多小時後，瑪西亞告訴我她要去咖啡店吃個午飯。我昏昏沉沉地睡了。突然間，我被劇烈的顫抖和腹痛弄醒了。我渾身都在抖，就好像冷天的時候不能自控地打寒顫那樣，但比寒顫要厲害得多。我幾乎無法按下按鈕呼叫護理師。「我需要護理師，」我說。有人問：「為甚麼？」「我在發抖。」護理師沒有立刻過來，所以我給瑪西亞打了電話。我連拿穩電話來按下正確號碼都幾乎辦不到。然後也差不多說不出話來。「回來吧，我在發抖。」瑪西亞以最快速度跑了回來。

她回到病房時，醫護人員已經圍在我身邊。她爬到床上抱著我，但也無法平息劇烈的顫抖。值班醫生問我問題，但我抖得很厲害，說不出話來。我試著用呼吸來集中自己的注意力，但沒有幫助。這是我患病以來，第一次感到恐懼。感覺就像我整個系統都在崩潰。這次的顫抖，比四月的那次發作嚴重得多。但是，也許過了二十五分鐘後，突然間我停止顫抖了。它沒有慢慢的逐漸減少，就只是停止了。

過程中，醫護小組給我掛上了一些新的靜脈注射抗生素。他們認為我的顫抖是冷顫（rigors）——即可能伴隨著體溫快速上升的劇烈顫抖。這可能代表灌腸也許引發了某些撕裂或破損，令有些細菌從腸道進入了我的血液。那可以是災難性的。我的體溫的確略有上升，從攝氏三十六・八九度上升到了攝氏三十七・二八度，脈搏也上升到每分鐘一百一十次左右，血壓下降。所以是有擔心的理由的。但是後來顫抖停止了，我的體溫也沒有達到「發燒」的程度。另一個可能是，這種顫抖不完全是冷顫，更像是腹痛引起的休克。

護理師抽了血來進行血液培養，看看裡面有沒有任何細菌。二十四小時後，他們就會得到初步結果，但要過幾天才能進一步確認。醫護小組幫我預約了腹部的電腦斷層造影檢查，以確保沒有撕裂或破損的情況。那是下午兩點半左右。

第五幕：快樂的腹瀉

從兩點半到六點半，我都在等待傳送人員送我到電腦斷層掃描室。然後等待電腦斷層掃描，再進行了十分鐘的掃描，然後又等傳送員送我回病房，等了一小時。

在一開始等待傳送人員的時候，我平靜地去了幾趟洗手間，向腸道安寧之神獻上了祭品。我有點擔心，若傳送人員來了，可能我在往電腦斷層掃描的半路上就得上廁所了。護理師說沒問題，給我帶來了成人紙尿片。我說我兩個在進行「如廁訓練」的孫兒女都在用這個。我是一點都無所謂，還覺得可以用同樣辦法避免「意外」發生，實在很不錯。

第六幕：康復與回家

我以為我們必須在密爾瓦基多待幾天，直到情況穩定下來，但週五早上，麥凱利斯醫生說，如果初步血液培養是陰性的，我們就可以回家了。她還給我介紹了未來幾週的「大計畫」。一切都在按部就班地進行，沒有任何東西受到便秘發生的影響。對於甚麼時候進行移植手術，還有些不確定因素，但最有可能的時間是七月中到八月底。

午後，化驗報告回來了，結果是陰性的。我感覺好得不得了。雖然我現在還沒有規律的排便和漂亮的軟軟的糞便，但每趟如廁之旅都有進步。於是我們收拾好行李，回到麥迪遜。

二〇一八年六月十日
最重要的事

女兒貝琦今早產下了一個女嬰。正如女婿阿德里亞諾在訊息裡說的，母女倆都「安全、健康、快樂。」我覺得很幸福，精神在飛揚。

二〇一八年六月十四日
醫療報告

我現在是個只有單一症狀的人，實在令人太興奮了。沒有便秘，沒有噁心，沒有咳嗽，沒有腹痛，只有疲勞和昏昏欲睡。而在所有可能的症狀清單中，疲勞是最輕微的，對策也很容易做到：小睡。

二〇一八年六月二十日
更多關於嗜睡和疲勞的問題（如果我能睜開眼睛的話）

這是涼爽、潮濕而陰暗的一天。我正坐在客廳的躺椅上。我之前躺在沙發上，但我知道除非我移動到椅子上，否則一個字都寫不出來。昨晚我睡了超過十小時（中間起了五次來換掉因盜汗而濕透的衣服），早上八點起來感到休息充足、甚至是神清氣爽，覺得也許早餐過後我可以坐下來寫一寫書的最後一章。這項希望只維持了一個小時。然後我再次昏昏欲睡，要是不有意識地，努力的要張開眼睛的話，眼皮就會自然的合起來。

今天是六月二十日週三。上週五，我在威斯康辛大學醫院輸了兩次紅血球濃厚液。我進去時以為只輸一單位的血，但醫院那邊說訂了兩個單位。一次就輸兩個單位的血，這還是第一回。每次我的血紅素數值低於八的時候，我基本都是輸一個單位的血的。這些額外的紅血球減輕了疲勞感，但在讓我沒那麼累的方面，輸血確實沒有巨大的幫助。上週五輸血後，我絕對是感覺好了點，但仍然不是大幅改善——之前是完全的疲勞，現在變成了有睡意。

到了週六和週日，情況完全不同。週六早上醒來時，我感到休息充足，可以進行整天的活動。一般來說，我總是家裡第一個起床的人。瑪西亞是個夜貓子。這個週末，珍妮和薩菲拉從科羅拉多州來訪，兩人也都在睡覺。我下了樓，做了早餐（煎一個歐姆蛋），清空了洗碗機，又清理了廚房，整理了我們的特百惠保鮮盒，把所有的蓋子放回對應的容器上（之前一段時間都是一團糟的），把西瓜切成一口大小的塊狀便於食用，又把前一天晚上吃剩的芹菜、甜洋蔥和甜椒切碎，做了個雞肉沙拉。做完這些後，我一點都不覺得累。

能做點事情非常好，這些事情我不做的話，責任通常就落到瑪西亞的肩上了。兩個單位的紅血球濃厚液將我推過了某個神奇的門檻，令我和孫女度過了一個美好的週末。我們還能一起在後院玩一下。我的弟弟伍迪和他的妻子貝絲也來了（他們住在離我母親住處很近的旅館裡），所以我又可以跟他們更充分地交流。

我絕對有足夠的身體和精神能量來工作，但我不想打斷自己和家人相處的時間，所以把工作推遲到他們離開之後。

週一早上，所有人都離開了。我進行了抽血，證實血紅素數值有很大提升，上週五只有七．五，週一是九．〇。回家後，我休息了一下，然後把我在最後一章寫的內容讀了一遍，牢牢記住那個敘事結構。作為平日鍛鍊的一部分，我還走了快一．六公里。那天很炎熱，回家後我覺得需要小睡一下。就這樣，這天悄悄過去了。到了週二早上，我又倒流越落那道神奇的門檻，感到精疲力盡，老是在昏睡，沒有甚麼精力。我還是強逼自己去走路，還可以簡短地聊一下天。我也看了幾場世界杯比賽，但就是這樣了。

因此，兩個單位的輸血在兩到三天內，創造了神奇的變化。我會問問醫生有沒有可能多點這樣做，好讓我從時常昏昏沉沉中獲得一些喘息。但也許出於醫學理由，還是應該避免過多輸血。有人告訴我，輸血的確有點小風險，即使我們現在有很乾淨的血液供應了，由於我之後相當長的一段時間都會需要輸血，所以也應該計算一下能承受多少風險。

明天我要去密爾瓦基進行另一次骨髓穿刺。然後在二十六日週二，在詳細結果出來之後，要再回去與麥凱利斯醫生進行評估諮詢。

二〇一八年六月二十一日

更新

今天下午，瑪西亞和我開車去密爾瓦基進行骨髓穿刺，要評估目前阿扎賽德苷＋來那度胺的治療方案，在抑制突變的造血幹細胞方面效果如何。週二我們要再回來了解結果，並更清楚知道下一階段的治療。

穿刺結果是有史以來最好的。我還告訴醫師助理（Physician Assistant, PA），週五我輸了兩個單位的血來提高血紅素數值，因此週末活力充沛。我問既然有這麼大的區別，為甚麼不常常給我兩個單位的血呢？她解釋說，這牽涉到長期風險，尤其是還不能確定我最終需要輸多少次血。每次我輸血時，也會同時把鐵質輸到血液裡。人體沒有自然地排出鐵質的好方法，所以我常常輸血的話，鐵質就會在體內積聚，過多的鐵質儲存在身體各部分，可能會造成很壞的影響。事實上，到了移植手術過程的尾聲，如果一切順利的話即是大概一年後，我很可能要進行一個在十八世紀時很流行的手術：放血。這個過程今天被稱為「靜脈切開術（phlebotomy）」，（不要與「腦葉切除術」〔lobotomy〕混淆）。基本的運作概念是先放血，再讓健康和充滿活力的造血幹細胞製造新的紅血球，而這些新的細胞又將吸收儲存在體內的鐵，從而逐漸擺脫我體內多餘的供應。這一切都很有道理，也讓我不那麼熱切地渴望輸兩個單位的血了。但上週末真的很不錯。

二〇一八年六月二十二日

對抗嗜睡的新策略

今天我採取了一個新的策略來對抗嗜睡。記住——我正處於不用化療的時期的第四天，週一晚上服用了最後一劑來那度胺（即瑞復美），而藥物的其中一個副作用正是昏睡。無論如何，我還是有個新策略，我們之後看看它是否有效吧。但在今天的第一次試驗中，它的效果非常好。

在今天之前，吃過早餐後，我就在客廳裡安頓下來，要麼在沙發上，要麼在躺椅上，基本上就這樣渡過一天。這樣的例行公事會被偶爾的訪客和散步所打破，但大多數情況下，我都處於一種介乎完全睡著和完全清醒之間的邊緣狀態——我都在打瞌睡，看一點點電視（世界盃，

Netflix），聽音樂或一集播客，又再打瞌睡，讀一些東西，答覆電郵，寫一篇網誌文章，然後又慢慢昏睡過去。今天我決定嘗試一點不同的東西。早餐後，我回到二樓，並且將二樓作為我的運作基地。如果要吃飯、散步和接待訪客，我會下樓去，但大部分時間我都會在書房或床上。每當我感到眼皮沉重或昏昏欲睡的時候，我會試著適當地小睡一下，而且是真的睡一覺。否則，我就會完全清醒過來，看看我能否讀點甚麼，或寫點甚麼。

今天吃過早餐，八點鐘的時候，我就睡了一覺。想來，這可能是我成年後，第一次在早餐後就立即小睡。我睡得很沉，九點半起來的時後神清氣爽，覺得自己可以幹點甚麼了。我有兩項任務：繼續寫我的最後一章，或者為我在美國社會學學會的影片演講做一點準備工作。（彼得是我的計畫助理和研究生，他下午要過來幫我一起完成影片）。我努力工作了一個半小時，然後想起了冰島對奈及利亞的世界杯比賽正在進行。所以我就去看了那場賽事，直到冰島輸了兩球，明顯是要輸掉比賽為止。然後我又再工作了一個小時，在下午一點的時候停下來午飯。我發電郵給彼得，讓他三點左右過來。一點半的時候我又睡了第二次覺。

三點半，我被門鈴叫醒了，就摸索著下樓讓彼得進來（瑪西亞去費城看貝琦的新生女兒艾達了），跟他解釋說我在睡覺，但被吵醒了也沒關係。我們去廚房喝咖啡，開始聊天——關於我的情況，未來的計畫，還有關於彼得畢業論文的想法。我們討論起彼得在思考的，三個可能論文主題時，演變成了一場奇妙、激烈，又在智性上有趣的討論。他正處於最優秀的學生經常面臨的關鍵時刻：他們對於某項重要課題，無論是題目重要性或特定且具創造力的理論面向上，都有許多非常棒的想法，但他們對如何開展工作束手無策。彼得不想放棄這些主題的任何一個，但他顯然無法完成一篇能處理所有主題的完整論文。也許他可以選擇現在叫「三篇論文」的，寫畢業論文的方法——完成三個可以發表的小型計畫，而不是單一的、總體性的專著型專題論文。但他知道，至少對於我大多數學生所研究的實質性問題來說，我不喜歡用這種方法進行論文研究。我更喜歡具有強而有力的敘事軸線、深度分析，以及（當然了）令人興奮的核心思想的整合性論文。

所以我們聊了一個下午。他向我解釋了每個主題。我思考了在他勾劃的內容中，有甚麼讓我感到特別興奮，以及他可以推進每個想法的各項方式。我們討論了實際研究的可能性，以及理論性文章在闡述各個主題上所能扮演的角色。不知不覺就到了五點半，我們決定週一再弄影片，而我則去了我一．六公里的日常散步。

我知道彼得覺得我的建議和回饋很有幫助。但對我來說，我們今天下午的談話，對我來說是個奇妙的禮物：我與一個認真、有洞察力、全身心投入的學生一起，迷失在有趣而重要的想法中。在我們兩小時的交流中，我學到了很多東西——歐洲左右翼民族主義，以及包容與排外的民族主義的棘手問題；民粹主義和反民粹主義；新的政黨組織，以及這些政黨擁有年輕人和其他群體等叫人困惑的社會基礎。這是我與博士生深入合作的最大樂趣之一，因為他們逐漸從學生，變成了年輕的同儕——我從我們的互動中獲益良多。但同時，此時此刻，找到迷失在這種對話中的智性能量，也是令人振奮的。

所以，可能是因為我現在不用化療，也有可能因為我的新策略有效，但無論如何，我決定了白天要睡的話就盡情的睡，好過老是昏昏欲睡了。再一次，霍布斯給凱文的忠告（參考五月三十日的文章）還真是對極了。

二〇一八年六月二十六日

醫療報告

瑪西亞和我去了密爾瓦基，就六月二十一日骨髓穿刺的詳細病理結果進行諮詢。結果再次表明，我的病情沒有得到穩健緩解：骨髓中的芽細胞濃度是百分之十七。完全緩解的話，數字應該少於百分之一，最少也要百分之一至五。結論：我的急性骨髓性白血病現在被正式冠上「難治」（refractory）之名。難治的意思就是頑固或無法控制的。說頑固的話，就好像將動機歸咎於我悲慘的受損造血幹細胞那樣。所以我想最好還是簡單地說，我的急性骨髓性白血病是無法控制的。

Iomab-B臨床試驗的下一次啟動日期可能是七月九日，麥凱利斯醫生希望我屆時能參與試驗。要做到這一點，我仍然需要通過一些篩檢，確保我的腎臟、肝臟、心臟和其他一些器官都運作良好。麥凱利斯醫生覺得那些都不是問題。假設這個時間表可行的話，即是我在七月九日或之後不久將進入臨床試驗治療。為了避免我的潛在病程在這個時候出現任何惡化，我將於六月二十八日週四開始，在麥迪遜開始新一輪的阿扎賽德苷＋來那度胺的混合治療。

下列是我現在理解的基本情況：

1. 七月九日，我會在同意書上簽字，並接受篩檢（或在七月九日後不久接受測試）

2. 如果我被隨機分配到「挽救組」（salvage group，即對照組），那麼我就會得到在沒有臨床試驗的情況下，我將會接受的治療。這次會使用不同的化療，第三次嘗試取得穩健緩解。我可能需要住院一個月。如果它起作用——這似乎不太可能——我就會直接進行ＢＭＴ（骨髓移植，即骨髓幹細胞移植）。如果我仍然「難治」，我就去做臨床試驗的Iomab-B治療。

3. Iomab-B治療：一旦確定獲得捐贈者的幹細胞（這可能需要幾週時間，因捐贈者也會放假），就會確定移植手術的日期。這就是所謂的「零日」。移植前有十四天的治療，只有在確定了「零日」後才能開始。這裡步驟很多——有些日子，我要被測試對碘—131的敏感性，也有些日子我要用單株抗體ＢＣ８的藥劑來治療，或者開始服用抗排斥藥物，等等。但在這十四天之後，我就會完成移植前適當的前置化療。如果我進入了治療組，並且在獲得捐贈的幹細胞方面沒有特別延遲，那麼我認為那就代表移植將在七月底或八月初進行。但如果我沒進入治療組，移植日期就會推遲一個月。

這是就是目前的情況了。

二〇一八年六月三十日
又一個新的認知：「食欲不振」

我從來沒有真正理解「食欲不振」的意義。我知道，在我母親居住的輔助生活院舍中，很多長者會因為食欲不振拒絕進食，然後很不健康地日漸消瘦。我總是想：「吃就好了嘛！你明明知道這是對你有益的。」畢竟你也不用等到肚子餓才吃東西。所以就吃吧，因為你知道自己應該要吃東西的。

唔，現在我就知道食欲不振不等於感到不餓了，至少兩者不是相等的。我發現，我現在是真正厭惡大多數食物。很多甜的食物甜得太超過了，令人作嘔。我一向很喜歡漂亮的，熟透的西瓜。瑪西亞把西瓜切成小小的可以一口吃下去的水果塊，但吃了三、四塊後，我實在無法安然吃下去了。哈蜜瓜也一樣。而鹹的食物往往又太鹹。在腫瘤門診那個漫長又充滿小問題的那天，我請瑪西亞幫我買幾包我平時從來不吃的洋芋片。我們沒有準備在那邊待一整天，所以她去了一趟點心鋪。每包洋芋片我都只能吃一兩片：都太鹹，太油膩了。我其實很餓，不是飢餲轆轆的那種餓，但還是餓。但我需要很有意識的努力，才能克服我對味道的厭惡。

我發現，要找到我真的想吃的東西實在太困難。加了優格和草莓的無糖奶昔吃起來不錯，營養麥片加牛奶的味道還是很好。我平時很愛吃瑪西亞媽媽做的紅扁豆湯，今晚一開始吃的時候還是覺得味道很好，但吃了半碗之後，我必須有意識地逼自己把剩下的喝完。我並不是飽了，而是湯變得不那麼吸引我，甚至幾乎是令人不快。我的味蕾顯然很迷茫，很困惑。

所以，現在我明白為甚麼對長者、癌症患者、其他疾病的患者來說，連吃飽也會是一個挑戰。

到目前為止，我一直能夠避免體重減輕，但最近變得有點困難了。

我不會建議利用急性骨髓性白血病來減重。

二〇一八年七月五日

醫療報告

我們今天會見了我們的血液腫瘤科專家。七月九日週一，我們將與幹細胞移植小組的負責人會面，我將獲得有關該程序和臨床試驗的詳細情況。

如果說我現在的感覺的話，唯一真正持續的問題是疲勞。這在很大程度上與低血紅素有關。我在週二輸了兩個單位的血，因為我的血紅素數值是七・一（正常範圍是十三・六～十七・二）。

輸血在週三增強了我的能量，但今天的數字又降到了七．二，所以明天早上我將再輸兩個單位，也許還要輸血小板。今天，我得知化療既影響了紅血球的幹細胞生成，也可能直接去除我周邊血液中已有的紅血球。因此，我可能會在未來幾週內接受更多定期輸血。幸運的是，我明天的輸血預約定在早上八點半，而法國和烏拉圭的世界盃比賽在早上九點開始。

二〇一八年七月六日

朝氣勃勃

七月二日，**週一**：服用阿扎賽德苷的最後一天。

七月三日，**週二**：我醒來時已經完全沒有力氣了。我去做了檢驗。血紅素數值是七．一。我輸了兩個單位的紅細胞。輸血沒有帶來巨大的變化，但它確實減輕了我的疲勞。

七月四日，**週三**：整天幾乎都在昏睡。

七月五日，**週四**：在密爾瓦基做了更多化驗。血紅素數值是七．二。沒週二那麼累了，但依然相當疲倦。醫院給我預約了週五在麥迪遜輸液。

七月六日，**週五**：早上輸了兩個單位的血。然後我看了法國在世界杯擊敗烏拉圭的比賽。昨天我的學生羅道福（Rodolfo）在我的網誌留言：「我覺得烏拉圭的合作社運動很了不起，而你上次去烏國訪問的時候，就像個搖滾明星一樣。所以你應該支持他們！」我試了一下，但心心念念的依然是法國。中午十二點半，我們回家。而令我驚訝又高興的是，我充滿了活力，這不是與之前相比的小小進步，而是如泉湧般奇妙的活力。

今天是個陽光燦爛的七月天，完美的七月天——濕度低，氣溫溫和，萬里無雲。我感受到與這一天很一致的活力。我回到家，吃了點午飯，工作了幾個小時，在最後一章上取得了真正的進展。下午三點，我的朋友艾倫．亨特（Allen Hunter）來訪，我們去溫格拉湖濕地的棧道散步，走了很久。

然後，回到家裡，跟我的學生艾加（Ayca Zayim）愉快地道別了。她即將搬到麻省，開始在曼荷蓮學院（Mount Holyoke）擔任助理教授的工作。整天下來，我沒有一刻喘不過氣來，只覺得自己完全融入了這個世界，享受著身體活動，美麗的天色，好的伙伴和有趣的談話。當所有人都離開之後，我又投入寫作一小時，而我仍然不覺得累。

我知道這種活力不會持續，但即使只是一個下午，感覺健康也是件令人無比高興的事情。這就是我現在的感受：完全地充滿活力，沒有任何症狀——我活著，並在我的身體裡感覺自在。如果這能持續到週末，或許我就能寫完自己的書了。

二〇一八年七月九日
在密爾瓦基接受輸液時寫下的更新

我正安祥地躺在福德瑞特醫院的一張輸液床上，接受一個單位的血小板，和兩個單位的紅血球。我的血小板數量已經急跌到一個危險的低數值，他們不想讓我在沒有輸液的情況下開車回麥迪遜。由於我的血紅素數值又一次降到了門檻之下（這次是六．九），感覺今天還是最好在這裡做完所有事情。這就代表了要接受五個小時左右的輸液。也就這樣吧。

早上早些時候，我們跟移植小組的負責人哈瑞醫生有個資訊性的諮詢會談，並討論之後的計畫。他基本上確認了麥凱利斯醫生上週提出的情況。

我新學到了關於我的病情和治療的兩個專業知識。首先，我的兩個突變——3;4的染色體轉位（或類似的東西）和5q號染色體的缺失——在不同的幹細胞株上，而不是所有受損幹細胞上都有這兩個突變。哈瑞醫生喜歡用大貓打比喻：我的一些突變幹細胞是老虎，另一些是獅子，牠們都很兇猛。看來，第一週期的阿扎賽德苷+那來度胺治療，成功地消滅了所有骨髓中五q號染色體缺失的芽細胞，所以那百分之十七的芽細胞全部屬於其他類型。我了解到的另一件事是，如果我真的接受Iomab-B治療，我將不得不在一個裝有鉛板的房間待三天，因為我將會有輻射性。該治療將放射性碘—131直接送到急性骨髓性白血病的細胞和幹細胞，並殺死它們。這個治療會令我有三天放射性。到時，瑪西亞可以來看我，但只能待一下，不能留下來陪著我。

二〇一八年七月十日

疲勞、情緒與寫作

要我形容剛過去的這週末的話，我會說身體能量水平和強烈的情緒在互相影響，叫人深深不安。

週五早上，我輸了兩個單位的血之後身體活力十足，欣喜若狂。當天晚上睡得很好。週六早上，我覺得自己休息充足，準備好了一天的活動。我的侄兒森姆和杰克過來和我一起看英格蘭對瑞典的世界杯比賽，有趣極了。

之後我就到書房寫書去了。我正在進行到章節中一個稍有點棘手的部分，寫的是關於政治運動在動員人們成為集體政治行動者的過程中，面臨到的複雜認同政治情勢。這段文字具體涉及的，是這些身分認同對進步政治構成了障礙，而非進步政治的組成要素。我用的是「排外民族主義」（exclusionary nationalism），一個為了避用「國族身分」帶來的問題而用的笨拙術語。我為澄清這個問題所做的努力變得太複雜了。我加入了太多關於另類觀點的內容，關於右翼民粹主義的爭論等等。這是我寫作時梳理問題的典型方式。我增加了太多的複雜性，然後我又會把它刪掉，並把刪掉的部分丟到一個名為「第x章正在進行的刪剪」的文件中，試圖提煉出一個更簡單的論述。

到了下午兩點半左右，我已經進入了「增加太多複雜性」的階段，我也意識到這一點。於是我刪剪了材料，看著螢幕，試著重新開始。通常在這個點上，我會重讀棘手段落前面的幾段或幾頁，再思考各種可能性。這時我需要精神高度集中：積極地記住文本的整體結構、眼前問題之前的段落、還有其他可以處理目前論述的方法。我喜歡這個時刻，可以在智性上理清一切是很有趣的。但當然，有時我需要重複好幾次，需要的是極大的精神能量。

當我試著喚起能量的時候就遇上阻礙了。我能想到的最接近的比喻，是運動員說的「撞牆」（bonking），即一種能量完全耗盡，無法擠出任何體能繼續前進的狀態。我在精神上撞牆了。然後，蒼白黯淡的情緒幾乎是立刻一湧而上。我太失望了——前一天我感覺還很好，而今天我也是帶著好的，積極的能量去寫書的。我渴望有個充滿活力的週末，但已經不可能了。我知道我無法再前進，而且情緒正在把我壓垮。這時候唯一能做的就是上床睡覺，也許會有幫助。我從書房走到睡房。房間裡很幽暗，所有百葉窗都關起來了。我爬上床，躺在被單下，突然抽泣起來，不住流淚。

我平常就很易在情緒特別強烈時流淚，但幾乎都是被正面感覺充滿時喜極而泣。我會在長途飛機上因為動人的愛情片而哭。在我被任命為美國社會學學會會長的那個晚上，我從學會威州分布聚會的桌子上站起來，要對為我而來的同儕、學生和舊生說一些話。我哽咽了。而在我目前的情況下，我有很多次在談起孫兒女時，或者是從友人或舊生那裡收到一封感人的信件或電郵時，淚水都會湧上眼睛，特別是當我試圖大聲把信念出來的時候。昨天我試著給瑪西亞大聲念出一封法國友人寄來的信，但我只念了半句，她就得接力念下去了。過去數月，我也有過因悲從中來而哭泣的時刻，但通常都發生在我和瑪西亞在一起的時候。尤其是夜裡在床上，她可以抱著我，安慰我（尤其是摸摸我的頭）的時候。那些是釋放的時刻，我的眼淚和最深刻的愛和關懷密不可分。淚水為我帶來了解脫，令我輕鬆了。

但那個週六，我躺在床上，在一片絕望的陰霾下抽泣（瑪西亞出去了，她去看那部關於羅傑斯先生[28]的紀錄片）。我沒有覺得解脫，只感受到痛苦，孤寂和隔絕——我覺得我孤單地面對著這一切，我的生命崩塌了，而希望不過是不能得的幻象。我不覺得自己是哭著入睡，但十五分鐘後，我睡著了，睡了兩個半小時。

醒來的時候，那種蒼白無力的感覺過去了。我記得自己感受到絕望，但此刻不感絕望。我感

28　譯注：羅傑斯先生（一九二八年三月二十日—二〇〇三年二月二十七日）是著名兒童電視節目《羅傑斯先生的街坊四鄰》（*Mr. Rogers' Neighborhood*）的主持人。瑪西亞看的是二〇一八年上映的紀錄片《願與我為鄰？》（*Won't You Be My Neighbor?*）

到自己休息充足，就算不是真的精力充沛，但確實是能起來幹些活的。我回到電腦前，看了看文本和剪下來的東西，左弄右弄一小時左右，沒取得甚麼進展，但也不覺得有甚麼阻礙。然後我就決定結束今天的工作了。

週六晚上，在我即將入睡時，我在腦中回顧了寫作中需要解決的問題。我經常這麼做：睡前重讀一天的寫作，在入睡時進行演練，然後夢見解決的辦法。凌晨三點左右，我醒來換了套衣服（我還在盜汗），然後就知道我要寫甚麼，以及怎麼寫了。我幾乎想直奔書房把它寫下來，但覺得我的想法已足夠清晰，不用立刻寫下來也可以。

週日早上喝完咖啡後，我繼續工作，寫了幾個小時的文章，解決了這個難解的問題，自己也很滿意。整天下來，我感到自己體力在減弱，但沒有前一天的精神疲勞了。

二〇一八年七月十四日

反反覆覆的發燒

七月十日，週二

這天是「真實烏托邦」計畫中，關於金融民主化的研討會的開幕日。這個研討會我已經計劃了一年多。來自世界各地的十五位人士聚集在這裡，討論他們針對今次會議的核心文章而寫的論文。那篇核心文章由社會學家布洛克（Fred Block）和霍克特（Bob Hockett）撰寫。我自然沒能參加，但我透過Skype在開幕會議上向大家問好，而且計劃在週四會議結束時也再這樣現身一次，以便討論該研討會出書的具體計畫。Skype會議進行得很順利，我很專注，又得到了很多讚賞鼓勵和能量。

然後我工作了一陣子，進展令人滿意。直到法國對比利時的世界杯比賽，我為支持哪隊球隊感到糾結：我對法國隊有很深的感情，但比利時隊雖然不被看好，但勇氣可嘉。但有優勢的那一方還是贏了。

比賽結束後，我小睡了一會，然後因羅默（John Roemer）來訪而感到很高興。羅默和我同為NBS(M)G（零廢話〔馬克思主義〕小組）的成員，我們已經認識將近四十年了。馬克思主義現在要放在括號裡，因為大多數參與年會的成員，都不再認為自己的工作能歸入狹義的馬克思主義了。我們繞著維拉斯公園的池塘走了很久，熱烈地討論了我們的孩子和會議的情況。他離開的時候，我已經很累了，但我沒有預感到有甚麼正在醞釀著。

七月十一日，週三

這是難過的一夜。醒來時就很累了，感覺不對勁。所以我為了檢查一下，測了體溫。體溫是攝氏三十七・八九度，剛好低於我應該給癌症診所打電話的門檻（攝氏三十八度）。到了上午十點，越過門檻了：三十八・二二度。在接下來的一個多小時裡，我們每隔五至十分鐘就測一次體溫。它上升到攝氏三十八・四四度，然後在攝氏三十八・三三度上下徘徊。於是我打電話給了密爾瓦基的門診，負責分診的護理師諮詢我的血液科小組之後回電，說我應該立即打電話給麥迪遜的癌症診所，了解我應該去哪裡。他們不希望我開車去密爾瓦基，因為他們認為是嗜中性白血球低下併發燒後，希望我在一小時內得到治療。我打電話給血液腫瘤科診所，他們要我去威斯康辛大學醫院的急診室。

我有點焦慮，因為那裡可能潛伏著很多感染源。但急診室實際上非常平靜，組織得很好。他們知道我們要來，沒安排我們進隔間，而是迅速將我們帶入一個房間裡。我被掛上了靜脈注射器和抗生素，而他們也在為我準備癌症病房的床位。我甚至在那裡看了英格蘭對克羅埃西亞的下半場比賽。

到了下午，我已經在病房裡了。我做了化驗，發現我有嚴重的嗜中性白血球低下症，我的血紅素數值已降至六・一。這是最低的一次了，難怪我感到如此疲累。這相當令人沮喪，因為我在週一才剛剛輸了兩個單位的血。

這一夜很可怕。傍晚某個時分，我開始咳嗽，跟在這個治療週期使用阿扎賽德苷階段時，那種困擾我的乾涸的，上呼吸道的咳嗽一樣。緩解咳嗽的藥物沒起到甚麼作用。整晚我持續燒到攝氏三十八・三三度以上。凌晨四點，他們給我一些泰諾（Tylenol）止痛藥，它讓我退了燒，也讓我舒服多了。

七月十二日，週四

我在早上就已筋疲力盡了。當資深醫生和他的團隊來巡房時，我幾乎聽不懂他們在說甚麼。當他們提到我在服用的某些藥物時，那些名字都很陌生。我處於一種困惑、模糊的精神狀態。這種狀態很快過去了，但那又是一個叫人不安的時刻。

我取消了今早通過Skype參加會議的計畫，但我還是想見見馬勒森（Tom Malleson）和費蕾拉（Isabelle Ferreras），因為我想討論下一次關於「企業民主化」的「真實烏托邦」計畫的會議規劃。該會議將於二〇一九年某個時候舉行，而他們倆接替了我成為會議的主辦者。他們在早上九點半過來了。見到他們很高興，但由於咳嗽，我幾乎無法說話。霍克特中午時候來了一小會，然後布洛克也過來了，他待了好一會兒，我們討論了如何將會議論文成書的下一步工作。

泰諾止痛藥的效用漸漸褪去後，我的燒維持在攝氏三十八度以下，意謂著四十八小時不發燒的時間開始計時了。

這一天的其餘時間，我主要都在床上渡過。我睡了一些，但咳嗽的情況幾乎沒有減弱。下午時分，瑪西亞和我去散步，我拉緊著點滴架，戴著一個超級緊的，為了嗜中性球病況的服貼口罩。這裡的病房布局不適合散步——傳統的直線走廊，而不是相連的，可以形成一個「8」字形的長方形。但那不重要，因為我很快就很累了。我們只離開了房間十分鐘。

晚上九點左右，在Netflix上看了幾集《GLOW：華麗女子摔角聯盟》之後，我開始認真的吸啜薄荷咳嗽藥片。加上我在服用的兩種止咳藥，情況好像有點好轉，足以讓我睡著。

我在凌晨三點醒來，餓得要命。瑪西亞帶來了她認為我會覺得好吃的東西，我試著吃了燕麥片。它太甜了，但我強逼自己吃下去。我發現只要我吃下一小勺，再喝一口牛奶，狼吞虎咽地吃下去，我就能吃完一整碗。

七月十三日，週五

我的發燒度數依然低於門檻。我的血細胞計數顯示嗜中性球數略有上升，令我進入中度風險，而非高度風險的類別，因此主治醫生說，只要我的體溫在白天保持下降，我可以在午後出院（我差點就寫了「我們」可以出院，因為瑪西亞總是在我旁邊）。所以當護理師進來檢查我的生命徵象的時候，就有點戲劇性了：所有讀數都在九十九左右，有些在九十八以上[29]。作為一名癌症患者，你會變得對數字異常敏感。

我們按時填好了出院文件，上面有我們應該跟從的所有指示：要吃新藥，一些舊藥要停用。我們在離開時順便去了藥房，然後就回家了。晚飯吃的是加了乳清蛋白的草莓奶昔，然後我打了幾通電話，又看了最後三集《GLOW：華麗女子摔角聯盟》，然後上床睡覺。那大概是午夜時分，對我來說已經很晚了。當然，瑪西亞為了收拾，要晚點才睡。

七月十四日，週六

因為咳嗽，昨天晚上很可怕。增加兩種咳嗽藥劑量的策略沒起到甚麼作用。但我有個有趣的經歷，就是在一段相當長的時間裡，我幾乎都是在清醒和睡眠之間來回遊走，同時不斷地咳嗽。在醒著和睡著之間，咳嗽成為了我夢境的一部分。所以我睡的時間比想像中的多。我以後會再寫文章描述這一點。

現在是中午時分，我進行了一次很有幫助的電話諮詢，確認了咳嗽藥物的劑量和服用時間，以及增加了多少劑量。咳嗽暫時緩和了。我的紅血球正在發揮它們的作用，所以單說能量的話，我已經好多了。在我對食物的厭惡方面，醫院的營養師也有個很棒的建議：吃柑橘，因為它的酸度可以削弱味蕾，將它跟我平常喜歡的食物結合起來，可能會使他們更可口。今天早上我吃起了炒蛋。咬了兩口後，那個討厭食物的門檻就被越過了。於是我喝了一大口柳橙汁，然後下一口炒蛋就吃得下了。柳橙汁和炒蛋交替，讓我吃下了一整盤。可能這招對其他東西也有用。

29　編注：繁中版皆將原書內華氏度數改成攝氏，故此出現九十幾度應為原體溫華氏度數。特此說明。

一切都已經稍稍穩定下來了。

二〇一八年七月十七日

醫療報告

昨天，七月十六日週一，我進行了抽血和諮詢。我的血紅素仍然遠遠高於輸血門檻，看來沒有來那度胺來蹂躪它們的時候，我的紅血球比較高興。然而，諮詢的時候，我得知他們在七月十一日我入院時做的ＰＩＣＣ導管血液培養中，其中一個檢查出一種與ＰＩＣＣ導管感染有關的細菌，因此我的ＰＩＣＣ導管必須要取出來。

我現在很喜歡自己的ＰＩＣＣ導管，因為每當我需要驗血、輸血或進行各種輸液的時候，它都能讓我免於被戳的煩惱。但是它必須被取出來。這是個簡單而無痛的過程。這個東西放進去的時候需要用到Ｘ光顯示螢幕，那樣技師才能把塑膠導管正確穿過我手臂上的靜脈，進入我的胸部。但要拉出來的話，就直接拉出來就好了。

自從出院後，我一直很好。我仍然因為夜間出汗而要每晚換五到八件Ｔ恤，還是有點影響睡眠。但因為我開始小睡了，還是得到相當好的休息的。我沒有發燒，沒有咳嗽，沒有噁心，也沒有便秘。我的味蕾仍然很蠢，但每吃一口不完全厭惡的食物後，再飲一口橙汁洗滌味蕾的策略，似乎頗為奏效。瑪西亞的希臘乳酪草莓奶昔加了乳清蛋白，還是一貫的美味。更令人欣喜的是，我在我的章節中取得重大進展，肯定是在向終點邁進了。所以，我正處在很不錯的輕鬆時期。

二〇一八年七月二十日

公開現身

自四月初以來，我最接近公開露面的時刻，就是透過Skype參加了金融民主化的會議。今天，我冒險來到威斯康辛州公共廣播電台的演播室，為「以我所知」（To the Best of our Knowledge）這個節目，接受關於社會主義的訪問。這實在令人振奮。在訪問過程中，我的疲累感消失了，覺得自己完全投入，解釋了複雜的想法，談了民主（經濟權力關係的民主化）作為社會主義的核心原則，輕鬆地從一個主題跳到另一個主題。公開地談這些事情是如此令人愉快。事後，一如所料，我累極了。我現在幾乎睜不開眼，所以是時候去睡個能讓我回復元氣的午覺了。

二〇一八年七月二十日
健康情況小更新

我覺得我進入了一個，也許只有一週的，醫學上的平靜時期。我現在不用接受化療。除了疲累和味蕾混亂外，我幾乎沒有任何症狀。對於疲累而言，好好的小睡的確起到了作用，所以我每天都有幾小時可以工作。眼看書就要完成了。對於混亂的味蕾，我採取了清理味蕾的策略，每吃一口食物就喝一口像橙汁這樣口味的酸性食物。這似乎也令我能吃到更多種類的飲食。

二〇一八年七月二十四日
我寫完了最後一章，所以書也完稿了

我剛完成了我一直在寫的書《如何在二十一世紀反對資本主義》的最後一章，感到非常欣慰。最後一章可能沒那麼千錘百鍊，因為它不像其他章節一樣，經過公開演講、對話和書面回饋的過程。但正如我的百歲母親，在我問她感覺如何時會說的話：「夠好了。」

二〇一八年七月二十六日

小更新

1. 我今天把書稿發給Verso出版社的編輯們。我告訴他們，從現在到幹細胞移植期間，我可能還會修整一下手稿，但在我還有機會做小改動的同時，我覺得他們也應該讀到完整稿件。
2. 昨天我在密爾瓦基進行骨髓穿刺。檢查結果將在週五或週六（七月二十八或二十九日）出來。到時我會接到電話，討論下一步。
3. 我的血紅素數值又下降了。不是最低的，但仍然很低，而且肯定是我再次覺得疲倦不堪的原因。所以今天上午我輸了兩個單位的，非常熱情的紅血球。然後到了下午和晚上，我又完全有了活力，再次有了不用多想就覺得自己在身體裡很自在的感覺。通常，可能是在大多數情況下，輸血只是減輕了疲勞，但我現在也經歷了幾個從完全沒有精力到活力充沛的週期，叫人驚訝不已。這種來回的轉變，令我看清了過去我對自己的身體從來都視為「理所當然」。我不僅僅是更加意識到疲勞與否的差異，而是即使在沒有疲勞的時候，我的感受也不同了。我之前寫了「在我的身體裡很自由」的說法。可能這句話描述了我一部分的感受。但我的身體也同時瀰漫著一種微小的，不單單在我的情緒裡的快樂：那是身體的快樂。我知道它不會久留，但現在我夠滿足了。

二〇一八年七月二十八日

等待隨機的安排

不出所料，我最新的骨髓穿刺結果表明，我的白血病仍然是難治性的，因此我已經進入了Iomab-B的臨床試驗。下一步就是隨機進入治療組（treatment group）或搶救組（salvage group）。對此，我沒有一點焦慮。無論結果如何，最終我都會得到Iomab-B治療。我較傾向直接進入治療組，但即使不能，我也不會感到太失望。

二〇一八年七月二十九日

我的母親

過去幾週，我決定了既然待在麥迪遜，我還是要親自去看望母親，而不是僅僅跟她在電話中交談。我一直猶豫是否要親自去探望她，因為我為了減少接觸細菌，盡量避免去公眾場所。但因為我戴著口罩，勤快地洗手，並有意識地不接觸自己的眼跟口，我認為風險還是很低的。

十天左右前，她的情況顯著惡化。很熟悉生命末期身體徵象的安寧療護護理師告訴我，母親時間不多了。因此，現在我試著每天至少探望她一次。有時這些探訪是很輕鬆的。我握著她的手，跟她說起我的孫兒女，我的書，她自己的研究和貢獻，以及我有多愛她。她總是以微笑或點頭，表示自己聽到我說的話，有時還會說些話。幾天前，我告訴她我的新書書名是《如何在二十一世紀反對資本主義》，她說：「好書名。」

有時候，這些探訪很艱難。她的呼吸不均勻，大多數時候也沒有反應，眼睛是閉著的，看起來似乎不太舒服。我依然會（通過一個連接著耳罩式耳機的攜帶型揚聲器）和她說話，內容也是在她有反應的情況下一模一樣，但我不知道她實際上聽到多少。她正在緩緩消逝。她活了悠長而充實的一生，有力地形塑了我的價值觀、智性能力以及為人，也令這個世界變得更美好了。她仍試圖要抓住生命，但已慢慢抓不緊。我覺得，下次我離開麥迪遜，再去密爾瓦基接受治療後，我不會再見到她。

當然，我不可能沒想過母親即將去世的時刻，以及我自己很快會面對死亡的可能性。和她在一起時，我都擱置不去想自己的情況。我在那裡，是要和我還在呼吸，還活著的母親交流，讓她和我一起，利用這段時間確認我們對彼此的，持續了一輩子的愛。但當我要離開的時候，我心裡總是溢滿了情緒。那些強烈的情緒無以名狀，但與此分不開的，是母親生命結束和我自己死亡的可能，兩者緊緊交纏而來的悲痛。

幾天前我去看她，進到她房間的時候，她正側身蜷縮在床上，一絲不掛。照顧人員告訴我，即使房間裡很涼爽，母親還是一直在抱怨她太熱了，所以她把衣服都脫了。我別過臉去，覺得非常尷尬。在嬰孩時期後，我就沒有見過母親的裸體。在這種情況下也沒有任何明確的社會規範可以跟從。但很快我就意識到，唯一重要的，是我去做一點甚麼，保證今天也和母親交流說到話。我轉身朝她走去，拉了一把椅子，將她的耳機盡量戴正，跟她說：「媽，妳的里奇來了。我愛妳。」她翻攪了一下，喃喃地說了一些確認的話。護理人員走進來，給她蓋上了一張輕薄的床單，而我在那裡的時候，她似乎沒太討厭被床單蓋著。

離開時，各種情緒湧上心頭，浮現在我腦海裡的，是幾週前（七月十日的文章）我蜷縮在床上，絕望地哭泣的情景。我不認為我可以用語言來梳理這種糾結的情緒和畫面，但那也許不重要了。

二〇一八年七月二十九日
路途上不太嚴重的小錯誤、小變化與小動盪

寫完關於母親的網誌後，羅傑斯來訪，一如以往的在週日早上那樣跟我談天。我們這種習慣維持三十多年了，當我們兩個人都在麥迪遜的時候，或多或少都會見面。「真實烏托邦」計畫，還有我們兩人合著的《美國社會：它到底是怎樣運作的》，就是在我們聊天的時候產生的。通常我們都會去散步，但今天我覺得太累了，所以帶了幾把椅子到後門廊坐著。這天又是一個完美的

夏日：低濕度，攝氏二十幾度，陽光明媚，有清爽的微風。我們聊了一個小時，談及威斯康辛州的政治、威斯康辛大學麥迪遜分校的社會學系，還有我之後的療程。真美好的時光。

羅傑斯走後，我回到床上，但沒能睡好。瑪西亞在早上十一點半給我量了體溫，是攝氏三十七．五度，還沒有越過三十八度需要打電話給醫院的門檻。下午一點半我們再量一次，已經升到攝氏三十八．五度了。我給密爾瓦基的癌症中心打了電話，他們要我立刻去全年無休的診所接受檢查。我們到達的時候，我燒到攝氏三十八．七二度，還有點咳嗽。然後我們做了例行的血液測試、血液培養，照了胸腔X光影像。目前為止還沒有診斷結果，但那也是意料中事。我的情況似乎不需要特別憂心。

二〇一八年七月三十一日

新一章

七月三十日，下午三點半

我在福德瑞特醫院的病床上坐著，瑪西亞在我旁邊的躺椅上。我的體溫降下來了，差不多回復正常。昨晚凌晨體溫一度飆升到攝氏三十九．四四度的時候，他們給了我幾顆泰諾止痛藥。現在，差不多十二個小時之後，體溫已回落到攝氏三十七．二二度。

我們得知，今天下午我們就會知道Iomab-B臨床試驗的隨機抽籤結果。對我來說，這似乎是我現正經歷的故事的第二章。有些人將像我這樣的生病經歷說成是「旅程」。我明白為甚麼他們打這樣的比喻，但對我來說，這個經歷更像一本小說，有著意想不到的情節發展和許多的戲劇場景。很快，我就要開始小說的新一章了。

七月三十一日，早上七點半

昨天沒人來告訴我們臨床試驗的隨機分配結果。應該是因為我在發燒吧，因為如果受到感染的話，我是不能進入臨床試驗的。現在我的體溫還是攝氏三十七．二二度左右，或者我還是能通關吧。

七月三十一日，中午

一切都清楚了──大概是吧。我們跟負責Iomab-B臨床方面的協調人會面。我的時間安排出了點問題。

如果我在治療組，一旦幹細胞到達（八月底、九月初），我將接受治療輸液。治療的前五天，我要在一個防輻射的鉛房隔離，進來的護理師都要穿著防鉛的保護衣。瑪西亞要進來的話也要穿一樣的東西，而且也不能和我長期待在一起。我可能甚至不能帶著筆記型電腦進去。到時就是進行靜心冥想的時候了。

然後我們即將進入第二章的主要內容：破壞我的骨髓，用新的、健康的、快樂的幹細胞重新填滿它；另外就是處理感染、清理我有缺陷的免疫系統的殘餘物。太令人激動了，也有點嚇人。防輻射的鉛房聽起來滿酷的，我還是心存希望。

二〇一八年八月五日

比翠絲．安．萊特：一九一七年十二月十六日—二〇一八年七月三十一日

母親於七月三十一日下午六點去世。當時我因為發燒兩天，正在密爾瓦基醫院住院，而且要輸液治療低磷症。然後我接到安寧療護人員的電話，說她不久於人世了。瑪西亞把這個消息告訴了一位護理師，以便加快出院程序。護理師向當值的醫生了解情況，醫生說那不是緊急狀況，輸液不能停止。

我們在下午兩點離開醫院，在三點半到達母親住的輔助生活院舍 Ivy Floor at the Terraces。瑪西亞抬起母親的頭，給她戴上耳罩式耳機。我對著揚聲器說話。我不覺得她能聽到我的聲音，但誰知道她實際上能聽到甚麼呢。她的呼吸非常不穩定，有時會有很長的停頓，而且她的喉

嚨根部有個很響亮的聲音。我知道有「瀕死喉音」的說法，但此前從來沒有真的聽過。我握著她的手，告訴她，她的一生多麼精彩，而且她將透過她的孩子、孫兒女和曾孫兒女繼續活下去。但我道出口的，主要還是我們彼此有多愛對方。

待了半小時左右我就離開了，並說我將在晚飯後回來。六點剛過，安寧療護人員就打來說，母親去世了。

我現在想到了和她最後一次的，關於我工作的對話。即便她幾乎說不出話了，還是給了我一個認真的答覆。那是她去世前幾天。我告訴她我的新書的名字，她說：「好書名。」此刻寫下這段話讓我哭了。

二〇一八年八月八日

醫療報告：開始進行臨床試驗的資格測試，還有疲累的新來源

臨床試驗

週二，我簽了臨床試驗的同意書。為了能真正被納入試驗，我現在必須通過一些測試來確認我的身體資格。今天我做了心電圖、心臟超音波，以及四項肺功能檢查。下週一，即是十三日，

我將會完成全部測試。

如果都通過了的話，我將在八月二十日被隨機分配，然後我們就會確定接下來幾個月的行程時間表。我還得到了一個很好的額外訊息：我的捐贈者，是一位三十一歲的美國女性。

疲累

在我療程的這個階段，我們不再試圖取得穩健的緩解了，然後我又有了個新的疲累感來源。原因不再是簡單的血紅素數值低了，而是白血病細胞（芽細胞）在我的周邊血液中增加。這在意料之中，因為我的病已經有三個月沒有進行治療了。週一早上，我覺得自己的體力完全耗光，也確信這肯定是由於自己的血紅素數值低於輸血的門檻了。但化驗結果表明，我的血紅素數值是高於門檻，令人很高興的數值：八・三。

二〇一八年八月九日

幸福時刻

貝琦、亞德里亞諾、（兩歲半的）弗倫和（兩個月的）小艾達來看我了，要待上幾天。昨天他們來到的時候，我正在接受兩個單位的紅血球輸血。之前兩晚我過得很糟，一直在咳嗽，雖然應該也有睡上一些，但還是非常累。兩個單位的輸血讓我精神了一點點，足夠讓我和小艾達進行溫馨的首次會面。但很快地，過了下午到了傍晚，我的力量又用光了。最糟糕的是，我覺得自己在當下享受兩個孩子在身邊的情感能量太低了。我很灰心。我很重視他們的來訪，因為前頭有很多不確定因素。但我沒法調動起任何能量儲量，來讓自己全心投入其中。

我很早就上床睡覺，並決定在我本來就服用的兩種咳嗽藥之外，再加兩片苯海拉明（Benadryl）。也許抽乾一切會減少咳嗽吧，而且無論如何，兩片苯海拉明也可能會令我睡得好一點。它奏效了，我甚至連盜汗也少了（才換了兩件T恤）。也許抗組織胺藥干擾了甚麼盜汗的機制吧。總之我睡得很好，沒有咳嗽。第二天早上六點半醒來的時候，覺得精神煥發。

貝琦跟弗倫和小艾達在客廳裡。我們聊天，終於能好好地交流了。有這麼一個時候，我把小艾達抱在懷裡，她的頭依偎在我的肩膀上，挨著我的下巴。我走到後門廊，想看看天氣如何。然後我順著台階走進後院。陽光很溫暖，空氣也涼爽，我赤腳踩在帶露水的草地上。然後貝琦帶著弗倫也出來後院了。弗倫只穿著他的神力女超人上衣，在後院跑來跑去，尖聲叫著：「我正在草地上跑步呢！」貝琦追在他後面。我抱著兩個月大、甜美的小艾達，在後院緩緩踱步。她放鬆地半睡著，小手臂掛在我的肩膀上。我哭了，淚水沿著臉頰滾下來。

二〇一八年八月十一日

天倫之樂

如果五年前，在我的兩個女兒有孩子之前，有人問我：「如果珍妮有個三歲的孩子，貝琦有個兩歲半的孩子和一個剛出生的小嬰孩，而他們都在八月的一個美麗的夏日來看你，你覺得會是怎樣的？」那麼我就會描述今天實際發生的一切（當然，不包括我患有白血病的這個小細節）。

今天早上，大概七點半的時候，薩菲拉躡手躡腳地進來我們的房間：「嗨，爹爹。」珍妮、馬克和薩菲拉從科羅拉多州開了十六小時的車過來，在凌晨四點到達。那時我在睡覺，瑪西亞跟他們打過招呼，又把他們安頓好了。薩菲拉在旅途中睡了一點點，所以在珍妮和馬克還在睡覺的時候，她一大早就起來了。「哈囉，小寶貝。我們下樓去吧，讓嬷嬷（瑪西亞）好好睡。」我睡得很好，準備好進行一天的活動了。

貝琦、小艾達和弗倫在廚房裡閒坐著。弗倫和薩菲拉說了哈囉，在廚房裡坐在一起吃了個簡單早餐，然後他們就在樓下繞圈圈互相追逐了：從廚房到飯廳到客廳到門廳，然後又跑回廚房。他們用盡全力奔跑著，嘶吼著，偶爾停下來吃一口蘋果醬麵包。貝琦把小艾達抱到我懷裡。多麼動人的一刻啊。孩子們終於停止奔跑，停下來用塑膠小水杯喝橘子汁，補充點能量。弗倫和薩菲拉對看了一下，舉著自己的小水杯，碰了一下杯子：「乾杯！」不久後又繞著圈跑起來了，他們兩個充滿著歡快的精力。然後弗倫回到桌子邊，要我唱我的那首歌。所以，我第一次向三個孫兒女唱了：「我有三個小孫兒女，都是可愛的人兒……」

早上九點半，我們都換好衣服了。亞里德亞諾，貝琦和我，還有三個小孩，一起散步去維拉斯動物園（從我家走去要十分鐘）。這天很溫暖，太陽很好；雖然有點潮濕，但仍然非常怡人。孩子們拉著手走。在動物園，我們坐上了弗倫很想坐的園內的小火車。然後孩子們在大大的攀爬設施和溜滑梯上遊玩，亞里德亞諾緊跟著他們。

但，唉，我逐漸覺得累了。珍妮來到，然後薩菲拉也開始累。所以到了十一點，我們三個人回家了。

現在是下午三點，我小睡了幾個小時。孩子們也剛剛小睡完起來了。我的家人們都聚在一起。弗倫和薩菲拉一起玩得很開心。而我在好好休息過後，又覺得在自己的身體裡很自在了。一切都會好起來的。

二〇一八年八月十四日

醫療報告，以及一場小小的導修課

數字、數字、數字、不同種類的數字：各種各樣的蛋白質、特定的血液計數、溫度。有些數字以某種方式在告訴我們，我們到底病成怎麼樣了。

在很長一段時間裡，我最主要關心的數字就是「絕對嗜中性白血球數」。嗜中性球是白血球的一種，對抵抗感染的作用最大，因此數值低就代表人特別脆弱。這將是我在接受幹細胞移植時面臨的問題。但最近我更關心另一組數字，那就是「絕對芽細胞」。如果我的造血幹細胞沒發生那些討厭的突變的話，芽細胞可以變成嗜中性球，但現在它們是白血病細胞。

以下是我在過去十天的故事，以數字的形式說出來：

八月一日：絕對芽細胞計數為二八四／uL。我被告知說沒有甚麼好擔心的。

八月三日：絕對芽細胞計數為四四〇／uL。醫生們沒有表現出任何擔憂。

八月八日：芽細胞計數上升到八四〇／uL，總體白血球計數為十六．八，遠遠高於正常上限（一〇．五）。在我平常抽血的麥迪遜，威廉姆斯醫生向我表現出相當的擔憂。他問我，密爾瓦基的小組，對我快速上升的芽細胞數值有甚麼應對計畫。他向我強調，問題不僅在於數值，而且在於自八月三日以來上升的速度有多快。我打電話給密爾瓦基的癌症中心，問他們我應該要做甚麼。那裡的醫生已經在看化驗結果了。他們回電給我，說我應該開始服用羥基脲（hydroxyurea），一種標準的化療藥物，可以阻止白血球產生，由此也可以壓下芽細胞。

八月十日：芽細胞不斷上升，這次到了一二二〇／uL。對於現在特別留意芽細胞計數，並已經服用了兩天羥基脲的我，這個數字叫人沮喪極了。我打電話給癌症診所。「我們不太擔心。」

他們說，「你的白血球計數下降了一點點（由十六．八下降至十二．二）。我們週一見到面，又得到化驗結果時，再討論如何處理。」然後整個週末，我都把事情拋諸腦後。我的三個孫兒女都在這裡，我沉浸在有他們陪伴的喜悅之中。

八月十三日：芽細胞的數值掉了一半，現在是六〇〇／uL，而白血球計數也回到正常水平。令人鬆一口氣。其他的數字也不錯。

週一在密爾瓦基的諮詢和化驗

週一整天都在密爾瓦基的癌症診所渡過：早上八點做化驗，九點跟社工師會面，十點做骨髓穿刺，一點做心理評估，然後在下午結束之際進行各種電腦斷層掃描。

心理評估的主要目的，是確定我的情緒足夠穩定，能容許我在防輻射鉛房裡完全隔離五天。他們不希望帶著輻射線的人突然情緒失控。我告訴心理學家，在療程的所有細節中，我最期待的就是防輻射的鉛房了。對我來說，這不像是被單獨囚禁，更像一次冒險。總之，我說自己期待在網誌上寫下這段經歷，前提是我們能繞過不能帶筆記型電腦的規定。她覺得會有辦法讓我帶甚麼合適的東西進去，因為既然允許使用手機，為甚麼平板電腦就不可以呢？這令人費解。當我知道隨機分配的結果，就會與研究小組一起討論這個問題。

下週一，即是八月二十日，就會進行隨機分組了。這是我的故事的下一個關鍵點。我知道如果我被編入對照組的話，我會有點失望，但長遠來說那也不太重要，因為我最終還是會接受Iomab-B 治療。

二〇一八年八月十八日
等待被隨機分配

這幾天發生過的最好的事，就是女兒珍妮給我的按摩。珍妮在大學畢業後去了亞利桑拿州的按摩治療學校。在我們三樓的儲藏室裡，一直保留著一張漂亮的便攜式按摩桌，那是瑪西亞的妹妹珍妮特送給珍妮的畢業禮物。

我問珍妮願不願意幫我按摩，她高興地答應了。珍妮的按摩真的很美妙。她似乎記得在按摩學校學到的一切，按得絕對不比我之前享受過的任何一次按摩差。但這次感覺特別甜蜜，因為是女兒幫我按的。

二〇一八年八月十九日
一個幻想，還有我的心情

一個夢

昨晚我做了個愉快的夢。我基本上知道自己是在做夢，但跟許多夢一樣，有些時候它真的很像現實。我非常喜歡這個夢，希望自己一直記得它，所以我在夢中對自己說：「把它重複一遍吧。」

下列是在我睡夢中翩然而過的夢境內容。一隻巨大的兔子走到我身邊，在我耳邊說：「明天當你醒來時，地球上所有患有急性骨髓性白血病的人，都將被徹底治癒。」我寬慰地笑了，立刻全神貫注起來。我沒真的看到那隻巨兔，只見著牠的影子。但是，巨兔繼續說：「可是，我不是上帝。如果不是那些人類科學家發現了急性骨髓性白血病的內在機制，我是不可能治好所有人的。我沒有相對的拇指（opposable thumb），不能做研究。但是，一旦我從人類那裡獲得了那些知識，我就可以治好所有人。」

我說：「可是，如果大家一覺醒來時，所有患急性骨髓性白血病的人都好了，那大家都會覺得是上帝做的。」

「不不不，」巨兔說，「我不過是隻巨大的兔子。明天一早，你第一件事就是要寫網誌，令所有人都知道除非有好的研究，不然這是不可能的。直至研究做好，我對於白血病仍是一無所知。」

我在夢中大笑了。雖然知道這只是我的一場可愛的幻想，但我還是跟巨兔說，我會立刻把它寫上網誌的。

我的心情

今天我充滿了活力和熱情。週五我輸了兩個單位的，生龍活虎的紅血球，並且終於想出可以對付夜間持續咳嗽的策略。今天完結前，我想我將會把待辦事項清單上的所有事項一次清除：寫完並上傳這季要寫的最後一封推薦信。對我來說，不用積極準備數種類型的文章手稿，沒有要確定的旅行計畫，沒有要準備的課堂，也不需要給期刊評審幾篇論文，感覺還是很奇怪。我唯一懷念的，是積極著手於學術寫作計畫的感覺，但這個網誌也很好的滿足了這個需求。

明天就是隨機分配的日子。無論我被分到哪一組，都能決定下一步的方向，是件好事。我對此並不感到焦慮。

二〇一八年八月二十日
隨機分配要延遲兩三天

二〇一八年八月二十日，來自密爾瓦基的快訊

因為有尚未簽好的文件，臨床試驗的隨機分配被推遲了。根據有力人士的說法，只有捐贈者那邊的臨床主任簽署，證明幹細胞捐贈者的健康後，才能進行隨機分配。密爾瓦基的研究小組已經得到電話確認，但研究計畫要求正式文件上有正式簽字。這將在週三或週四完成，因此延誤了。不知去向的僵局仍在繼續。據報，面對模糊不清的狀況，艾瑞克心情仍是平和安詳的。他說：「順其自然吧。」一旦解決了這個模稜兩可的狀況，艾瑞克就會在這個網站上公布消息。祝大家身心愉快。

二〇一八年八月二十一日

對於書寫自己心情的更多隨想

海森堡[30]有個著名的證明：觀察粒子的行為本身會影響粒子。這顯然也適用於情緒：人「觀察」自己的情緒時，是會影響自身「擁有」的情緒的。而當一個人分析自己的情緒，寫下這些分析，又跟他人分享他所寫的東西時，問題就變得更加複雜了。而當然，這就是這個網誌在做的事情。更有趣的是，有些很優秀的人讀了我的文章，留了些評論，而我又會讀這些評論。這一切都創造了一個回饋、意識和反身性全部糾結交纏的過程，毫無疑問地影響了我的感受。

在這麼一個複雜的過程中，我的真實感受是難以捉摸的。有一件事我是肯定的（正如我在四月份寫的，早先的文章已提到這些議題），我從未強顏歡笑過，即我從沒有在覺得痛苦時，故意裝出幸福滿足的樣子。我不認為我在這個意義上是「不真誠」的。但我也知道，很多人說他們非常欣賞我平常的冷靜，而這些話正面地影響了我。所以，面對著當下所有的不確定性和未來那些可怕的可能性時，我的平靜至少有一部分來自於我分享自身感受的結果。所以，這種平靜又被嵌入到一種和這裡的讀者的集體經驗和理解中。

---

30 譯注：海森堡（Werner Heisenberg，一九〇一年十二月五日—一九七六年二月一日）：德國物理學家，最著名的成就是提出了影響量子力學後世研究的「不確定性原理」。一九三二年獲諾貝爾物理學獎。

但是你們也應該知道：當我沒有在反思、分析和寫作的時候，有時我也確實感到一波又一波的不祥預感。我和瑪西亞單獨坐在一起的時候，那些情感就會洶湧而出。有時，這些情緒是對生命、對孫兒女、對種種關係的滿腔熱愛，有時是哀痛和一種淒涼的不真實感。這一切也都同時發生著。

二〇一八年八月二十三日

有些延誤，但還在計畫之中

隨機分配被延期了。似乎那位跟我完美匹配，而且已確認捐贈骨髓意願的三十一歲美國女性，有個「可解決」的醫療狀況，使她暫時仍無法捐助。我得知這種醫療狀況通常是某種感染，而且往往能在較短時間內（無論「較短時間」是甚麼意思）解決。但在她完全克服纏繞她的病之前，她不能捐贈幹細胞。所以，我又懸在半空了。

目前各種重要的血液計數——紅血球、血小板、白血球、芽細胞——都是可以接受的，而且在過去一週相當穩定。所以事情似乎仍然在會有正面結果的軌道上。我沒有處於一切都要崩潰的邊緣。我感覺很好，有些叫人煩惱的疲累感，但不是令人動彈不得的衰弱。週一我會去密爾瓦基，跟血液腫瘤科小組和移植小組進行諮詢。他們會告訴我，在我們等待捐贈者的情況得到解決時，這段時間有甚麼新策略。就這樣吧。

二〇一八年八月二十五日
新的寫作計畫

今天沒甚麼發生。我仍然處於不確定的狀態，直到八月二十七日週一才會有任何新消息。我感覺不錯，血紅素數值保持不變，睡得很好，味蕾甚至似乎正在恢復到合理的狀態。昨晚瑪西亞和茱迪（瑪西亞的姐姐）為我做了酸甜釀卷心菜，這是我非常喜歡的菜餚之一（我生日時都會點這道菜）。我不太肯定我那些不聽話的味蕾會有甚麼反應，但令我欣慰的是，這道菜很美味，我一口氣吃了六個，比之前每一次吃的還要多。

除了這個網誌以外，我決定了要進行另一個新的寫作計畫。我正在給我的孫兒女薩菲拉、弗倫和艾達，寫一封長長的，不拘形式的長信。我將寫下自己的童年，寫下我撫養他們的母親的日子，寫下我的工作和思想，我的價值觀、政治信念，以及許多其他的事情。如果我能病癒，那麼他們長大能理解時，這封信送給他們當禮物也不錯。如果我沒能好起來，那麼珍妮和貝琦就可以為他們讀這封信，他們也會更了解我這個人。

二〇一八年八月二十七日

醫療報告：一些確切的消息

現在我清楚知道眼前的時間表了。有兩種可能性：第一種是，如果捐贈者能在週五前確認符合條件，那麼我就會參與臨床試驗的隨機分配。無論是那位有「可解決」的醫療問題的捐贈者，還是後備的捐贈者，情況都是一樣。另外有第三位新的捐贈者已準備就緒，但那位捐贈者需要更多時間來獲得批准。

第二種是，捐贈者的問題不能在週五前解決，那我就會在週末於密爾瓦基入院，開始新一輪的化療，今次會用上CLAG-M雞尾酒療法，目標是完全緩解。唉。

有第二種可能性的原因，是麥凱利斯醫生不希望我保持目前的等待模式多於一週。我的芽細胞計數一直在上升，雖然事情還沒失控，但她認為我們必須回到積極治療的模式。因此，未來我很可能用上CLAG-M。據稱這種混合劑比我迄今為止所使用的任何藥物都更具攻擊性，但應該仍是我能容忍的，不會產生令人痛苦的副作用。

諮詢期間，哈瑞醫生進來了一會兒，向我保證無論有甚麼延誤，研究還是繼續開放，我也確定有個名額。這週只需要有一點運氣，我們就可以繼續進行。

因此，只要有個捐贈者能得到批准，我們就會回到之前的時間表，只延誤了一週。如果捐贈者沒有獲批，那一切都要再拖五到六個星期，最早的移植日期可能要到十月份了。對此我沒有特別沮喪。我不認為這些波折會影響最終結果，而那才確實是最重要的。

我問哈瑞醫生和其他人，有沒有可能獲得那位有「可解決醫療問題」的捐贈者的資訊。他說完全不可能。捐贈者登記系統在接受者中心和捐贈者中心之間，建立了一個完整的，不可滲透的屏障。那是為了防止任何人，不管他們多有錢、有勢、有關係，都不能夠施加任何壓力。這是好事，即使得不到好消息令人沮喪。

二〇一八年八月二十七日
意料之外的強烈情緒

今天早上，瑪西亞和我把車停在福德瑞特醫院癌症中心的停車場。一如往常，我們討論起要問醫生的問題。由於完美匹配的捐贈者有個「可解決的醫療問題」，瑪西亞問我：「我想問問他們，如果你只有一個不是完美匹配的捐贈者，那你還符合參與臨床測試的資格嗎？」她這麼說的時候，我立刻覺得很慌張，然後哭起來了。沒有任何預兆，但淚水不斷湧出來，而身體裡的焦慮感，是我此前對自己的處境不曾感受過的。這個情況很快就過去了，我收拾了心情，思考剛剛發生的事。

這是我的想法：在這個過程初期，也許是四月的第二個星期吧，我接到幹細胞移植協調員的電話，說已經找到三位完美匹配的捐贈者（後來發現實際上只有兩個，雖然現在又變成三個了）。我們振奮不已。協調員那麼快把消息告訴我們，我們也非常感動。在那之後，每當我談到我的病時，我都會說起那個令人難以置信的事實：有二千七百萬人的國際幹細胞捐贈者登記冊上，有三人（即兩個人）跟我在八個DNA免疫標誌上完全匹配。為了公開肯定這種普世的聯繫、同情心與善意，我在言語上總不吝表達自己的感激之情。我還認為，這項難以置信的結果將會拯救我生命，也支撐著我一直以來的樂觀主義。眼前的不確定性太多了，但這一點好得不能再好，我不必去多想它。所以，我將很多情感，放到了擁有完美匹配的想法上。瑪西亞的問題就像個可怕的威脅，引發了我的情感流露。她不可能知道我會有這樣的反應，我自己也沒料到。

現在把它寫下來的時候，我是實事求是又直接的。那是個問題，僅此而已。它不會改變任何事情，我也能平靜地把它寫下來，這沒甚麼。但今天早上九點半，在停車場裡，同一個問題令我手足無措，難過不已。

二〇一八年八月三十一日
要去密爾瓦基進行CLAG-M治療

我剛剛跟血液腫瘤科小組的負責人談過。唉，捐贈者問題還是沒能解決。麥凱利斯醫生認為我們不應該停留在擱置模式，不去直接治療這個病。因此，明天我將回到福德瑞特醫院的高級護理中心，在那裡對我的難治性急性骨髓性白血病，進行全方位的攻擊。我會裝上新的PICC導管（因此至少不再需要定期抽血），並在明天某個時候進行第一次輸液。這次化療不會像四月份的第一輪住院化療那樣是緩釋的，所以強度會大一些，但應該還是不會太可怕。我將住院兩到三週，然後回到麥迪遜進行另一個間歇期，等待隨機進入臨床試驗的機會。

我高興的是，我們現在終於有事可做了，我也沒有因為隨機分配的延遲而覺得特別失望。我發現，在這種情況下，喜歡一個選擇多於另一個選擇，又如果沒能如願，不會感到同等程度的失望，其實是可能的。我的故事，現在就發展到這裡。我幾乎要寫下「我的故事，現在就『揭曉』到這裡」，但那就好像在說，我的命運已經提前存在，並且這是一場有確定終點的病，而不是一個因為一切發生了，才有後續開展的故事。

最近幾天，我開始感覺到一些症狀，那些似乎不是療程造成，而是白血病造成的。我愈來愈累了，左側脾臟位置也有腹痛，脾臟往往直接受到芽細胞的影響。那也沒辦法吧。我們會對白血病進行相當積極的治療，而我會恢復到一個比較好的平衡狀態，然後會繼續進行移植。每個人都向我保證了，這個大方向是不會改變的。

據我所知，我在福德瑞特醫院還是可以接待訪客的，就像四月時一樣。雖然我也不知道自己身體狀況將會如何，所以想來的人，還是應該提早打個電話告知。我的精神狀態仍然很好，但偶爾也會想到那些很壞的情況。這些天，我從許多事情中感受到了許多快樂和滿足。雖然這些積極的情緒，跟那些關於死亡的陰暗想法還是並存的，但那不代表正面的想法被負面想法破壞了，它們就只是同時存在而已。它們都是獨立存在的感受，不是一個可以抵消另一個的。

二〇一八年九月一日

小更新

我們現在住在7CFAC十四號病房，這個房間很像我們四月份住的房間。一旦八樓有房間空出來了，我們可能就會搬到樓上，因為我們和那層樓的工作人員很熟，他們也認識我們。如果不能搬的話那也沒關係。來到這裡，我鬆了一口氣。生活又再一次簡單得可喜：我們住在一個寬敞的房間裡，一切都被照顧到了。今天晚些時候，我會得到一條新的PICC導管，然後，到適合的時間，新一輪的化療又會再度開始。

二〇一八年九月二日

最新消息，以及一個小故事

醫療報告

昨天的網誌最後一句話是這樣的：「今天晚些時候，我會得到一條新的ＰＩＣＣ導管。」哈！這似乎是個合理預測。但是，「最好的計畫，不論是人或鼠想出來的，最終都會落空」[31]。那當然也包括ＰＩＣＣ導管技師的計畫了。

故事是這樣的。安裝ＰＩＣＣ導管，似乎有兩種方法。第一種方法是在介入性放射科的設備中，通過即時高解析度影像來看到導管必須經過的路徑。這就是我在四月時安裝ＰＩＣＣ導管的程序。過程沒有什麼疼痛，很順利地就完成了。介入性放射手術令他們可以安裝所謂的 BioFlo PICC 導管，即是作為非住院病人，也可以維持幾個月都不需換掉的那種。另一種方法在床邊進行，利用超音波來導航。由於某些原因，感覺很厲害的 BioFlo 導管不能用這種方法置入，所以出院的時候就要移走ＰＩＣＣ導管。

31 譯注：這是美國詩人彭斯（Robert Burns）於一七八五年寫的詩歌《致老鼠》（*To Mouse*）中最著名的一句：「the best laid schemes o' mice an' men gang aft a-gley」。

好了，我到達醫院的時候是週六下午，剛巧也是勞動節的週末，而介入性放射科關門休息了。如果要在介入性放射科放導管，化療就只能拖到週二才開始。麥凱利斯醫生不想等那麼久，所以要我進行床邊置入導管的程序。在這種情況下，似乎是合理的決定。但唉，技師們根本無法將針頭正確插入我二頭肌的靜脈，而這才是過程的第一步。他們試了兩次。第一次，他們說，他們無法讓針頭穿透靜脈壁，可能那邊有些疤痕組織。根據他們的描述，當他們把針頭推到靜脈壁上時，靜脈就會扭動起來。雖然他們一開始給我打了利多卡因（lidocaine）的局部麻醉，但他們愈是想讓針頭進去、在我的手臂上瞎搞，痛楚也就愈來愈深。我專注在呼吸，但沒有為這種折磨做好準備，所以它對減輕痛苦沒有甚麼作用。我的呼吸變得更強烈和快速了。

我甚至試著用我在骨髓穿刺中用過的想像法，來壓下我的痛覺神經。他們試了第二次，這次技術人員成功將針頭扎進靜脈了，起碼超音波是這樣顯示的。但他們沒能抽到任何血。我的呼吸更強烈、更急促了。他們看到我有多痛苦，所以停止嘗試，拔出了針頭。他們承認不知道為甚麼有這樣的情況。

因為手術在無菌條件下進行，所以瑪西亞不在房間裡。所有人都戴著口罩，穿著長袍，而我被籠罩在藍色、無菌，像布一樣的紙裡，只有手臂上，他們試圖插入導管的地方是露出來的。瑪西亞回到房間時，她以為手術已經完成，但他們告訴她，他們沒有成功。現在怎辦呢？他們解釋說，當試了兩次不成功之後，就必須等待一段時間，讓靜脈注射組的其他人處理。這時，我兇巴巴的監護人瑪西亞告訴他們，她不希望任何人再嘗試把針頭扎進我身體裡。我們和當時在場的醫師助理談了談，她也同意不應再度嘗試在床邊插導管了。她會跟同事們討論，希望可以在第二天（即今天）到介入性放射科置入BioFlo PICC導管。她在早上七點打來，說我們被列入處理名單了。下午兩點，我在輪椅上被推到介入性放射科，準備置入可愛的BioFlo PICC導管。他們幫我準備的時候，我跟醫生的助理們聊天，跟他們講了昨天發生的事。其中有個人說：「他們工作還可以，但就是小聯盟等級的。」之後我感謝他們在週日上班來拯救我。醫生說：「考慮到你在經歷的一切，我們至少必須做到這些。」

還有一場發生在夜裡的小鬧劇。凌晨一點半左右，又來了一位檢驗室技術員，這次是來抽血的。由於我還沒有PICC導管，所以就要被戳了。這也沒甚麼大不了的。之前有位技術人員幫我從手背上抽血，他技術好極了，手腳快得我完全沒察覺他戳了我。但今次就不一樣了，又是戳了兩次但不成功。第一次是在我的手背上，第二次在我臂彎。兩次都一樣，那位醫療技術人員把針扎進去了，然後左動右動，嘗試把血抽出來，但就是不成功。今天沒有利多卡因的局部麻醉了。從四月開始，我已經用針頭而不是PICC導管抽了幾十次血，但這是第一次抽血失敗，而且第一次實在那麼痛。我那位兇猛的監護人從她的床上彈起來，說已經試了兩次，不能再試了。「我知道這個規則，」技術人員小聲說著。我懷疑她因為沒能抽到血而覺得尷尬。護理師走進來，說這晚不會再嘗試抽血了，抽血可以等到我做完PICC導管再進行。他寫了個大大的手寫牌子，告訴檢驗室的人要先去找護理師。

現在一切都就位了。在我寫這篇網誌的時候，兩種化療藥物中的第一種，正平靜地滴入我的新PICC導管。最後，麥凱利斯醫生決定不做CLAG-M，而是做一種叫FLAG的方案。FLAG跟CLAG很接近，但由於某些原因，小組認為它更適合我為臨床試驗做準備。這也是CLAG-M中的「M」（雙羥蒽醌，mitoxantrone）被棄用的原因。M是原計畫中毒性最強的部分，目的是再次嘗試達到完全的穩健緩解。麥凱利斯醫生說，她不想在臨床試驗前把我的身體搞垮，所以決定棄掉「M」。我認為那個意思就是，現在的基本計畫，就是在捐贈者通關後進行臨床試驗。他們已不期望會達到標準移植所需的那種穩健緩解了。

以下就是這輪化療的程序。(1)首先，輸注前期藥物半小時：一種是類固醇，一種是止吐藥物。(2)第二步是輸注福達樂靜脈凍晶注射劑（fludarabine），即FLAG中的「FL」。(3)第三步是類固醇眼藥水，以防止化療帶來的刺激。(4)之後我會休息四小時。(5)再之後的四小時，我要輸注賽德薩注射劑（即FLAG中的「A」，因為該藥的另一個名稱是ara-C）。(6)最後，在化療輸液期間，使用更多的類固醇眼藥水。所以，以上所有步驟總共需要九小時。我們從下午四點半開始，到凌晨一點半或兩點左右結束，重複五天。然後，(7)在化療後的幾天裡，我每天都要在腹部注射惠爾血添（neupogen），即G-CSF，白血球生長激素（也是FLAG裡的「G」），試圖恢復嗜中性球的生成。這大概就是未來的情況了。我將待在這裡，直到嗜中性球數量反彈到能讓我安全回家的程度。那可能是三週或更久後了。

關於寫給孫兒女的信的故事

我非常享受給孫兒女寫的這封曲折綿長的，不拘形式的信（在八月二十五日的網誌中描述過）。有些天，我能夠寫上五、六個小時，沉浸在這個任務中，就像我以往沉浸在學術寫作當中一樣。從我寫完書到決定寫信給孫兒女，只隔了非常短的時間，我想這也解釋了很多事情。這個網誌有滿足到我的寫作需求，但有些時候，我就是沒甚麼可以寫在這裡的。所以我總是心癢癢的，很想做點別的事情。我需要一個寫作計畫。這些日子我似乎大部分時間都有精力，而我發覺相比起看迷你影集打發多餘的時間，寫信是一種令人快樂得多的方式。一旦我開始進行這個計畫，我就發現可以寫的東西，實在無窮無盡。

二〇一八年九月三日

噁心和治噁心的魔彈

直到昨天晚上，我都還沒有經歷過化療的一個可怕的副作用：噁心。我偶爾也會有些噁心的感覺，但算不上是全面的噁心。所以我以為自己對這種特別的痛楚沒那麼脆弱。

起初，昨天晚上，在化療的第二階段，我似乎沒遇到甚麼困難。本來我應該要覺得很累的，但我還是熬夜寫東西，寫到很晚。我懷疑，這種能量的提升，是由於化療前輸注了類固醇的剎美剎松（Dexamethasone）。最終我還是覺得累了，在晚上十一點左右睡著。然後我在午夜時分醒來，覺得反胃，在之後的一小時還愈來愈嚴重。我只吐了一次，大部分時間我只是感覺非常糟糕。我可以躺下幾分鐘，但隨後不得不坐起來，以應對一波又一波的強烈噁心感覺。護理師諮詢了駐層的醫師助理，並在凌晨一點左右，在我的靜脈注射了一劑安定文（Ativan）。安定文通常被用作抗焦慮藥，但顯然也被用於癌症治療，以應對噁心。這是一種魔彈[32]。十分鐘內，所有的症狀都消失了。二十分鐘內，我就酣然入睡。在我睡著的時候，我做了化療、做了提高血紅素的輸血，還抽了血，但我完全不知道。早上醒來時，我神清氣爽，沒有噁心或其他副作用的陰影。

現在是下午三點了，我從早上七點開始起床，感覺一直很好。不久之後，我將開始為下一次輸液進行醫療準備。但今晚，只要有一絲噁心的感覺，他們就會給我注射安定文。我太愛魔彈了。

二〇一八年九月四日

無風無浪

我所患的病有個顯著特點：某些時候，我覺得自己百分百健康，完全沒有症狀，有時甚至沒有疲勞感。我會嘗到健康的滋味。這就是我今天的感覺了。昨天晚上，我完全沒有化療帶來的噁心感。考慮到第一輪化療產生了如此可怕的，令人動彈不得的噁心感，我對另一次衝擊有了充分的準備，雖然這次我有安定文這種武器，一有甚麼症狀就會介入。但那並沒有發生。昨天白天，我開始服用康帕辛（Compazine），另一種止吐劑。它的效果好極了，所以我睡了個好覺，在化療結束，要做化驗時，我也幾乎沒醒過來。化驗結果顯示，化療迅速產生了預期效果：我的白血球計數從十六降到四（正常範圍是三．九至十一．二），是芽細胞的白血球的百分比從百分之五十降到百分之三，因此絕對芽細胞的計數也從八〇〇〇降到了一二〇。這是個關鍵數字，表明白血病細胞在我體內存在的強度。當然，這些全都沒有解決骨髓製造白血病細胞的問題，這個我們就需要移植來解決了。但是我周邊血液中的活性白血病已經被非常有效地擊倒了，讓我如釋重負。這就是我感到精力充沛的原因了，因為高數量的白血病細胞是非常累人的。我一直非常「活

---

32 譯注：魔彈（magic bullet）：指能有效消除或避免症狀的藥。

在當下」，隨遇而安，但這個當下充滿了身體的輕鬆感覺，也是非常好的。

這種真正健康安穩的感覺，從昨天就已經開始了。下午，我邊寫作邊聽我在Youtube上的古典音樂播放列表。我最喜歡的作品之一出現了：史特拉汶斯基的《火鳥》。我曾經在管弦樂團中，在中提琴組的最後面，演奏過幾次這首曲子。坐得很後面的其中一個好處是，你會非常接近整個樂團的中心，你的後面就是木管樂器組了。在整個管弦樂團為一首偉大作品演奏氣勢磅　的終曲時，這個位置，就變得無比美妙了。你會完全被音樂的全部力量吞沒。在這一點上，很難有其他樂曲能超越《火鳥》的終曲。

我停了筆，調高了無線藍芽耳機的音量，閉上眼睛，開始作出演奏樂器的動作。我的弓臂隨著小提琴和中提琴的演奏樂段移動（這時他們幾乎都在做同樣的動作），我的左手在指點音符。當整個樂團加入時，我轉而指揮起來。這首曲子的結尾，有個簡單美妙的，火鳥重生的旋律。樂曲一遍一遍地重複著它，有時旋律是完整的、有時是截斷的、有時快、有時慢。這是個了不起的終曲。我感動不已。

我不知道的是，瑪西亞把我指揮交響樂團演奏《火鳥》的最後一分鐘拍下來了。我想，這段錄影也捕捉到我當時經歷著的喜悅吧。

二〇一八年九月五日

近乎完美的一天

在患急性骨髓性白血病，並在醫院接受化療期間，還是有可能過美好的一天的。化療暫時沒有產生討厭的副作用這點固然有幫助，而且化療對我的白血病細胞確實起了作用。我今天唯一的症狀，似乎是偶爾打嗝而已。

瑪西亞今天要去麥迪遜處理雜務，所是今天唯一的壞處就是獨自一人。但除此以外，一切都很美妙：許多位醫師和護理師偶爾來訪，跟我愉快地交談，在我問問題時給我有用的資訊，又溫柔地照顧我。在沒人來訪的時候，我就寫給孫兒女的信。上午十一點，我和另外兩個病人一起上物理治療課，其中一個病人是我在四月份認識的。物理治療課有十個運動站點，要求相當高，有點挑戰性。然後就是午餐時間。好吧，午餐算不上很好，但至少我可以吃點東西。然後整個下午，我都用來寫給孫兒女的信。寫了大概四千字——實在令人太享受了。我偶爾就給姐姐柯蓮和弟弟伍迪打個電話，問他們一些關於我們童年的記憶。他們又補充了一些引發了其他記憶和想法的細節。現在是晚上八點了，我在等瑪西亞回來。我在病房走了一．六公里的路，吃了一頓不算美味但仍可忍受的晚餐，一邊聽著蕭邦的夜曲，和寫這篇網誌。感覺很好，很滿足——在我的寫作計畫上取得進展，一直都是我興奮和快樂的來源啊。

二〇一八年九月八日

白血病與零廢話馬克思主義小組

自一九八一年以來，我一直是一個主要由經濟學家、哲學家、社會學家和政治學家組成的小組的成員。這個小組差不多每年都會開會討論馬克思主義、社會主義，和跟社會正義有關的理論和經驗問題。一九七九年，小組的前身開了第一個會議，討論頂尖馬克思主義哲學家柯亨（G. A. Cohen）的新書《卡爾．馬克思的歷史理論：一個辯護》。但很快，小組的話題和主題就更多元化了。一九七九年的首次會議有幾十名與會者，而他們似乎覺得那次的會議很有成效，於是在一九八〇年又舉行了一次較小型的後續會議。我在一九八一年被邀請參加，（我想是）因為我為柯恩的書寫的那篇評論文章，以及我早期有關階級的研究；而我也一直是這個圈子裡充滿熱情的成員。

我們給這個小組起的名號包括：

—最差勁的：「九月小組」

—最嚴肅的：「分析馬克思主義小組」

—內部都這樣叫的：「零廢話馬克思主義小組」，簡稱NBSMG或NBS(M)G

近四十年來，這批學者深深影響了我的研究。小組的討論往往非常嚴苛，但他們促使我的論點，往往比社會學一般見到的，能再表述得更精確、分析更嚴謹。除了少數例外，我們每年都會見面，先是在倫敦，然後是牛津，有一次在巴黎，現在每年都在紐約。小組密集地討論進步的學術研究中一些最重要的主題，與這些會議的智性內容同樣重要的是，我總是期待見到所有人，和大家一起閒聊。對我來說，這個活動既是刺激思考的學術場合，也是親密朋友之間的聚會。

今年的會議在今天上午開始了。我透過Skype和大家打了招呼，我們也計劃了，如果我的狀況許可，我也會用Skype參加一些會議。珍妮、馬克和薩菲拉上午要來探望我，所以早上的會議我是不能參加了。然後我的能量突然變得很低，有半小時左右沒法行動。但到了紐約時間下午，我可以上網參與會議了。雖然我因為很累而不能積極參加討論，但這還是很美妙的。明天我希望能參與更多，但從過去的化療週期來看，我將會有幾天處於下行狀態。現在我又有嗜中性白血球低下症狀了，非常疲勞。但再看看吧。

艾瑞克與孫兒女

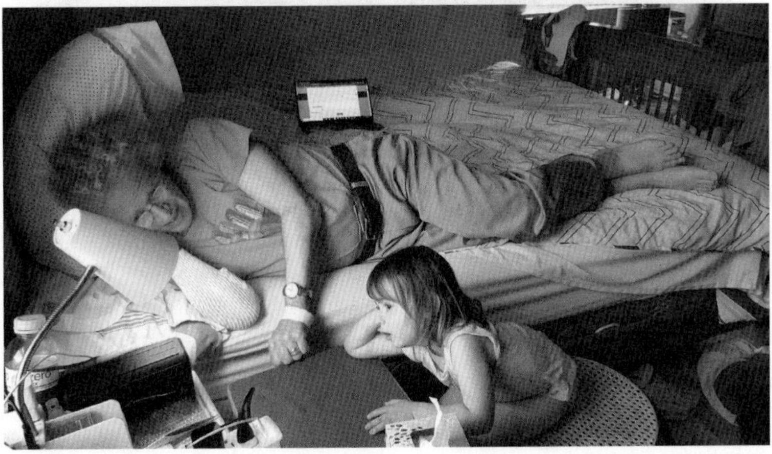

艾瑞克與瑪西婭、貝琦以及珍妮（從左數來）

在醫院工作的模樣

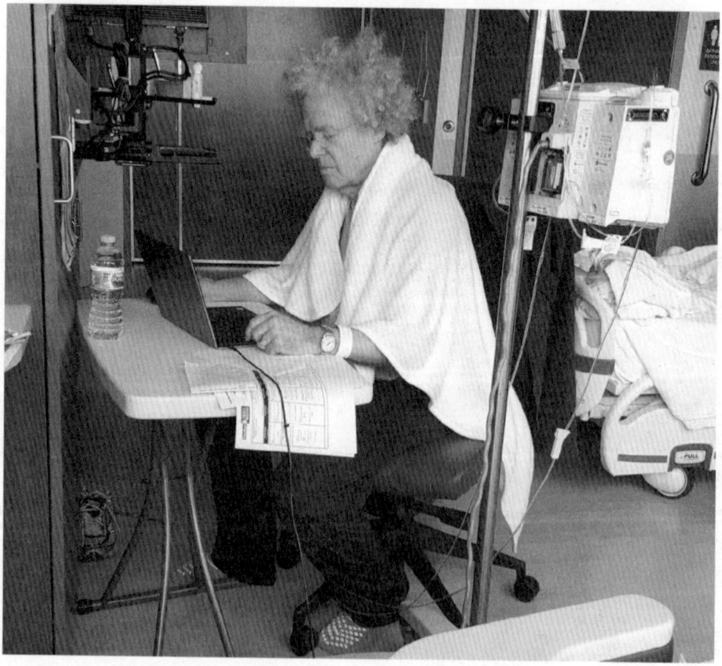

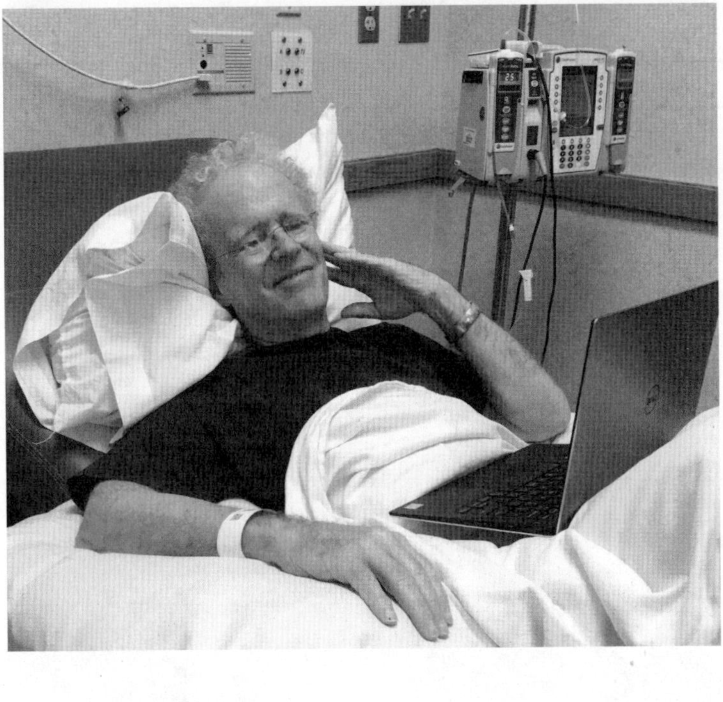

與瑪西婭

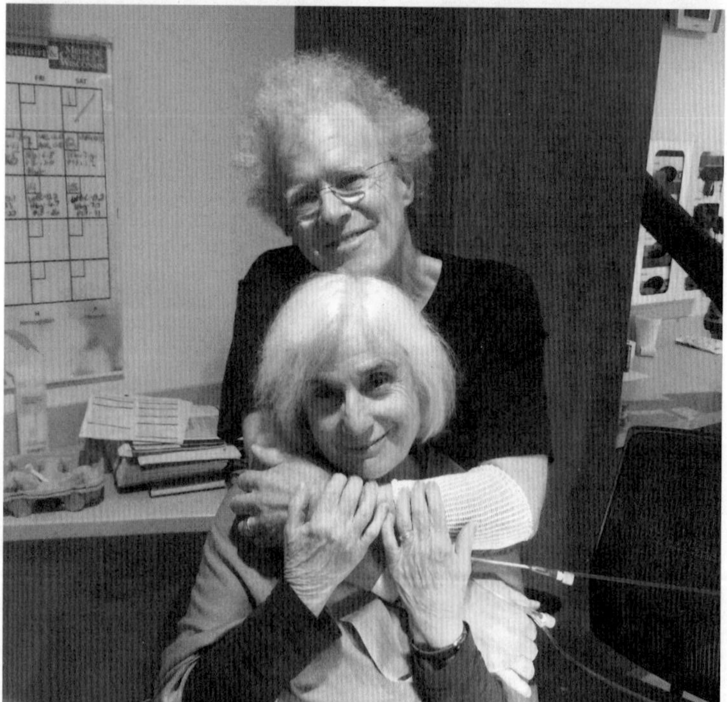

最喜歡的活動——與學生和其他訪客聊聊

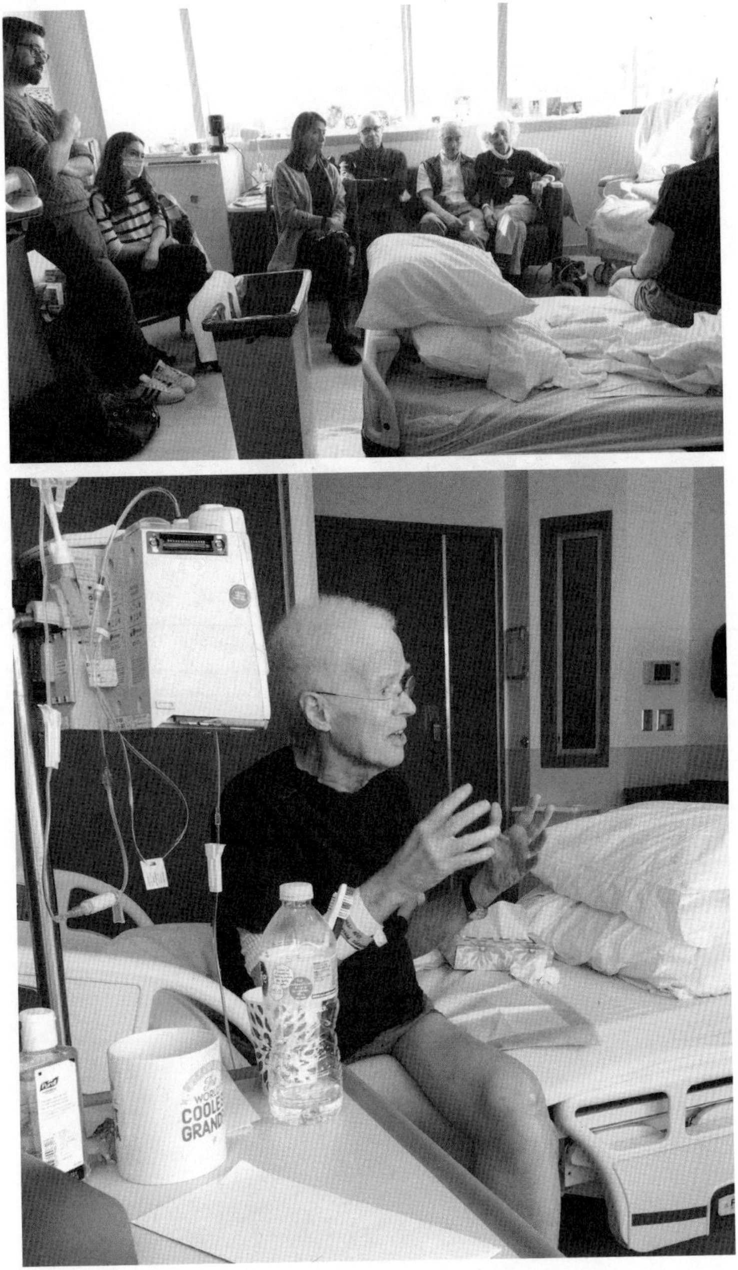

指揮史特拉汶斯基的〈火鳥〉組曲

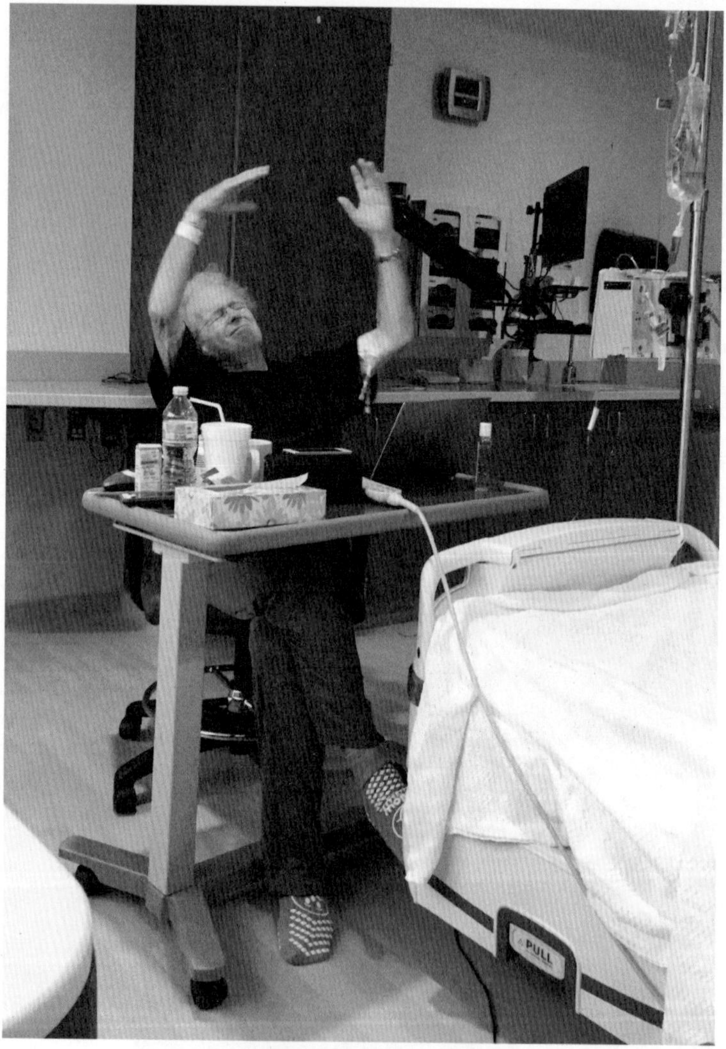

二〇一八年九月十日

有點悲慘，有點奇妙，又有點怪異的古怪一天（結尾有一點醫療報告）

這天是悲慘的：週六晚上，我出現了因沒有嗜中性球（ANC等於零）與其他種類的白血球，而引起的嗜中性球低下併發燒。在這種情況下，大多數發燒的原因都診斷不出來，但這種情況還是會讓你很痛苦。我就很痛苦了。

起初開始發燒時，醫生不想讓我服用任何退燒藥，因為他們需要知道情況有多嚴重。所以，在最初的兩小時左右，我不得不忍受寒顫和全身不適的感覺。我試著用一些呼吸技巧來平息寒顫和初發的顫抖，可能還是有點幫助，因為我沒有出現像夏天時那樣出現的全面冷顫（即劇烈而無法控制的顫抖）。但整段時間裡，我還是覺得自己差一點點就要出現更劇烈的寒顫了。

最後他們給了我醫院劑量的泰諾止痛藥。我很驚訝的是它很快見效了。我以為泰諾不像布洛芬（Ibuprofen，另一種止痛藥）那麼有效，但它立竿見影，讓我一覺睡到天亮。直到早上，我本來想試著參加「零廢話馬克思主義小組」的報告，但我週日醒來時就發覺這似乎不可能。我太衰弱了。「衰弱」（Enfeeblement）是我形容自己的疲勞的新辭彙：

- 令人不能動彈的疲憊

- 昏昏欲睡
- 令人惆悵的睏倦
- 精疲力盡
- 上氣不接下氣
- 乏力
- 虛弱
- 衰弱

「衰弱」指沒法做例如在床上坐起來之類的事，而不單單是感到體弱而已。在生病之前，如果我要試圖舉起一個一百磅的槓鈴，我雖然知道自己做不來，但還是可以充分利用自己的肌肉，感受一下真正的阻力。但這種衰弱感更深了，這是我沒有體驗過的。我知道化療，還有我免疫系統的崩潰，以及發燒，都會對我的身體有意想不到的影響。但是，我連只是去一下下零廢話馬克思主義小組的會議都沒辦法了。我傳了個訊息，說我應該不能登入Skype會議，但小組說他們還是會保持Skype開啟，我還是可以選擇登入的。

我打了一會兒瞌睡，又吃了一片泰諾。侄子和他的未婚夫來看我，但我還是昏昏沉沉的。我被推到醫院的底層做胸部X光檢查，傳送人員用盡全力才能把我從床上拉起來。儘管如此，下午一點半左右（美國中部時間），我被送回床上之後，我決定用Skype連接上在紐約的會議，因為或許我還是能聽聽。

這天也是奇妙的：我的加入讓他們很高興。對我來說，接下來那三小時也是讓人興奮的。我旁聽了兩場討論，一場關於全球資本主義的經濟結構，以及為甚麼它為第一次世界大戰創造了條件。第二場則是關於左翼不能給出決定性答案的難題。

第一場討論圍繞著帝國主義的經濟基礎進行。隨著工業化加速，資本報酬率下降，不平等現象也增加了。富人的儲蓄比窮人多，因此儲蓄是增加了，但報酬率較低。如果富人把更多的資本投資在較低度發展的地區，特別是有礦產和原物料的地方，報酬率會更高，但這種投資本質上比國內投資更有風險。軍國主義和殖民主義，藉由保護海上通道和對殖民開採原物料的抵抗進行鎮壓，來減少這些風險。因為各國都想保護本國資本家，這就創造了一種環境，在這種環境中，微不足道的事都足以導致戰爭。然後就一發不可收拾。

第二篇論文涉及許多左翼不能給出完全滿意的答案的問題：創新、平等和民主；「現代壟斷」（modern monopoly，一個術語，指的是谷歌和臉書等企業）；公司治理、稅收，以及反托拉斯壟斷的局限性；在勞動力大量過剩（尤其是在中國和印度）的世界的高工資勞動；機器人和以照護和知識型經濟中的未來；還有不那麼富裕的人在服務導向的經濟體系中，他們的政治和經濟代表人問題。討論中你來我往，輕鬆地交流意見。

多年來，我們許多討論中時常出現的那種咄咄逼人的，專注找出缺陷的批評，今天沒有出現。與其說「就這是你論證中站不住腳的地方」，今天討論的氣氛更多是「多麼有趣的想法！讓我們好好探討一下，看看它們哪裡需要磨礪吧！」專注於缺陷可能有用，但也令人沮喪。我今天主要是個快樂的旁觀者。這不是我通常扮演的角色，但我感到完全沉浸在思想的世界，還有學習那些既困難又深刻、重要的事物的興奮中。下次會議將在二〇一九年的勞動節週末舉行，我多麼希望能夠參加。

小小的醫療情況更新：感覺好了非常多。燒退了，我也不再覺得衰弱，有足夠的精力寫作。味蕾回到混亂狀態，幾乎沒甚麼是吃得下的。瑪西亞剛回來了，帶上了冰淇淋和義式冰淇淋。應該可以給我補充一點熱量吧。

二〇一八年九月十一日

關於「今天還是完成了點甚麼」的思考

小小的醫療情況更新：週末的症狀統統消失了。我感覺良好，精力充沛，沒有衰弱感。白血球計數還是零，但沒甚麼需要報告的。

我在高級護理中心七樓的十四號病房，渡過了平靜安寧的一天。瑪西亞今天去麥迪遜處理各項瑣事，而我在這裡給我的孫兒女寫信，又得到了福德瑞特醫院醫務人員的溫柔照料。

我腦海中一度飄過「也許我應該打個盹」的念頭，但隨後另一個念頭飄了出來：「我今天完成的事情夠多了嗎？」我在一家醫院的急性骨髓性白血病病房裡，正處於化療週期的恢復階段，周邊血液中的白血球已經被消滅了。我剛剛度過了一個徹底疲累的週末。我現在感到身體和精神都很好，但我仍然每天問自己：「我今天做了甚麼有用的事？」我沒有以一種直接、有意識的方式提出這個問題，但這個問題會冒出來跟我說話，就像動畫片裡一個人的兩個肩頭分別坐著天使與惡魔，都在給這個人建議。好吧，我的天使或惡魔（是哪個？你選吧）在檢視我：你今天完成的事情夠多了嗎？

我認為這是我內在生活的一個重要部分：我不斷進行有目標的計畫，並且覺得有必要或急著在我的計畫上取得進展，而那些壓力大多不是來自於外部。因此，雖然我正處於嚴重疾病的治療過程中，但不知為何，我不認為我的治療算是我所說的「計畫」。我猜，對我來說，「計畫」是我製作的、創造的、或動手去幹的事情。我知道（更準確地說的話，是我依稀記得），沙特將人生描述為一個計畫，這點是頗有道理的。但我的魔鬼／天使問我的是，在完成我著手創造的事物方面，我有甚麼進展。

我在四月被確診急性骨髓性白血病時，手上正進行幾個認真的計畫：寫《如何在二十一世紀反對資本主義》這本書、跟加斯蒂爾（John Gastil）一起為有關「真實烏托邦計畫」的書進行最後的編輯工作、《隨機立法院》一書、為真實烏托邦計畫系列的，關於「金融民主化」出書規畫將在七月於麥迪遜舉行的會議，還有為費蕾拉關於《公司民主化》的書的出版提案進行初步企畫。我很快就找到了其他人來擔任所有「真實烏托邦計畫」工作的領導角色，而七月的時候，我又設法完成了《如何在二十一世紀反對資本主義》。在這種情況下，完成這本書讓我感覺好極了。

但我心底裡就是不想手頭上一個計畫都沒有。這個網誌肯定是個計畫，而且對我來說意義深遠，因為它意謂著我每週都跟你們所有人交談幾次。而給我孫兒女的信也絕對是個計畫。我已經寫了將近三萬字，而且很常享受著花在寫信上的各個時刻。

因此，我沒去歇睏打盹，而是寫了這篇網誌。現在我可以肯定的說，我已經完成了一天的工作。我給我的孫兒女寫了一千字左右的文章（主要是關於騎自行車和露營的），又在這裡寫了關於計畫進展的思考。在某些方面，我覺得自己這種特殊的性情是很瘋狂的。難道我不應該「讓自己休息一下」，放鬆一下嗎？在Netflix上一口氣看完很多影片不好嗎？當然我也可以打個盹！「你今天做得夠嗎」這個問題，本身就帶著一絲清教徒的味道：一個人必須努力完成一些事情，來證明自己對上帝的價值。雖然在我的理解中，上帝的救贖並不存在，但這種強烈的內在傾向，確實支撐著我的一種相當強烈的「工作倫理」。我不覺得自己是個工作狂。「工作狂」是指那些出於強迫而像瘋子一樣工作的人，而不是那些從工作中得到滿足和意義，從而花大量時間工作的人。

那麼，在某種程度上，我將這兩個計畫持續引入日常例行的需要，可能就指向了計畫對我的內在驅動力。這麼說有點誇張，但我的想法是這樣的：學術計畫是個混合體，一方面是做著有價值和有意義的事的內在動力，另一方面是其他人依賴我完成任務的社會關係網。我已經基本上放棄了這句話的後半。我說「基本上」，是因為我被人們對我這些網誌內容的反應深深打動，而這些回應，本質上成為了我對自己所做的事情的自我理解的一部分，因此也是我「做得足夠了」的一部分。（不要擔心：我不會因為你在讀這篇文章，而覺得有要寫的壓力。這個寫作計畫的樂趣重點，在於我寫作的時候，我們是一體的）。因此，我認為我對計畫的硬性需求，反映在我給孫兒女寫的信中。這些信有個深刻的目的：它們會令孫兒女的人生更豐富。但這不是任何義務感或壓力的結果。

而且，只有我能寫這些書。我沒這樣形容過自己的想法：如果我不寫這封信的話，就沒有別人能寫，而且沒有甚麼能代替這封信。

對於這一切，最後我還有個想法，不過它有點離題，而且還迂迴曲折。我一直在區分科學家和藝術家，即作曲家、小說家、畫家、劇作家等等，兩者之間的成就。如果牛頓死於一六六五—六六年在英國發生的瘟疫（這是很可能發生的事），牛頓定律最終還是會出現，只不過換成另一個人的名字。如果沒有達爾文，我們還會有物競天擇的進化論。沒有愛因斯坦，我們最終還會想出相對論。這些都是對世界如何運作的大發現，即使後來又被修改或重構。可是，沒有貝多芬的話，那就沒有《貝多芬第五交響曲》。沒有莎士比亞，我們不會有《哈姆雷特》。當然，在西方音樂的發展中可能還是會有一段浪漫時期，所以貝多芬的交響樂，在某個抽象的層面上，還是可以被其他人取代的。但他之所以重要，是因為他創造出的那些驚人的細節：沒有貝多芬的話，我們今天聽到的貝多芬的音樂就不會存在。發現DNA雙股螺旋結構的華生和克里克則大不同：DNA雙股螺旋結構最終還是會被人發現，可能也會是接近於那個歷史時刻。而我們最終也會發現導致我的急性骨髓性白血病的，討厭的轉位突變。（順便說一下，作為題外話中的題外話，我今天得知我的特殊突變的另一個標籤是EVI1，醫生把它稱為「evil（邪惡）的突變」，相當貼切）。

因此，科學家作出發現，而最好的藝術家則創造新的世界。社會學家呢？我的答案會引來更多問題，但我認為社會學最奇妙之處，是用一種混亂的方式，同時進行科學和藝術兩者。我們發現世界，盡我們所能去揭示世界「真實運作」的方式；但我們也發明思考世界的新方法，這些方法模塑了人們創造意義，以及在社會世界中行動的方式。社會學家（當然還有他們在其他社會科學領域的同儕）向世界灌輸一些想法，這些想法又影響了世界的運作。這些不是純粹一般意義上的「發現」。所以，在二十一世紀閱讀馬克思和涂爾幹還是有意義的。而除非是出於純粹的好奇心，很少有演化物理學家讀達爾文，讀牛頓的物理學家又更少了。

我們淌進聊哲學的渾水裡去了。我之前寫過，任何物質的最快的移度速度是光速，大約為每秒三十萬公里，在愛因斯坦發現相對論前就是這樣了。愛因斯坦的發現沒有限制光速。而在社會生活中，決定社會上什麼事情可能會實際發生，很大程度上取決於人們對可能發生的事情的信念。對於替代方案的信念，又會影響到對現實世界的替代方案的可能性。因此，關於可能性的社會理論可以成為人們的信念，而本身也會限制甚麼是有可能的。但是，當然了，限制也有限制，有一些對替代方案的幻想，在任何情況下，都不可能構成可行的社會結構或機構的基礎。信念也可以是純粹的一廂情願。因此，在社會學中，關於事物如何運作的科學，和關於創造的可能的社會學之間，存在著一種你來我往的關係——對機制的規範，同時約束著可能性。

我還是不要寫下去了，就算是迂迴曲折地離題，也該有個限度的。

我想現在我可以說，自己今天做得夠多了。我沒去打盹真是太好了。

二〇一八年九月十四日
具有奇妙的社會學和個人意義的兩次相遇

一些對話的描述性記錄

九月十二日

我和駐層的住院醫生聊得很愉快。她是個很有趣的年輕女性，對自己的工作，無論是科學還是照護層面的，都顯然很用心。我向她詳細講了，我的急性骨髓性白血病是如何在被診斷出尿崩症（diabetes insipidus, DI），即抗利尿激素（ADH）無法調節體內的鈉之後，立刻診斷出來的。我也提到，哈瑞醫生做了病例搜索，並告訴我他發現十二個在發現尿崩症後，立即確診為急性骨髓性白血病的病例，而其中六個有跟我一樣的一組特定突變。因此，他確信兩者之間有因果關係。我把這件事告訴了我在麥迪遜的內分泌科醫生，又問這是否意謂著，如果我的急性骨髓性白血病被治癒，那尿崩症也會消失。不幸的是，他說一旦連接下視丘和腦下垂體的神經元受損，就不會再長回來了。

住院醫生回答說，她聽過有尿崩症在急性骨髓性白血病治癒後改善的情況。我們談話差不多快結束時，她說她會看看有沒有這方面的案例。

九月十三日

這天早上她來了，說她發現了兩個病例，是急性骨髓性白血病被治好後，尿崩症也消失的。更重要的是，這兩個病例都有和我一樣的突變。關鍵的突變是轉位突變，正如我最近知道的，它也被稱為ＥＶＩ１突變，或俗稱「邪惡突變」。ＥＶＩ１突變顯然直接抑制了抗利尿激素，有時會足以造成尿崩症。這發生在對下視丘和腦下垂體之間的神經連接完全沒有干擾的情況下。因此，一旦ＥＶＩ１被我的新免疫系統摧毀，尿崩症就會消失了！

我跟她說，一年後我就有兩個慶祝的理由了：我會活下來，而且還不會有尿崩症。這種突變實在很邪惡，ＥＶＩ１不僅試圖要殺死我，還設計了一種特別令人討厭的方式來做這件事。ＥＶＩ１既是撒旦又是土狼。晚一點的時候，這週的主治醫生來了。我跟他說那位住院醫生多麼出色，而我聽到她給我的消息，也是高興不已。主治醫生說，這位住院醫生計劃進入血液腫瘤科領域，所以她總是想了解更多關於這種病的知識。他又補充了更多資訊。ＥＶＩ１在體內引起各種混亂，它不像某些其他癌症一樣，會浸潤器官並造成損害。相反，它會在各種免疫效應中鬧事。有些人會因為ＥＶＩ１而得類風濕性關節炎。有時他們是在被診斷為急性骨髓性白血病前得的，有時是之後。

社會學分析

另外一種討論前述的闡釋方式是，這是一個健談、熱情，又對自己的病充滿好奇的教授，和一個熱心，並且因為她想要專治這種病，所以也對這種病的方方面面都好奇的年輕醫生之間偶爾對話的結果。

這種解釋一點不假，這些特殊且具體的個人在故事中確實很重要，他們的配對也有雜亂無章的性質。但這種闡述方式或也忽略了一些基本的東西。

高級護理中心的組織方式，令這種偶遇成為可能。如果我在一個比較傳統的病房，我仍然會與熱心、好奇的年輕醫生交談。而X型人（我）和Y型人（熱心的年輕醫生）發生互動的機率，可能是一樣的。但結果幾乎肯定不同，因為高級護理中心的社會結構，使得這種偶然的接觸，有了不同範疇的實際互動：更深刻的對話，角色加諸於這些互動的限制更少，在這些交流中的人們的性情、需要和弱點，又有更大可能被彼此了解。因為工作人員與病人的對應比例很高，又因為他們拒絕為提高效率而分秒必爭，以及包括了許多其他因素，這種交流才有可能發生。

更廣泛地說的話，這種社會結構，通過直接影響照護品質，以及促成新的積極影響，令人得以更欣欣向榮、適其所哉地發展。

這就是一個「真實烏托邦」的例子。福德瑞特醫院本身未必是一個真實烏托邦，但在醫院裡頭，有這麼一塊特別的飛地。這是在圍繞解放價值而建的社會中，其中實踐了醫療保健的面向。

這也是替代方案的一個組件。

二〇一八年九月十四日

醫療報告（今天的第二篇網誌）

嚴肅的版本

在過去五天左右的時間裡，我一直感覺精力非常充沛。我沒有任何惱人的症狀。我一直都有嗜中性白血球低下症，即是我的白血球計數是零，但醫生說這是FLAG化療的正常現象。我不應該期望白血球在幾天內會開始增加。瑪西亞在麥迪遜待了兩天，大部分時間我都在寫作和閱讀。

昨天下午近傍晚的時候，瑪西亞回來了。我們在走廊走了一・六公里，然後開始看《朝聖之路》（*The Way*），由艾斯特維茲（Emilio Estevez）執導的電影。然後，在晚上十點半左右，我突然無法運作了。我的能量似乎被蒸發掉。所以我去睡覺。

檢驗室像往常一樣在午夜取樣。我在凌晨三點半左右醒來，脖子後面有輕微的頭痛。不算很糟，用慣常的十分制來說，大概只有二。護理師說我的血紅素數值是六・八，所以會給我輸一個單位的血。他們要等待配對與交叉試驗（〔type and cross〕，意思是兼容性測試）完成，以便將我的血液和血庫匹配。

我回去睡了，但睡得斷斷續續。早上七點，我終於起來，仍然有輕微的頭痛。然後我開始輸血，他們又給我測量生命徵象，一切都正常。醫學生像往常一樣來為我檢查，然後是住院醫生。我描述了頭痛的情況，它似乎有點惡化。然後在十點左右，情況變得更壞了。我的血壓一般是收縮壓一一五～一二〇，舒張壓六十～七十左右。但這次，收縮壓的數字是一六八。頭痛加劇了，收縮壓數字增加到一七三，然後是一八四。我把疼痛描述為六至七級，但其實更像八級。我感覺非常糟。

醫護小組開始行動了。由於我的ＰＩＣＣ導管附近有個小血塊，所以他們要對我的頭部進行電腦斷層掃描，以檢查出血情況。醫生還開出了速效降壓藥。到了上午十點半，最糟糕的情況已經過去，然後我就被推去做電腦斷層掃描。

到了下午一點，我完全不痛了。接下來的計畫是，如果我再次發作，他們會靜脈注射血壓藥。但要使用這種藥物，我需要進行心臟遙測。他們在我的胸前貼上五根導線，連接到一個攜帶式的遙測裝置上。我會把它掛在脖子上幾天，以備不時之需。

電腦斷層掃描的結果也回來了，一切正常。現在我的收縮壓是一二二，舒張壓是七十二。日復一日，總有不同的事情發生。在急性骨髓性白血病化療的恢復期，這也是意料之中的事。

「非洲五霸」野生動物之旅的版本

去過南非的人，都會知道人們最想要看到的，叫「非洲五霸」的狩獵動物名單：獅子、豹、犀牛、大象和非洲水牛。（根據維基百科），「非洲五霸」指的是非洲最難徒步狩獵的五種動物。去野生動物之旅，如果能見到全部五霸的話，是很值得自豪的。我去過一次野生動物之旅，只見到了三種。

我想，對於急性骨髓性白血病患者來說，在治療中最可怕的副作用中，一定也有一個「五霸」。那麼，如果能一次全中，也是一項成就了。以下是我的「五霸」：嚴重噁心、灼熱頭痛、不停咳嗽、衰弱耗竭，還有頑固便秘。

旅程來到今天，我已經遇到了其中三項：不停的咳嗽，令人動彈不得的衰弱疲累，還有頑固的便秘。暫時還沒試過嚴重的反胃和灼熱的頭痛。

到此為止了！嚴重噁心已被我短暫獵獲。雖然令人很難受，我的噁心算是輕微，也很輕易地解決了。最後，今天——我終於在整個罹患急性骨髓性白血病的過程中，第一次嘗到了灼熱的頭痛。沒錯，偶爾我也會有輕微頭痛，但那些不算甚麼。但直到今天才出現了真正的灼熱的頭痛，陪隨著令人討厭的一八四的收縮壓。

因此，「五霸」我都完成了。沒有必要讓當中的任何一個再次出現，因為就算我噁心多幾次，頭痛多幾次，或者咳嗽多幾次，都不會給我加分的。清單上寫明「每項五霸都打一個勾」。

從現在開始，直到我從骨髓幹細胞移植中完全康復過來的一年後，我都將充滿能量，輕輕鬆鬆。多麼令人欣慰啊。

二〇一八年九月十五日

感覺良好的奇異感以及最新消息

昨天的我，和之前病中的每一秒一樣痛苦。最痛苦的時間只持續半小時左右，但那段時間的頭痛和血壓飆升非常可怕。今天我感覺好極了，完全沒有症狀，甚至一絲疲勞都沒有。昨天的經歷提醒我自己是真的生病了；今天，我在想為甚麼生病時感覺還能這麼好。主治醫生也很驚訝，不知道怎麼解釋昨天的血壓飆升，和今天的活力充沛。可能像北歐神話中的洛基，霍皮族神話中的科科貝利、威爾士神話中的格維登一樣，這只是EVI1突變中的詭計與欺騙大師的另一種策略，他們都喜歡搞亂我，扯我後腿。我不會因為被愚弄而沾沾自喜，我只會享受此時此刻。

現在我得到了確切關於捐贈者和移植手術的新資料：

1. 兩名捐贈者已明確獲得批准：他們是健康的，已經準備好被採集幹細胞了。
2. 我被安排在下週重做所有為上一個隨機分配日而做的測試，因為在進行隨機分配時，這些測試不能超過三十天。

3. 為了評估我的緩解狀況，骨髓穿刺將於九月二十日進行。

4. 當我的紅血球和血小板足夠穩定，每週只需要輸一到兩次血，而不是像現在那樣每天都要輸血時，我就可以出院了。這可能是在一個星期或十天後。

5. 如果一切按計畫進行，我將在十月十五日左右，回到福德瑞特醫院進行移植或對照組治療（這與我現在進行的治療幾乎是一樣的）。當然，我們以前也經歷過這樣的情況：相當確定的時間表和排定的移植日期，但事情卻發生了變化。但是，沒必要為這個問題煩惱吧。這只會讓詭計多端的欺騙大師奸笑啊。

二〇一八年九月二十日
醫療報告：幾乎百分百肯定的計畫

看來，我們終於離移植的明確計畫和時間表不遠了。當然，因為過去所有的意外和預計之外的延誤，我認為直到事情真的發生，沒甚麼是百分之百確定的。不過，計畫就是這樣：

1. **骨髓穿刺**：明天下午一點進行，用來評估我是否仍被歸類為難治性急性骨髓性白血病。

2. **隨機分配**：在骨髓穿刺的病理報告出來後立即進行，應該是在週一或週二。正如我所說，有兩種結果：治療組或對照組。

3. **對照組（或「挽救組」）**：被隨機編入對照組的話，真的會很煩人。這將代表我不得不接受另一輪我剛剛才完成的那種化療，基本上就是做若沒有臨床試驗的話，就會做的事：再次嘗試獲得穩健緩解。實際來看，將我剛做完的化療週期作為對照組治療會更有意義，因為我就是剛嘗試過完全緩解，但失敗了。但實驗計畫要求多試一次。這次化療會立刻開始，而且我得知這是被批准用於對照組的化療方案中，最溫和的一種。這將使我推遲到十一月中旬，才會確切真正進入該研究的治療階段。

4. **治療組**：如果我被隨機分配入治療組，時間表如下。我會在十月一日開始進行他們說的「劑量測定」，即精確計算出實際治療開始後的輻射劑量。然後我將於十月十一日週四進入醫院，於十月十二日開始三至六天Iomab-B治療的隔離階段。這被稱為「零日前的十三日」。「零日」（即接受捐贈細胞的移植日）是十月二十三日。計畫中，我會在醫院待到十一月十一日這週的某個時候。從那時起，基本上我就處於六到十二個月的緩慢恢復期。這個恢復過程將從在密爾瓦基醫院附近的公寓住上四十五至六十天開始，然後在新年的時候回到麥迪遜。

這就是現在的情況了。可以看到壓軸大戰了，我興奮不已。

二〇一八年九月二十一日 曲折的思考插曲，還有一些照片

現在是早上六點半。我正坐在房間裡等著吃早餐。今天晚點我會進行第六次骨髓穿刺。我有點期待這次的骨髓穿刺。跟之前無痛的穿刺不一樣，這次換了一位醫生進行，是個看看我的冥想策略是否和之前一樣有效的好機會。我覺得這些骨髓穿刺有點像戶外體能挑戰，例如攀岩或在峻峭丘陵的越野自行車活動：你事先知道可能會有不舒服甚至痛苦的時刻，而且你有避免這些最壞情況的好策略。但那些危險，本身就是那些活動成為令人興奮的挑戰的其中一個原因。

我知道把骨髓穿刺和攀岩放在一起，聽起來怪怪的。當然，我心底裡並不渴望骨髓穿刺這種身體挑戰：我寧願在麥迪遜以西的地方進行八十・五公里的自行車騎行，我知道那裡有些起伏的山丘，我的肌肉會因此燃燒。但把骨髓穿刺分類歸為一種挑戰，也不是個純粹欺騙自己的精神構想。我會再報告這個挑戰的進行情況的。

我自覺地做了很多分類系統，令生活變得更容易。我常常說，我把我作為病人的許多經歷，都「編碼」在「有趣」一欄。我也有我患上急性骨髓性白血病的「苦中樂」清單。這份清單半點

不假：我覺得跟關心我的人和我深深關懷的人的網絡，有了更深的連結，而這是個很好的結果。給我的孫兒女寫長信也是妙不可言的事。如果我的待辦事項清單沒有被清空，我是不可能抽出時間來做這件事的。如果我不是長期待在這個病房裡，就不可能真正深入了解各級護理人員——醫師、護理師、註冊護理助理、技術人員、傳送人員——以及病人（即是我）之間的互動品質。我甚至可以說，如果我能活下來的話，總括而言，我的生活有因為患病而變得更加豐富。說這種話，可能我會被說成有積極偏向的波麗安娜（Pollyanna）吧。而如果「波麗安娜」這個標籤代表真正經歷和擁抱「美好正向的一面」，而不僅僅是否認負面的東西，那我接受這個標籤。我完全明白，我因為這個病而死亡的可能性不小，這讓我深感哀傷。即使當我在專注於正面的經歷時，這種不愉快的可能仍是揮之不去的，但它不會在我的當下生活的中心，更像是一種失焦的矇朧的感覺。

插播一則新聞：我的血液腫瘤科小組的負責人剛剛來過，說計畫有了變化。她不希望我今天按原計畫出院。我的白血球和芽細胞計數快速上升，清楚表明活躍的白血病又開始發作了。麥凱利斯醫生希望我直接進入臨床試驗，不要有任何間歇期。所以如果我進入對照組，我將立即開始化療；如果我在治療組，**Iomab-B**單株抗體的碘—131彈頭的劑量測定會在下週某個時候開始，而不是等到十月一日。因此，我會繼續愉快地跟瑪西亞一起窩在房間裡。

因我沒有正常運作的免疫系統，我都避免走出病房進入醫院其他範圍，就算戴上口罩也不去。高級護理中心七樓沒有直接通往外面的通道，所以這代表著我已經有幾個星期沒有出去過了。但上週末，由於高級護理中心的入口被關上了，所以大廳不會有人，我和瑪西亞就走到入口處，到外面冒險去了。當天天氣很熱，陽光明媚。我不應該曬太陽，所以我們沒去散步，而是在大樓前面找到了一塊很好的陰涼處，坐在那裡，感受溫暖的風。

二〇一八年九月二十二日

高燒的祕密

昨天早上我感覺好極了，沒有任何症狀，只是小腿一側的下方有個奇怪的、鮮紅的圓形斑塊，大約有一角硬幣大小。這在前一天是沒有的。我在前一天晚上洗澡時才注意到。它觸摸起來相當柔軟。我向主治醫生提出這個問題，他要求皮膚科小組進行檢查。他們在下午來了，做了兩次採檢。唯一感到痛苦的部分是注射利多卡因麻藥時的刺痛。我當時很累，整天就在做採檢——首先是骨髓穿刺，然後是皮膚採檢。但我感覺還是可以的。

然後我的體溫開始緩慢上升。幾個星期以來，我的體溫一直在攝氏三十六．四四度至三十七度之間。這次一開始的時候是攝氏三十七．二八度，然後上升到攝氏三十七．五，然後是攝氏三十七．八三，最後越過了三十八度這個必須試圖找出發燒原因的門檻。他們在我的治療計畫中加入了抗生素。我也被安排去做胸腔X光檢查（幸運的是，這是在床邊做的）。他們正在等待包括細菌培養的皮膚採檢結果。我的體溫繼續上升，達到了攝氏三十九．七度。我感到深深的恐懼。醫生們想知道我的燒還可以上升到哪裡，但還是決定給我服用六〇〇毫克的泰諾止痛藥。

在這一切發生的同時，另一個症狀出現了。我下床並把重心放在腿上時，我感到小腿後面有尖銳、強烈的刺痛。兩條腿都有這樣的情況，所以似乎跟我左腿上鮮紅斑爛的病變沒有直接關係。腿部的疼痛非常劇烈，足以令我站不穩。幾分鐘後疼痛的程度減弱了。

泰諾大大地減輕了發燒。退燒時我大汗淋漓，希望潛在的狀況也或者在緩解。體溫降到了攝氏三十七．二二時，泰諾藥效消失，體溫又再開始上升了。嗚呼。我們又重複了一樣的週期：服用泰諾、體溫下降到可以讓我睡覺的程度，然後有段較長的時間，體溫在造成恐慌的門檻之下，然後又緩慢上揚。現在，我的體溫是攝氏三十九．二度。我還沒感覺到不適，所以醫生想看看發燒的情況。現在升到攝氏三十九．二八度了。但我仍然不覺得不舒服，所以再看看吧。我的味蕾上週改善了很多，但現在所有食物又都變得很難吃了。結果就是，現在已是下午時分，而我因為吃得不多而餓得很，但甚麼都吃不進去。這顯然是ＥＶＩ1突變這詭謀家做的好事：就是要盡其所能把我煩透為止。

醫師們還不清楚我為甚麼會發燒。他們主要還是認為，這是由於白血病而非感染引起的高燒。我的白血球計數在四天內從零飆升到六九〇〇，而且芽細胞計數也同時急增，由四天前的檢測不到的數量，到了占白血球比例的百分之四十八。當我的白血球數量達到一萬時，他們會讓我服用一種抑制白血球的藥物，像是羥基脲或其他類似的東西，令我的病情在進行臨床試驗前穩定下來。

週一可能就是隨機分配的日子了。我知道甚麼的時候，就會公布出來。

二〇一八年九月二十四日

（不）隨機分配日

今天本應是隨機分配日。住院醫生今早查房時，證實她知道的也是這樣。骨髓穿刺結果一出來，灰色的小按鈕就會被按下，演算法會開始運作，然後吐出結果。

但原來這項資訊是不正確的。初步的穿刺結果可以毫不含糊地顯示我仍有難治性急性骨髓性白血病，但那不足以觸發隨機分配。我們要一直等更精細的結果。我們剛剛（下午四點）發現，我的情況就是這樣：初步穿刺結果是明確的，但還需要一些其他的結果來滿足研究協定。

所以這又是另一個延誤了。當然有點令人沮喪，加上最近也發生過隨機分配臨時喊停。這不是取消，但依然令人失望。

半小時後（四點半），主治醫生進來，為我們提供了多一點資訊，但也還是不太足夠。他表示，問題在於缺少一些關於捐贈者資格的資訊，跟穿刺結果無關。他說那些都「只是」需要簽字的文書工作，而且「應該」會在明天之前解決。因此，隨機分配「可能」會在明天進行。這一切都讓人很不放心。

我終於大把大把的掉髮了。

對於我的頭髮，我的計畫是這樣的。如果我確定自己會進入治療組，並且會進行移植手術，我會把剩下來的頭髮都剃掉。我一直都覺得自己有個「招牌造型」，而頭髮是這個造型的一部分。我也得承認，因為我年紀大了，很多男性同儕都開始禿頭的時候，這把頭髮給了我一點不該有的虛榮心。虛榮是一種罪，是不是？小罪也還是罪。我常好奇不知自己禿頭了會長怎麼樣，但，唉，就是虛榮心作祟，所以一直沒有解鎖來看看。更重要的是，移植手術為開始禿頭提供了很好的象徵性場合：手術的實際日子被稱為零日，在此之前的十四天的程序以負十四開頭。零日也被稱為「重生日」。好吧，我就接受這個比喻。如果我在零日是個呱呱墮地的新嬰孩，那小嬰孩在出生前十四天，肯定是禿頭的吧。

二〇一八年九月二十五日

新聞速報：聯邦快遞搞砸了小鼠抗體樣本

我們終於知道隨機分配為甚麼延誤了。對我（而非捐贈者）的資格要求之一，是我沒有任何小鼠抗體（human-mouse anti-bodies）。如果接受過小鼠細胞的治療，體內就可能有小鼠抗體，而有這種抗體的話，Iomab-B治療就不會起作用，因為它會用小鼠細胞。我在六週前就通過這項篩選了：我體內沒有小鼠抗體。研究計畫要求在治療開始前的二十八天內，對這些抗體進行檢測。因此一週前，新樣本已經被送到了相關檢驗室，用來做這些奇怪抗體的測試。但聯邦快遞搞砸了，樣本花了很長時間才送到檢驗室，因此變質了。昨天樣本回來後，臨床試驗的贊助商負責人拒絕接受這個結果，說我們必須重做。所以過程就延誤了。今天上午，我們抽取了一個新樣本，按指示進行了快遞。測試結果應該在週三晚上或週四早上出來，然後隨機分配應該會立即進行。之後就萬事俱備了。

知道延誤不是捐贈者那邊的問題後，我和瑪西亞都立刻鬆了一口氣。而我是不可能在六週過後突然在體內找到小鼠抗體的。

所以，週四（或週三晚上）就是新的隨機分配日了。

二〇一八年九月二十六日

關於網誌中展現的活潑性情

今天有人問我的好友塞德曼（Gay Seidman），我是不是老是跟網誌中表現出來的一樣活潑。這種情況部分是緣於選擇偏見（selection bias）：當我真的感覺很壞時，我很少寫作。今天是個例外。我感覺完全沒力氣，也不活潑。我發燒到攝氏三十九．一七，泰諾只能壓到攝氏三十八．六一度。我也幾乎一直在咳嗽（很乾、吐不出痰的那種淺咳）。

那還不夠，連我的味蕾也回到幾乎甚麼都試不出味道的時候了。基本上我只能吃半流質的食物。所以我昨天吃的是奶油麥片、一些布丁、蕃茄汁、還喝了很多脫脂牛奶。半夜的時候又吃了點西米布丁。如果瑪西亞能給我打些她的招牌奶昔也不錯，但她把工具留在家裡了。今天有人會把它們帶來。感覺這麼糟的時候，我一般都不會寫些甚麼，但我覺得可能值得解釋一下我超乎常人的活潑。我不是在寫網誌的時候裝活潑，而是我有足夠精力的時候，才會去寫網誌。

關於隨機分配，暫時沒有甚麼新消息可以報告。我有消息的話會在這裡公布的。

二〇一八年九月二十六日

分配到治療組了！！！

我剛剛發現，我被隨機分配到臨床試驗的治療組了。所有程序都會從週一開始，先是各種醫學影像檢查的程序，然後從週二開始進行劑量測定研究。十月十二日週五開始，我會接受隔離。而我接受骨髓幹細胞捐贈的日子是十月二十三日（零日，即我的重生日）。

我放下心頭大石。現在一切就緒了。

二〇一八年九月二十七日

「除了快樂，你還有別的症狀嗎？」

主治醫生今天像往常一樣來了，看看我的情況，跟我討論一下治療和其他計畫。我說：「我感覺沒有什麼症狀。」發燒已經退去，咳嗽幾乎消失了。我甚至不覺得累，開心得不得了。我們討論了即將到來的，從血液腫瘤科到移植組的轉變。他保證說一切都會很順利。談話要結束時，他說：「除了快樂，你還有別的症狀嗎？」

昨天晚上的夢

我夢見自己在外面，坐在一張高背的老式椅子上。這是春季的一天，一個風和日麗，春色滿園的春日。薩菲拉和弗倫向我跑來。他們拉起我的手，弗倫在右邊，薩菲拉在左邊。「爹爹，跟我們走吧，跟我們走吧。」他們差不多有九、十歲，但他們同時也只有三歲。我們手拉手走在一條小路上，兩側是和緩的樹林。我們來到一片開闊的草地上。有蝴蝶，有歌唱的小鳥，抬頭是晴空萬里。就是這樣了。如此幸福的夢，充滿對未來的承諾，沒有悲傷的影子。

＊＊＊

在隨機分配前，我在九月二十四日寫過，如果我被隨機分配到治療組的話，就會把剩下的頭髮都剃光，以紀念這個時刻。嗯，今天就是剪髮的日子了。

二〇一八年九月三十日

藥丸之美

今天的7CFAC十四號病房沒有甚麼事情發生。除了疲累和混亂的味蕾外，基本沒有症狀。為了應對前者，我睡了兩個長午覺。為了應對後者，我喝了各種飲料，因為就算沒有固體食物是可口的，好喝飲料的選擇還是很廣闊：咖啡、V8蔬菜汁（四罐六盎司），以安素（Ensure）為基礎，加了蛋白質和冰淇淋的巧克力奶昔（暫時喝了兩杯二十二盎司），一杯瑪西亞打的草莓奶昔，一杯學生買來的，有強化蛋白質的芒果奶昔，一杯草莓安素營養品，兩杯八盎司脫脂牛奶。這就是我一天的美食了。

早上要吃的藥丸琳琅滿目。B12維他命太臭了，我把它和其他的隔離開來。在肚子上打的那針血液稀釋劑（blood thinner，即抗凝血劑），其實是我用來犒賞自己的，沒甚麼大不了。四顆粉與綠的雙色膠囊是最重要的：羥基脲，一種化療藥物，在移植前的這段時間裡，它能控制我的白血病。所有其他藥丸，都是是為了處理其他大堆問題而吃的：抗黴菌、抗病毒、抗細菌、抗便秘。大量的「抗什麼」藥物。把它們全部放在一起，就是一幅漂亮的畫面了。

二〇一八年十月一日

Iomab-B臨床試驗的第一天

今天，我正式從血液腫瘤科被移交至移植小組。之後第一件事，就是去核子醫學科，拍一些我的身體的基本影像。意思就是，我被綁在一個會滾動的桌子上，然後滑入一個儀器中。我想這是個正子斷層造影掃描（PET Scan），但不太確定。當我的手臂被牢牢綁在兩側時，唯一問題就是我鼻子開始發癢了。這肯定是欺騙大師洛基在搞鬼：有甚麼比你抓不到的癢更惱人？

但洛基不知道的是，通過冥想練習，我已經學會了如何在不抓癢的情況下，化解討厭的發癢：你要做的就是把所有注意力集中在癢處，然後當你用嘴呼氣時，假裝你是通過癢處呼氣。兩三下呼吸後，癢就會消失了。我被綁在正子斷層造影儀上時，成功消解了一次鼻癢、一次耳朵癢，還有一次頸癢。

明天是重要得多的劑量測定研究。從早上七點半開始，持續大約六小時。我在十月十二日進入鉛房隔離時，會接受一個低於治療劑量的放射性單株抗體。輸液要三個半小時，然後他們會做一系列的造影，觀察放射擴散的情況。這種放射性影響會很奇怪，因為所有輻射都來自我的體內。

傳送人員來到我的房間，帶我去做那些掃描的時候，正是密爾瓦基釀酒人隊對上芝加哥小熊隊，在國家聯盟中區封王決勝加賽的第八局上半。當我們在走廊上彎彎曲曲地前行時，我一直在觀看。在每個工作站，我都在看比賽。當我到達核子醫學科的時候，密爾瓦基釀酒人以三比一領先；當我出來的時候，他們已經贏了。小熊隊現在必須在外卡賽中，與科羅拉多洛基隊對決，以獲得季後賽的第四個席位。我希望他們能贏。如果他們贏了，那麼他們就會與釀酒人隊打一場五戰三勝的系列賽。我在醫院裡又會有很多樂趣了。

我的侄女貝西蓋爾（Betseygail）每週都送我一件禮物。她的母親（我的姐姐歌蓮）大概十年前患上食道癌的時候，我每週都送她一件禮物；我當時的理由是，那她就會不捨得療程完結的一天了。現在貝西蓋爾也依樣畫葫蘆。這週她送我的是一支魔杖。我想，你們可能會喜歡我回覆她的電子郵件吧：

我打開包裹，裏面是我渴望已久的東西：一根魔杖。我搖晃着它，看着裡頭美麗的星星翻滾起來，確實很神奇。我把它對準一個枕頭，說：「我的天哪，卡拉馬祖，把那個枕頭變成一兩隻小犀牛吧。」魔杖笑了起來。我把耳朵放在它旁邊。「你說甚麼愚蠢的『我的天哪，卡拉馬祖』呢？這不是稱呼魔杖的方式。

「那我該說甚麼？」

「為甚麼你不試試講些端莊的話呢，例如『胡說八道、胡說八道』？」

「好吧，我試試。胡說八道，胡說八道，把我的枕頭變成小小的，只有一寸大小的一群犀牛吧！」

隨著一陣霧氣，一隻小犀牛，不比大拇指第一個關節大的小犀牛，從枕頭裡探出頭來，開始在床上漫遊。然後是另一隻。再來一隻。很快，就有兩三百隻小犀牛在我的床上遊蕩了。這些亂七八糟的東西：他們又彈又跳，互相撞頭，更不用說還拉屎了。有幾隻掉下了床，就像全尺寸的犀牛掉下了懸崖一樣。但牠們是如此之輕，掉下去根本沒有影響到牠們。

但我必須阻止這一切，我畢竟身處為急性骨髓性白血病患者而設的無菌癌症病房，不能讓小犀牛到處拉屎。

「胡說八道，胡說八道，讓小犀牛們和牠們的副產品消失吧，不要再有更多犀牛從枕頭裡蹦出來了。」

又一陣霧氣之後，一切回復正常。我鬆了一口氣。我還有個願望可以用，因為我們都知道，魔杖，魔杖，魔燈之類的東西，通常都會給三個願望的。我站直身子，表情嚴肅，字正腔圓，咬字清晰地說：

「胡說八道，胡說八道，讓我的白血病消失得無影無蹤吧！」

魔杖開始大笑起來。「你沒有剩下的願望了，你把它們都用到小犀牛上面了，真可憐吶。」

「甚麼？」我不敢置信地驚呼：「我不是有三個願望的嗎？那不是老規矩嗎？」

「通常是的。」魔杖收起了笑容。「但洛基說要作弄你一把，所以給你減少了一個願望。洛基就是這樣的。」

哎。在這個悲傷故事的結尾，我還能說甚麼呢。可是，我至少看過床上有數百隻犀牛走走跳跳呀。

愛你的里克叔叔

二〇一八年十月二日
臨床試驗的第二天

今天是重大行動的第一天：進行劑量測定研究，以確定實際治療的劑量標準。這包括了進行六小時的Iomab-B單株抗體輸液，然後再對我的身體進行造影，看看放射性抗體的去向。在接下來的一週裡，這種造影將會重複好幾次，在這個基礎上，為十月十二日我在鉛房隔離室中的全部藥量確定劑量。

這一天的主要大事發生在早上。我醒來的時候有點不舒服，有些噁心和疲累。上午十點左右，我被傳送人員接走了，走過彎彎曲曲的走廊時，我從輪床的側邊欄杆上吐了出來。天啊，感覺真好！雖然弄得一團糟，但之後我感覺好多了。

至於六小時的輸液，我大部分時間都睡得很沉，因為處理放射性抗體潛在反應的雞尾酒藥物中，包括了苯海拉明。所以我完全暈了過去。

二〇一八年十月六日

解釋一下不常更新的原因

有兩件事發生：第一，醫院的無線網絡壞掉三天，而我又很討厭用手機打字。所以我現在是念給瑪西亞打出來的。第二，這是我所經歷最艱難的時期之一，在我能好好地寫篇文章的時候，再多講一些吧。我今天好多了，將在十月十二日開始的一切，也還按步就班地進行著，而二十三日我就會進行移植手術了。

二〇一八年十月九日

要寫的事太多了

這是十月九日週二下午，大約下午兩點。我開始接受碘—131治療，這種治療會使我處於三到五天的隔離狀態。我已經有一段時間沒寫網誌了，因為我的身體已疲累不堪，真的無法寫作。但是現在我有點精力，還有很多東西可以寫。當我精力耗盡時，我將盡可能地發表我已寫下的東西，然後當下次可以的時候再繼續寫。

來自學生們的禮物

今天下午，我的兩個學生，彼得（Pete Ramand）和克里斯（Kris Már〔Arsælsson〕）來探望我，又給我帶來了我想得到的，最特別的禮物：一本數位剪貼簿，上面記錄了人們為國際骨髓捐獻登記冊做棉棒採檢時的自拍照。我知道一些學生一直在鼓勵其他人報名加入登記冊，但我不知道有個 #Swab 4 Erik（#為艾瑞克做採檢）的活動，而且還有一百多人因此成為捐贈者。這本剪貼簿精彩極了，滿滿都是照片，有些嚴肅，有些有趣，有些充滿了愛。收到這個消息時，我情緒非常激動，淚流滿面。他們寄給我一個連結網址，你可以在這個頁面上看到剪貼簿：http://bit.ly/2BRXyou。

剪貼簿還有張 Be the Match 骨髓資料庫給 #Swab 4 Erik 做的一張海報的圖片。

Erik
Olin
Wright
SWAB AND SAVE A LIFE
Join the marrow registry!
#SWAB4ERIK
Join the Be The Match
Registry by scanning the
QR code using your
phone's camera, or by
using the link bellow.
join.bethematch.org/swab4erik
BLOOD CENTER
BE THE MATCH

艱難的一週

如果你還記得的話，我上週很少發網誌，因為醫院的無線網絡出問題了。這是當時發生的事情。

上週二，十月二日，我接受了一次低於治療劑量的Iomab-B單株抗體治療。那是在醫院的核能醫學設施中進行，過程緩慢的五小時輸液。我大部分時間都在睡覺。晚上我又開始咳嗽了，而且很累。為了對付咳嗽，我服用了不含可待因的諾比舒（〔Robitussin〕因為我討厭可待因〔codeine〕的便秘作用）、苯佐那酯（Tessalon Perles）和苯海拉明的組合。這套藥以往非常見效。但現在不是效果愈來愈差，就是我的咳嗽愈來愈嚴重了，所以夜裡情況變得更糟。長時間的輸液也透過靜脈注射苯海拉明來防止副作用，結果是睡得很好。我醒來之後感覺還不錯。

然後晚上又出狀況了。到了週三，我的心率突然從每分鐘七十次跳至一六〇次。那是全面的心房撲動[33]，非常嚴重，必須加以控制。心臟科小組被叫來了，他們安排我服用各種藥物，試圖要讓我的心率下降。這是自四月以來，我第一次真正感到害怕的時候。這可能會讓我失去參與臨床試驗的資格，大大降低我成功進行幹細胞移植的機會。但與此同時，二十五年前我有過一次心

33 譯注：心房撲動（atrial flutter）是一種常見的心律不整狀態，起始於心房，通常突然以心悸、呼吸困難和暈眩的形式出現。

臟病發，所以可能有心臟併發症的想法特別讓人可怕。心臟科小組說他們有四十八小時來控制病情。到了週五，我的心率降到了一三〇，但仍然太高，也仍然處於心房撲動狀態。所以他們決定把我帶到心臟外科手術室，對心臟進行電擊，嘗試重置心跳。這就像你在電視節目看到的那樣，用電擊板將病人從心房顫動中喚醒，不過在個更受控的環境進行而已。我做了全身麻醉，所以完全不知道發生了甚麼。電擊奏效了，我的心跳回到八十上下，之後再沒變動。

與此同時，討厭的咳嗽仍在持續。我忍不住了，開始服用可待因。咳嗽開始了，便秘也開始了。胸腔科小組被叫來了。在我被隔離之前，必須找到咳嗽的原因。做了許多不同種類的測試後，沒有發現感染。胸腔科小組說我們要做個支氣管鏡檢查，但那時已經是週六了，唯一的辦法是讓我住進內科加護病房（MICU）。自九月四日以來，我一直住在高級護理中心的七樓，而我在十月十二日本來就要移到八樓去，準備隔離的。我們一直在等有房間空出來。支氣管鏡檢查會在下午六點進行，所以我們搬出了7CFAC十四號房，把大部分的東西塞進車子裡，然後搬去了內科加護病房。

我只經歷了支氣管鏡檢查過程前面的部分，之後就全身麻醉不省人事了。醫生用一塊布托住我的舌頭，又在我的喉嚨後面噴上利多卡因。我讓它在嘴裡翻滾了一下，讓我的喉嚨深處麻痺起來。我們這樣重複了五次。然後他們用一根小管子，將所謂的「快樂氣體」送進我的肺部，以探索電腦斷層掃描檢查發現的兩個區域。這兩個區域都有炎症，但沒有感染。問題肯定是我腹部膨脹，肚子裡的液體壓迫了這些發炎的區域，導致咳嗽。

週日，我搬到了8CFAC的十二號房間。床邊超音波的醫療小組來了，希望更精確地定位液體。「這不是液體，」床邊超音波小組的負責人說。她像個鼓手一樣敲打著我嚴重膨脹的腹部。在麥迪遜交響樂團，我們坐在舞台最右邊的包廂座位區，下面就是我們都崇拜的鼓手。她一定是在幫我調音了：呼呼、呼呼呼。我開玩笑說，如果密爾瓦基交響樂團需要一個新的鼓手，我是可以的。

超音波結果回來了：肚子裡沒有液體。誰會把水裝到鼓裡呢？

下一站，週一的時候，我們會做更多的放射科檢查取得影像，以準確了解空氣的位置。運送人員把我帶到了放射科，拍了X光影像。啊哈！原來不是空氣，而是前段結腸中累積的糞便，或類似的東西，使我的腸道膨脹，我想也是因此讓我的肚子鼓起來了，而且腸道裡也有氣體。但問題主要不是肚子裡的氣體或液體。所以，我們的抗便秘方案升級了。週二早上四點左右，我開始從便秘轉向了腹瀉。到了上午十點左右，我就完全轉換模式了。還不錯，沒有絕望到要帶著點滴架衝刺，沒搞出亂子，但是鬆了一口氣。

到了週二中午（今天），所有的系統都穩定下來了：心率維持在八十上下，體溫攝氏三十六．一一度上下，氧氣吸收率高於百分之九十五，血壓為一一○／六十；腹部的膨脹在消降中。一切都回到不錯的平衡狀態，可以進行臨床試驗了。我如釋重負。我已經沒有力氣了，全身都累得不行。這篇網誌寫到中間，我一度睡了一場長覺，因為累得眼睛都張不開了。現在是下午六點，藍芽音響在大聲播著我iPod古典音樂歌單中的《布蘭詩歌》（*Carmina Burana*）。我通常只會播放古典音樂當作背景音，如果聲音太大，我寫作的時候就會分散注意力。但今天，我覺得需要聽點宏大的，強勁的音樂。

這是首很不錯的長篇作品，全長一個多小時。而現在，就在我寫完關於過去一週的文章時，我已經接近樂曲的尾聲了。結尾是如此精妙絕倫。在離結尾大概十分鐘的時候，有一部女高音的聲音引領著空靈的旋律飛上雲霄，然後整個合唱團以洪亮的合聲加入，管弦樂團也開始全體大合奏，鼓樂敲擊聲勢浩大。然後又回到了安靜的斷奏部分。這段重複且縈迴不去的人聲，正是整首作品的標誌性主題（motif）之一。木管樂器與合唱團一起演奏這段重複的節奏、重複的主題。歌詞是拉丁文，誰也不關心是甚麼意思。然後，「砰！」的一聲，那是合唱團能做到的最響亮的聲音——管弦樂團此刻也全力以赴了，仍然是那個重複的動機，所有聲音在結尾激烈地碰撞，在歡快的合奏中，音樂中每一絲力量都在鳴響。這就是終結了。

痛苦而艱難的悲傷時刻

我的母親在今年夏天七月三十一日去世，享年一百歲半。我一直陪著她，直到她去世前一小時左右，本來是計劃晚飯後再度回去的。四月，當我剛被診斷出患有白血病時，我就決定不告訴她我得了這種病。事實上，最初我是打算告訴她的，但當瑪西亞和我去她居住的輔助生活院舍時，社工師說她認為這會讓母親的焦慮程度更嚴重。這也可能導致她焦慮到完全失控，情緒會崩潰。所以我選擇不告訴她。而且，無論如何，我覺得她不知道的話會開心一點。

這個週六，瑪西亞的父親鮑勃（Bob Khan）、妹妹珍妮特，珍妮特的妻子蘿西，還有瑪西亞的姐姐茱迪都來看我了。鮑勃和我們一起生活了幾年，現在他要起程去佛蒙特州的伯靈頓，跟珍妮特和蘿西一起生活。至少，他要在那邊直到我們能以正常情況回到麥迪遜為止。他已經一百零五歲了。我們好好的交流了許多關於生命、死亡、世界、政治的，你想得到的所有問題。我認識鮑勃五十三年了；我自己的父親早在我三十四歲的時候就去世。當我生病的時候，鮑勃知道所有的細節，讓他非常痛苦和傷心。

在鮑勃探訪離開後，我敏銳地意識到，我跟母親在她生命最後階段的關係，和我與鮑勃之間的關係之間的對比。我向母親隱瞞了我的痛苦，以希望她不用經歷任何痛苦。而我跟鮑勃之間的連結，卻因為我的痛苦而得到加強，這既是因為我們分享了一些對話，也因為我們分享了渡過這段艱難時期的經驗。

當然，母親和鮑勃的精神狀態是完全不同的。不過，在四月的時候，她還是能理解我這個病的嚴重性。她的認知能力足夠完整，可以和我談這個問題。我問自己，如果我活到一百歲，我珍愛的女兒或孫兒女之一患上了能威脅生命的疾病的話，我會想知道嗎？我是否寧可「更快樂」而寧願被瞞在鼓裡？現在問自己這個問題，答案是明確的。我會想知道。我會想分擔痛苦。

我不認為，那就一定代表著我在母親那邊作出了錯誤的選擇。對於母親來說，問題不僅僅是她會有多大的幸福感，還包括這些消息，會不會讓她整個生活崩潰。這些年來，我一直是母親生命的支柱，是她依賴的對象。她住在一家很好的輔助生活院舍裡，得到很好的照顧。他們要處理她的焦慮問題，後期也用上了藥物。因此，她若知道我有白血病的話，這個現實情況也意謂著她不得不服用更多的藥物。因此，在她生命的最後幾個月裡，她會變得愈來愈不像「自己」，又更難感受到自己在這個世界的存在。我們沒有告訴她，為的就是避免這樣的風險。也許這是正確的事，但沒有讓她分擔我生命中的這場掙扎，我是覺得遺憾的。

二〇一八年十月十一日

準備升空

我一直在思考，對於我明天就要進入的隔離時期，甚麼才是最好的比喻。我很快地想到了兩個：第一，監獄裡的單獨囚禁，或第二，單獨執行任務的太空人。昨天的感覺比較像單獨囚禁，因為我正處於那種無精打采的狀態。我在下午一點半強逼自己去上運動課，雖然我們在課堂上做的練習都很溫和，我還是覺得是項大挑戰。

課上到一半的時候，瑪西亞來告訴我，醫生要我去做腹部掃描，以便更準確地看看我左側那些尖銳的不適感的來源，所以我在六個小時內不能吃喝任何東西。但我已經很口渴了。我之前接受了靜脈注射的來適泄（Lasix），一種相當強的利尿劑，能幫助我排出多餘的水分。它一直有效地發揮作用，但通常我不會被要求禁止喝任何東西，連啜冰塊也不可以。這是在升空前一天對待太空人的方式嗎？不是，我去的肯定是地牢的監房。

但我錯了！原來他們只是想把我的腹部掃描拍好而已。他們做到了，並認為我的脾臟略有腫大，這是白血病的預期影響之一。然後今天他們說：「喂，雖然技術上艾瑞克只需要一個單位的紅血球來提高他的血紅素，但為甚麼不給他兩個單位呢？」這才是在升空前一天對待太空人的方式。所以，能肯定的是，明天起的五天，我將從核子醫學開始，先輸注Iomab-B碘—131武裝的抗體，希望在白血球和造血幹細胞上找到抗原標靶。我將成為一名太空人。

現在是下午九點，我在新的隔離室裡，雖然還沒有開始隔離。音響播著舒伯特悠揚的鋼琴曲。我休息充足，而且在這週第一次感到自在。今天晚上，我就要跟過去七十一年勞苦功高的骨髓幹細胞說聲再見了。不過它們也是時候離開了，我會以碘—131為它們送行。然後，到我不再帶放射性，對他人構成危險之後，又會加入一些有毒的化學物質進行調理，盡可能地清理我的骨髓，以盡量接近真正的骨髓消融（即完全消滅骨髓）。之後我將進行全身放射線照射，以完成殘餘癌細胞的清理工作。再之後，在十月二十三日，我會被注入新的幹細胞。那就是零日了。

親愛的家人朋友們，今天晚上，你們都在我的心裡。在我們走到這一步時，過去的幾個月裡，我從你們那裡體會到的愛和連結，對我來說意義重大。我曾經把我對這個病的印象描述成一個故事，但今晚我真的覺得那是趟旅程，一趟我和你們所有人一起走的旅程。

二〇一八年十月十二日
第一天，升空日

早上八點半

我想即時寫下我在即將到來的隔離期經歷，把你們都帶在身邊。雖然這最終也可能沒那麼有趣。隔離主要就是意謂著我必須自己照料一切。不過，唉，我不會在窗外看到我們那個綠綠藍藍的星球在星海中漂浮的壯麗畫面，只有醫院直升機的起落架，和遠處密爾瓦基的樹木。但還是等著看吧。現在，我要服用一大堆藥物，要自己在肚子打一針，還要喝杯咖啡。輻射防護人員等一下會來，包裹剩餘的未包裝好的物品——手機、iPod、揚聲器、iPad、還有為我的工作站提供的辦公椅。

我的想法是，或多或少地將這些網誌積累成每日一篇的紀錄，但我現在就把這篇送出去了，因為現在還是升空前。我把今天上午晚些時候將進行的碘—131單株抗體輸液，定義為「升空」。穩定的航行在四．二小時後，輸液完結時開始。我認為，這是一次人造衛星探險，而不是登月之旅。我們還是要現實一點的！我的深切願望是，我不要跟可憐的萊卡分享同一命運。那隻可憐的蘇聯太空狗[34]，在一九五七年十一月三日重返大氣層時被燒死了。

二〇一八年十月十二日

升空了

中部夏令時間上午十點半，地球美國威斯康辛州密爾瓦基市

我升空了。我小時候會在自家地址前加上地球、太陽系、銀河系、恆星系、宇宙。現在似乎很適合做這種事情。我變得很睏，因為前期的藥物包括了高劑量的苯海拉明。不需要抵抗睡意，所以我去睡覺了。

34 譯注：萊卡：一隻蘇聯太空犬，本來是一隻在莫斯科的雌性混種流浪犬，一九五七年在低軌道衛星史普尼克二號重返大氣層時死亡，是歷史上最早進入太空的動物之一，也是第一隻進入地球軌道的動物。

中午十二點四十五分

茱海拉明有點失效了。我決定還是盡可能地多下床活動，不要把躺著變成我的基本狀態，只有在做甚麼事時才起來。所以我起來了。今天早上的主要行動，是在頭一個小時每十五分鐘測一次我的生命徵象，然後是每半小時一次。茱海拉明會把我打入真正的睡眠狀態，然後護理師會喊：「要測生命徵象了。」我會叫醒自己，先做血壓監測，再測體溫。我向護理師喊出數字，然後又睡去。背景播著音樂，最後一首是史特拉汶斯基的《火鳥》組曲。再一次，結束的樂段深深撼動了我：如此壯麗，對我的「重生」又是多麼有意義。有位護理師從門縫探出頭來，問我這是甚麼曲子。我告訴她，又將最後超世絕倫的五分鐘再播了一遍，像幾週前那樣，把喇叭開到最大聲。這一次，樂曲結束後觀眾掌聲如雷。我覺得這掌聲是給我的。

下午一點四十五分

我一直說這個房間是「鉛防輻射」的，這是誇大其詞了。基本上，輻射防護人員所做的，就是在房間裡，我幾乎所有時間都在的那部分，和房間的其他部分之間，建立了一些由可攜式屏蔽板組成的屏障。這種隔離並沒有我想像的那麼像太空人，因為護理師和輻射防護人員都會戴著人員劑量佩章出入房間。

我剛剛跟放射科小組的主管愉快地聊起了即將開打的棒球賽，還有對密爾瓦基釀酒人的期望。

二〇一八年十月十二日

自由漂浮

下午五點四十五分

我現在在地球的低軌道上平穩運行著。一個多小時前輸液結束了，因此我可以跟右手手指上的血氧監測器斷開了。用一根手指打字真的很痛苦，但現在這種痛苦消失了。不久之後，我的點滴架也被解開了！通常情況下，PICC導管還會與管子相連，生理鹽水緩慢的滴注，「以保持管子暢通」。但在隔離期內，除非我是在接受藥物治療期間，他們似乎要小心翼翼地讓我斷開這些連接。

這時，iPod正在播放舒伯特的《鱒魚五重奏》（*Trout Quartet*）。這是一九六九年，由大提琴家杜普蕾（Jacqueline du Pré）、小提琴家帕爾曼（Itzhak Perlman）、中提琴家祖克曼（Pinchas Zukerman）、低音提琴家梅塔（Zubin Mehta）和鋼琴家巴倫波因（Daniel Barenboim）合奏的精彩錄音。這場演出令人深有感觸，因為我們現在知道，演出後不久的一九七三年，杜普蕾被診斷出患有多發性硬化症。這個病結束了她的職業生涯。她四十二歲就撒手人寰了。但在這場演出中，她年輕又充滿活力，才二十四歲，正處於她的嶺峰時期。而且，多麼好的一個組合啊！這些年輕人中的所有其他人都和我差不多年紀。他們在之後的四十年，通過音樂，讓世界變得更美好了。這個錄音收錄在一部關於這場演出的紀錄片中了[35]，所以又令這個錄音更特別。這可能不是舒伯特這首佳作的最好錄音，但我喜歡它。而在這場演出的四十年後，我在這裡聽著它，一邊對你寫下這些話，一邊繞著地球自由飛行著。

下午六點四十五分

瑪西亞來了，給我捎來了些蘋果。我對好蘋果是異常挑剔的。它要結實，又要爽脆、多汁、清甜。瑪西亞成功做到了其中的兩項。她沒能進房間，但她在走廊上跟我揮手了。很快護理師就會幫我帶來晚上要吃的藥。現在我試試跟珍妮視訊聊一下吧。

下午九點半

這一天差不多完結了。晚上最後一堆藥我都服完了。瑪西亞和我幾乎同步看了《遺骨懸案》（*Unforgotten*）的最後一集：我們用FaceTime視訊通話，所以可以向對方微笑，通過不同的設備在亞馬遜Prime Video看了這一集。這個系列真了不起，是我們看過的最有趣的作品之一。同步觀看跟在同一個地方一起看不一樣，但也不錯了。ＥＳＰＮ的音訊應用程式播著密爾瓦基釀酒人隊的比賽，他們正以五比一領先。跟醫院裡不同的醫護人員閒聊時，聊球賽真的很不錯。

因此，隔離的第一天在任何方面都一點不苛刻。事實上，我在身體和精神上都覺得很自在，太奇妙了。這是個奇怪的時刻。六個月來，我們的目標都是進入Iomab-B的臨床試驗的移植組。我們現在就在這裡了，隔離階段已經完成了不少，在這個階段，由於我的放射性，我對其他人構成了危險。每個人都在優雅地處理這種悄況，而隔離也沒有苛刻到讓我覺得我跟他人完全隔絕。

二〇一八年十月十三日
第二日，地球航行軌道上

這個病是反覆無常的。以前也有過一些時候，我會突然感覺非常好。不僅僅是「沒病」，而是真的很好，就是我以前說過的，在自己的身體裡很自在的感覺。今天也是這樣。我不預期這種情況會持續下去，我的白血球計數和嗜中性球計數都在急劇下降。我預計會發燒，也許不是因為感染，而是含糊的「嗜中性白血球低下併發燒」。未來可能是這樣了，那就隨它吧。反正今天很好。我甚至大膽地點了一份歐姆蛋早餐，我可能會吃不下去，但我覺得值得一試。

35 譯注：由克里斯多弗・努本（Christopher Nupen）執導的紀錄片，在一九七〇年出品，記錄了五位優秀古典音樂家一九六九年在倫敦南岸伊利莎白女王音樂廳的演出。

我在8CFAC九號病房窗戶看到的景象，跟我在CFAC七號病房看到的是一樣的。從窗外往下望是一個平坦的屋頂，還有對面的直升機停機坪。在CFAC七號病房，那個屋頂就在窗外，所有的建築材料，都被組合成我自己的美麗雕塑花園，而我在上面俯瞰著它。九月的時候，在我房間斜對面的一扇窗戶裡，擺滿了許多漂亮的樂高建築模型——倫敦橋、華麗的維多利亞時代的建築、旋轉木馬。當中很多模型裡都有燈。它們靠著窗戶一字排開，所以當窗簾拉上時，很容易看到它們：晚上，它們的燈亮著；在清晨，它們被太陽照耀著。房間裡那位年輕女子，我想她只有二十多歲，正因骨癌面臨著人生的終結。瑪西亞跟她的父親交談過，他跟瑪西亞說，女兒的病已經沒甚麼可以做的了。在我們在CFAC七號病房的走廊裡走一．六公里「骨拉松」的時候，她的房門是開著的，所以瑪西亞和我可以偷看一下。裡面聚了很多人，我確定那些是她的家庭成員吧。我們受邀進房一陣子，欣賞一下病人周圍的樂高世界。那位年輕女子躺在床上，身上掛著兩根靜脈注射管和氧氣。在一張大桌子上，一個年輕男子，也許是她的兄弟吧，正忙著做一個新的樂高建築模型。她的父親向我們展示了他們剛買的最新建築套裝：雪梨歌劇院，看起來有五千片。他們在房間裡布置了一個輝煌建築的幻想世界，那是對生命和熱情的肯定。

這天早上，我望向那扇有樂高建築模型的窗子。窗台現在空空如也。我心碎了，哭了起來。

上午十一點半

整個上午，我都在平靜地寫給孫兒女的信。我照例拿到了一堆要服用的藥物，又在肚子打了一針，但這些都被放在托盤上，推到櫃台下，讓我想處理的時候才去處理。除此以外，上午就只有我、我的iPad和iPod播放的舒伯特四重奏。

我在給孫兒女寫的這一節信，叫做「政治學入門」。我想我在之前的網誌中提過，我曾想把這段留到信的後段，在我講完童年的故事之後。但在我談到一九五〇年代我祖父母的時候，如果不談冷戰和共產主義，就不可能解釋他們的生活和對我的影響，而如果不對政治和社會正義進行某種基本討論，也無法談冷戰和共產主義。所以我決定先寫個以好學的十二歲小孩為對象的進步政治學入門。寫這個實在太好玩了。我正試著將事情簡化到基本，最核心的東西，然後又再加入一些複雜的內容。我認為這對一個追求智識的十二歲小孩來說是可以理解的，但對一些人來說就可能不太有趣。我希望薩菲拉、弗倫和艾達在十年後，都會對政治思想感興趣。但無論如何，他們會擁有這個紀錄，知道我對這些問題的看法。

中午

來自地球的短暫插播：我要接上點滴架以獲得血小板，因為早上的抽血結果顯示，我的血小板數量已低於臨界值。我現在也有嗜中性球缺少症，即幾乎檢測不到白血球或嗜中性球。但在昨天輸了兩個單位的血後，我的血紅素數值仍然很高：九．二！這仍然遠遠低於正常的下限，但對我來說很高了。難怪我覺得能量水平如此穩固。我知道大量輸血是有代價的，但我將與移植小組討論這個問題。但以現在來說，這個門檻很好了。

瑪西亞跟她從加州遠道而來的好友愛倫（Ellen Zucker）過來了一陣。在我半隔離的這段期間，她們會下榻在醫院對面的旅館。她們不能進房，但我可以開著房門，交換一些溫暖的話語，還有揮手。

二〇一八年十月十四日

第三天，在低地球軌道上運行

早上八點半

昨天下午我突然不再寫網誌的原因，是因為我產生猛撞：我的太空艙沒事，我也還在獨自運行著，但是我的身體狀態突然撞牆了。突然間，我從自在又精力充沛，變成完全不自在，而且疲累不堪。在這一天的其餘時間裡，我只能勉強處理我必須做的基本工作：記錄我的生命徵象、吃藥、下床去廁所。看來，我在這天的前半部分所擁有的幸福健康的感覺，很大程度上是因為在

Iomab-B臨床試驗開始時服用了高劑量的類固醇的結果。當藥力減退後，我撞毀了。當我知道可能跟類固醇有關時，失望透頂。我曾經以為昨天早上的精力十足的感覺，反映了我身體的恢復能力，我的韌性，甚或只是這個病的反覆無常。但事實證明，這只是類固醇的人為結果。

夜裡也特別難受，我也感受到放射性隔離的現實了。以前在夜裡，當我感覺很壞時，瑪西亞都會在那裡拍拍我的頭，給我揉揉背。這種身體接觸，讓事情好轉了很多。昨晚我完全只有一個人。今天早上我感覺好了一點，好到可以寫這篇文章，吃藥，給自己注射依諾沙星（Enoxaparin）。然後我又回到床上。也許睡多點，可以令我回復一點活力。

下午四點十分

今天一整天，我都在床上睡著，打著盹，迷迷糊糊的。我決定無論如何，我都應該試著坐起來最少一陣子。大部分時間我都在聽音樂。我平常很喜歡聽有聲書，但現在當我聽有聲書時，我不得不一直回轉到我打起瞌睡的地方。我的朋友（也是以前的老師，半世紀前，當我上帕森斯[36]的一門課時，他是那門課的助教）馬克（Mark Gould）在電郵中推薦了一些音樂，大多數都是

36　譯注：塔爾科特．帕森斯（Talcott Parsons，一九〇二—一九七九）：美國哈佛大學著名社會學者，是上世紀中期最具代表性的社會學家之一。帕森斯是結構功能論的代表人物，代表作品為《社會行動的結構》。

晦澀難懂的，至少在我的曲目中是這樣。我先試著聽梅湘（Messiaen）的《時間盡頭的四重奏》（*Quartet at the End of Time*）。助教給我的功課我是一定會做的，所以我去聽了。我相信如果在演奏會上聽到的話，我會喜歡這首曲子，而且部分內容很切合我現時的情況，但還是離我的口味太遠了。然後我聽了他推薦的一首帕爾特（Arvo Pärt）的作品，叫《給愛蓮娜》（*Für Alina*）。這首曲子精妙絕倫，而且很適合現在的我。我想我以前應該沒聽過。那是首鋼琴獨奏，非常緩慢，沒有誇張的聲音，大部分是單音，而不是和弦，大部分在鋼琴的最高音區演奏，偶爾會降到最低音的區域。

馬克說這首曲子憂鬱黯然，確實如此，但它也是撫慰人心的，最少對我來說吧。音樂中有很多停頓和猶豫，還有一些長時間的沉默。不知何故，對我來說，《給愛蓮娜》就像在說著：「不抱著任何期望地漂流吧，此刻既艱難且悲傷，但一切都會好的。你也可以覺得悲傷。」現在我已經聽了三次，一次是十分鐘的版本，另外兩次是二十分鐘的版本。我喜歡較長的版本，就是因為它比較長。（我剛剛收到馬克的另一封郵件，他說這首曲子要用不同的長度來演奏，所以我聽的兩個版本，都不是權威的版本。但我把較長的那個版本，加到我在Youtube上的古典音樂播放清單裡去了。）

現在，也是在馬克的提議下，我正在聽柯川[37]的《抒情歌》（*Ballads*）。我從來都不怎麼喜歡爵士樂，我喜歡當成「背景音樂」，但一般來說，我在聚神聆聽的時候都無法與它產生聯繫。但我想要試一試。五十三年前的一九六五年十月，我和瑪西亞第一次約會，就是去聽史坦蓋茲（Stan Getz）的一場薩克斯風爵士音樂會。我並不特別喜歡那場音樂會，但我立即知道瑪西亞是個特別的人。所以半個世紀後，我現在就在這裡，在福德瑞特醫生的8CFAC九號病房，聽著柯川的薩克斯風。他的音樂妙極了。而且，想想看：我竟然可以在這個醫院病房（即是我的太空艙）跟一位老朋友互通電郵，而這位老朋友又向我建議了些他認為在目前的狀況，對我會很有吸引力的樂曲。而我要做的，就是把這個建議放到Youtube的搜索欄裡，然後我就會被帶到一九六三年錄製的美妙的唱片中，沉浸在薩克斯風空靈的聲音中。這些都讓我不論是在身體上，還是精神上，都感覺更好了。

晚上八點

這天差不多要結束了。我成功地坐起來四個小時，相信我，這是一項成就。我在Netflix上看了一部電影的頭一個小時。電影叫《〇七二二：極右挪威》（*July 22*），是關於二〇一一年新納

37 譯注：約翰・柯川（John Coltrane，一九二六—一九六七）：美國爵士薩克斯風表演者和作曲家。

粹分子襲擊挪威青年營的事件。我在全國公共電台（NPR）上聽到關於電影的討論，想看看它是怎麼處理這件事的。這部電影拍得非常好。我也會說它是部重要的電影。其中有三十分鐘是關於槍擊事件本身的，但主要還是關於挪威社會的反應，以及對其價值觀的肯定。就我目前看到的內容，我會推薦這部電影。

但我差不多要結束這一天了。瑪西亞很快就會過來，跟我隔著門揮揮手。然後我要服藥，再來就要上床睡覺了。

二〇一八年十月十七日

返回地球

我的放射性低於門檻水平，所以我在今天上午結束了隔離，從而也結束了我的太空人比喻。不幸的是，唉——我返回地球的過程有個「硬著陸」：我發燒到了攝氏三十九．三九度。這讓醫生與護理師們極度忙碌：他們抽血做血液培養，加強監測，做胸腔X光。我感覺滿難受的，但在下午晚些時候，燒退了，現在我已經好了。

我完成了隔離，即是說瑪西亞又可以在病房過夜了。現在我會有個短暫的休息時間，然後在週五開始為期四天的化療，繼續消滅免疫系統的過程。十月二十三日是個大日子，是我們自四月以來一直為之努力的日子——移植手術要在那天進行。那是我的重生日。

二〇一八年十月十八日

意想不到

今天是沒有治療的一天。我完成了隔離和Iomab-B放射，在明天開始的福達樂靜脈凍晶注射劑化療開始前，我都處於休息狀態。我確實感覺比昨天好多了，但和昨天一樣，每當我坐起來寫作時，只消一會兒就會疲累不堪。所以又會回到床上。下午結束的時候，瑪西亞說我們應該試著去走廊走走。我花了很大力氣才能從床上爬起來，覺得肯定不能成功到外面走一走了。但我們還是離開房間去試一下。我戴上了口罩（因為我有嗜中性白血球低下症），突然間感覺很好，所以就行動起來了，以合理的速度在大廳裡大步大步的走著。我扶著點滴架，另一隻手搭在瑪西亞的肩膀上。瑪西亞的妹妹茱迪和我們並肩而行。我們走了八個圈，即整整走了一．六公里。我當然知道，有時當你覺得懶洋洋時，運動可以讓你更有活力。但今天的經歷，我是從來都沒有過：我花了所有意志力才從床上爬得起來，然後一瞬間就充滿了去散步的活力：不是以蝸牛的速度散步，而是以合理的速度散步。這真的是意想不到。

還有五天，就是移植手術的日子了。

二〇一八年十月二十日

「沒有人想到會有西班牙宗教法庭！」

（一）「沒有人想到會有西班牙宗教法庭！」

在一個著名的蒙提・派森[38]短劇中，兩個人在討論，其中一個人說她不明白另一個人的意思，並不斷要求澄清。最後，在氣急敗壞的情況下，另一個人說：「我沒想到這裡會有個西班牙宗教法庭！」這時，三個身穿裁判服的中世紀修士衝進房間，喊著：「沒有人想到會有西班牙宗教法庭！」這裡有短劇的網路連結：https://tinyurl.com/4eowright。在我們家，每次有甚麼意外事件，這就是我們形容它的方法。昨天絕對就是一個「沒有人想到會有西班牙宗教法庭」的日子。

我醒來的時候神清氣爽，充滿活力。我在工作站寫了一點給孫兒女的信，又回覆了一些電郵，喝了一杯強化蛋白質的巧克力奶昔（仍然是我的基本營養來源）。然後在上午九點左右，有個護理助理進來，興高采烈地宣布測量我生命徵象的時候又到了。這是個日常工作，我躺在床上，接受生命徵象測量：血壓、體溫、脈膊和氧飽和度。然後我站起來又量一次。等待幾分鐘後，再重複測量。躺下的時候一切正常，但當我站起來時，就像西班牙天主教修士托爾克馬達（Torquemada）突然闖進房間，用滑稽的西班牙口音宣布：「沒有人想到會有西班牙宗教法庭！」一樣，我的心率是一五〇，處於心房撲動狀態。我的血壓很低，頭重腳輕。我坐了下來。再測量一次，結果還是一樣。於是又開始了修復我的一天。

心臟科小組到達後解釋說，他們將調整我的藥物，希望能降低我的心率，計畫是將心率降到一〇〇以下，然後希望心律能轉變為普通竇性心律（ordinary sinus rhythm）。他們說，有信心一切都會很快得到控制。我擔心這個問題會復發，表示我有些潛在的心臟問題。所以我問心臟科醫生，我心律不正的源頭是甚麼。他的回答是：「所有。」問題在於我身體裡發生的所有事情，即輻射、化療、其他藥物、潛在疾病之間的相互作用。所以是「所有」。然後在上午剩下的大部分時間裡，我都在睡覺。心率降下來了，但心律仍處於撲動狀態，偶爾會翻轉成顫動（意思基本上就是心律混亂）。但沒有規則的竇性心律。

---

38 譯注：蒙提．派森（Monty Python）是著名英國超現實幽默表演團體，於七〇、八〇年代風靡全球，對喜劇界影響重大。

下午我感覺好了，就移到工作站去。下午，我打電話給瑪西亞的妹妹珍妮特，請她教我進行降低心率的冥想。她通過電話，做了一個精彩的指導性冥想。我戴著耳機，坐在辦公椅上，放鬆，重新平衡。瑪西亞看了看遙測儀上的心率，似乎在冥想期間，我的心率降低了。

我很早就去睡，在密爾瓦基釀酒人打到第二局的時候就睡了（他們以七比二獲勝，但我到第二天早上才知道）。半夜，我被掛上血小板輸液時短暫醒來，護理師告訴我，我現在有正常的竇性心律。而現在，早上十點，也是事件發生的二十四小時後，竇性心律保持在穩定的每分鐘九十下。

（二）脆弱與堅忍

我們現在已經在高級護理中心待了七週。瑪西亞今天早上說，有時候她覺得自己鬱悶得快瘋了。我說，我從來都沒有這種感覺。我深深地感覺到自己是易受傷的，而且經常都是脆弱的。在高級護理中心，大部分時候我都覺得安全和備受保護。當然，這並不單純是因我在一家醫師與護理師技術高超的醫院裡，而是因為這個特定病房的組織方式。正如我在之前的網誌中寫到的，每三個病人就配有一位護理師，而每個護理師會有七個長十小時的輪班，然後有一週的休息時間。所以他們真正了解他們的病人，同樣重要的是，病人也真正了解護理師。結果是，我覺得自己在這裡是個大家都熟悉的人，而不只是掛著「病人」的角色。病房很安靜（除了一些工作日的施工噪音），夜間的干擾也減到最低，讓病人有很長的休息時間。房間很大，瑪西亞的床也很舒適。她一直在這裡，對我非常重要，但這只是因為高級護理中心的社會和物質組織，才能夠實現。這些全部都令我過得更好，令我感到在每個「沒有人想到會有西班牙宗教法庭！」的時刻，我都會得到照顧。所以我覺得很安全。

許多人讚賞過我的堅忍、頑強和樂觀精神。的確，擁有這樣的性格是我的幸運。但我懷疑，如果沒有我身處的這種保護性的社會環境，我是否能以這麼接近於健全的方式，來維持這些性格。我在這裡待了總共十二週，包括春季時第一次住在這裡的時間，都證明了一個基本的社會學思想：個人能力的茁壯或衰落，都取決於他們所處的社會環境。我堅韌樂觀的能力，在這裡得到很好的發展，我沒有被自己的憂慮，或他人冷漠的對待擊倒。所以，一個外部觀察者可能會把這一切歸因於我的內部傾向，但現實是，雖然這些傾向是真實存在的，但如果缺乏這些好的條件，它們不可能充分。

（三）我的捐贈者

我們對捐贈者所知不多。規則是，捐贈者在一年後才會被問到她是否願意跟受贈者聯繫。唯一給出來的官方資訊只有年齡和性別：一名二十九歲的女性。移植小組的負責人哈瑞醫生問我有沒有簽過一張關於狂牛症的表單。「沒有。」我說。哈瑞醫生說：「那就代表你的捐贈者來自北美。」如果捐贈者是歐洲人，那麼我就會需要簽一張表單，說我明白我可能會因移植而得狂牛症的風險。因為我沒簽過這樣的表單，即是說我的捐贈者是來自北美的。

（四）未來的任務：抵禦兔子的攻擊

昨天，哈瑞醫生來看看我的情況，又說了一些關於以後的事情。我說我的女兒們要來陪我做移植手術，我也在計劃一個小小的儀式。他說：「實際的移植本身沒甚麼大不了的。它只是一袋掛在點滴架上的細胞，就像你常常在經歷的那種輸液一樣。移植就像種下一粒種子，你要把它推入地下。真正的工作之後才來。要讓種子成長變成樹，你需要做些甚麼？這裡有真菌、兔子、霉菌。這才是要投入心力的地方。」

好吧，我明白了。如果你是幹細胞移植的專家，最具挑戰性的干預措施，是在移植後才開始的。但是，如果你是一個在確診後，得知唯一生存方式就是通過捐贈者幹細胞移植的病人，那麼關鍵時刻，確認個人未來可能性的一個關鍵時刻，就是接受新的造血幹細胞的時刻。

二〇一八年十月二十三日

重生日

上午八點：今天的計畫

今天下午，我將接受一位來自北美某地的二十九歲女性捐贈的，總數三〇〇萬左右的幹細胞。移植前，我將接受全身照射（Total body irradiation, TBI），這是摧毀我舊有免疫系統的所有殘餘物的最後一擊。TBI的攻擊目標是T細胞[39]，這些細胞會攻擊新的幹細胞。這裡又很難不用上「攻擊」、「摧毀」等戰爭比喻了。我覺得，這些殘餘的T細胞就像海盜或維京人，它們會攻擊與世無爭的，只想好好過日子的村民。

由於過去十天裡，Iomab-B碘—131放射，以及福達樂注射劑化療積聚起來的效果，讓我今天一開始就已經很累了。全身照射應該會加重疲勞，所以我想，在移植時我應該會疲乏不堪。移植進行的時候，瑪西亞、珍妮和貝琦都會在這裡。移植就像輸血一樣，所以不是個大手術。我會讓它有些儀式感，我們會手拉手圍著點滴架，向所有讓這個時刻成為可能的人表示感謝，又特別是

39 譯注：淋巴細胞的一種。

我的捐贈者。

我對新幹細胞的想像

我當然又把即將來到的造血幹細胞擬人化了。這些幹細胞，來自一位因為在過去一年弄了個紋身或去過發展中地區[40]，而不符血庫捐血資格的年輕女性（因為血庫中心無法篩檢與這些事件有關的所有可能感染）。她不能捐血，但還是可以捐贈幹細胞，因為幹細胞中心可以對這些感染進行篩檢。而她通過這些篩檢了。在我心中，她是一個堅強的、具有一點反主流文化精神的人。她熱愛生活，也樂於擁抱挑戰。

我把她的造血幹細胞，想像成橄欖球運動員。所以有三百萬個橄欖球運動員在一個袋子裡轉圈圈。「發生甚麼事了？這不是我們該去的地方吧？那我們就看看誰能把球爭過來！」她們蓄勢待發。袋子被掛到點滴架上，她們就衝出去了，瘋狂地游進我的周邊血液中，並立即搶占我空空如也的骨髓。「嘩！看看這些公寓，多麼乾淨、整潔、吸引人！」於是，她們安家落戶，開始建立我的新免疫系統。大概兩三週後，我們才能見到移植成功的證據，就是在抽血中第一次見到白血球。這種情況發生後，我們就會進行測試，看看這些新細胞究竟是來自新的幹細胞，還是我的舊細胞。希望它們百分百有 XX 染色體。這就是未來的展望。

中午十二點半：全身照射（TBI）

十二點半，我在輪椅上，被推到接受全身照射的地方。這是我的舊免疫系統和急性骨髓性白血病被摧毀的最後一步。好吧，還不是最後一步，因為我的新免疫系統，還得做些最後的清理工作。常規的做法是，我會進入一個小房間，坐在一張像是自行車座墊的座位上，接受八分鐘的全身照射。先朝前，然後朝後，我得知我全程都要揮動自己的手臂和腿。他們問我喜歡怎麼樣的音樂，我說古典音樂。他們訂閱了天狼星廣播電台，轉去了古典音樂頻道。那裡播著孟德爾頌（Mendelssohn）的《弦樂八重奏》（*String Octet*）。我對這首曲子不太熟悉，但當中有些主題很耳熟，而且它有個固定節拍，我可以一邊指揮，一邊甩動自己的腿。總括而言，這是令人愉快的十六分鐘。

下午三點：骨髓移植

我決定把移植儀式化，而不是像平常輸液那樣，將袋子掛在點滴架上。瑪西亞、珍妮和貝琦和我手拉手圍著杆子。我說，這一刻是我們自四月六日我確診白血病，並知道唯一存活方法是接

---

40 譯注：原文是「exotic country」，字面意思是「異國」，但其實指非歐美及非發達地區的國家，因為這些地區盛行瘧疾等傳染病，旅客有受血液感染的風險，所以一般血庫不會接受捐血。

受幹細胞移植以來，我們所有努力的目標。我感謝捐贈者，因為是她的仁慈和慷慨，令今天的移植成為可能。我感謝自己的身體如此努力工作，為新的幹細胞準備了一個溫馨的家。我感謝那些愛我的人，從家人開始，到許多學生、同事和朋友，他們充滿愛的訊息，還有他們跟我之間的聯繫，對我來說意義重大。最後，我也感謝了高級護理中心的醫師與護理師，尤其是那些讓我在醫院度過的幾個月成為正面經歷，而非折磨的那些人們。

後來

我們舉行了一個有糕點的小聚會。我吃到了檸檬派裡的檸檬醬和拿破崙（mille-feuille）裡的餡料。然後我睡了幾個小時。我很高興我們跨過了這個門檻，但我也確實累極了。

二〇一八年十月二十四日

骨髓移植後第一天

我感覺不錯，唯一真正的症狀是疲勞，但即使如此，它也不到讓我動彈不得的程度。

下列是擺在面前的計畫。我的新幹細胞大約需要兩到三週的時間才會成功移植，即是完全融入我的骨髓中。目前我的白血球計數還是零，因此嗜中性球計數也是零。嗜中性球是白血球的組成部分，是抵抗細菌的第一道防線。一旦我的嗜中性球重新出現，足以為我提供最低限度的防禦，我就可以出院了。

未來幾個月的恢復過程中，我面臨著三個危險：感染、移植物抗宿主疾病，以及白血病的重新出現，因為我的舊幹細胞的殘餘部分足夠強大，可以自我重構。這三種情況都可以殺死我，但移植小組的負責人說，他們很有信心，可以完全處理前面的兩種情況。最大的威脅，還是來自舊有的，產生癌症的造血幹細胞。我們知道，這些舊的造血幹細胞，沒有被Iomab-B、碘—131和福達樂化療的組合完全消滅掉。殘餘物是存在的。希望它們可以被我的新免疫系統所淹沒。但是，由於我這種急性骨髓性白血病是如此具侵略性，他們不能保證這些殘餘物不會突破防線。

這就是移植小組技能真正發揮作用的地方。他們需要減少抗排斥的藥物，令我的新免疫系統能夠對抗舊系統，但反過來，這又令移植物抗宿主病的風險增加了（即我的新免疫系統會排斥我的整個身體）。這一切都很棘手。我已經成功來到了移植的階段，那是我們自四月以來的目標，但這段旅程最困難的部分，還在前面。

如果一切順利，我的免疫系統將在十到十二個月之內，完全恢復正常。有人告訴我，我應該預期之後會有些發燒和感染，以及一些抗排斥藥物的副作用，例如紅疹和發癢，因為這些幾乎總會發生。我就既來之則安之吧。

最後一件事：我總是在淋浴的時候剃光頭，令我的光頭保持光澤。我決定在重生日開始停止剃頭了。未來的部分好戲，就是看看我重新長出來的頭髮會長甚麼樣子，還有它們會長得多快。

二〇一八年十月二十五日
移植後第二天

這篇網誌是我念給瑪西亞打出來的。今天我要面對的，是讓我動彈不得的疲累。我設法下床，把手臂搭在茱迪和瑪西亞的身上，走了一小段路。我們在走廊上走了一圈，那是五分之一公里，絕對是我能做到的極限了。之後我洗了個熱水澡，感覺很好，但瑪西亞不得不幫我擦乾身子和幫我擦抗菌濕巾，因為我完全沒精力去做這些。洗完澡後，我踉蹌回到床上，在那裡度過這天剩下的時間。醫師和護理師說，這種程度的疲勞是意料之中，既是因為之前的治療，也是因為新的免疫系統的需求。我相信未來的日子會更好。

二〇一八年十月二十六日
骨髓移植後第三天

這篇網誌是我念給瑪西亞打出來的。這天也是差不多疲憊不堪的一天。我拖著身子去上物理治療課，但真的困難極了。我有很多話想告訴你們，但要等到我有點精力，能自己寫作的時候再來說了。

除了累以外，我感覺還可以。

如果沒有瑪西亞，我真的不知道能怎麼辦了（這句話不是瑪西亞自己寫的）。

直到我有多點精力為止，也許我不會每天寫網誌。所以不寫，不代表事情出狀況了。

二〇一八年十月二十八日

骨髓移植後第四天

早上我似乎有點精力，所以可以寫點東西。昨天是移植後的第四天。好消息是，醫生們充滿熱情地表示，一切都在正常的軌道上。我所有的「數字」都在合理範圍。壞消息是，「步入正軌」，正意謂著還有一週的強烈疲累，還有各種其他症狀。昨天除了累，我還有噁心的感覺。不是嚴重的噁心，比較像持續的噁心感。那也沒辦法吧。

我還想寫一些其他事情，但暫時只能寫到這裡了。

二〇一八年十月三十日
骨髓移植後的第五至七天

今天是一段日子以來，我第一次有精力坐起來寫東西。兩天前特別痛苦，因為除了疲勞，還有嚴重的頭痛、噁心和腳部發癢。

腳部發癢[41]！有誰聽過有甚麼東西居然有腳癢這種副作用嗎？這肯定又是洛基在搞鬼，他開的一個惡意的玩笑。雖然我不會說腳癢跟噁心和頭痛一樣痛苦，但它肯定不止「煩人」那麼簡單。我的腳趾頭之間的縫隙特別的癢，所以我總是在動腳，希望能減少一點癢的感覺。那當然沒有用，但護理師給我擦的一堆藥膏和乳液也都沒用。唯一有用的是苯海拉明，不過只是因為它能讓我睡著。

醫生主要的診斷是，這些病都是我對抗排斥藥物的反應。他們每三天就監測一次這些藥物在我血液中的數值。那些數值似乎是「正常的」，但每個人都不一樣，而身體可能需要一段時間來適應這種藥物。無論如何，今天我擺脫這三種症狀了。他們向我保證，這些病都是預期之內的，它們是移植後正常發展過程中的一部分。至少到目前為止，我的恢復仍在「正軌」上。我應該期待白血球在四、五天後重新出現，而嗜中性球在不久後也會出現。

二〇一八年十月三十一日

骨髓移植後第八天

我正式被感染小組（Infectious disease team, ID）歸類為一名無聊的病人。但那不代表我是個無聊的人。事實上，很多人都想要被稱為無聊的病人。感染小組被叫來，是因為骨髓移植小組認為我的ＰＩＣＣ導管需要從左臂換到右臂，因為在導管周圍出現了一些紅色的，柔軟的發炎。

這是今天早上發生的事情：早上九點，我被帶到介入性放射科，將ＰＩＣＣ導管拔出，並插入到我的右臂。就準外科手術而言，這是很簡單的，不過是在上臂內側打一針利多卡因麻藥，將一根空心管線插入靜脈，然後將ＰＩＣＣ導管穿過去。很簡單，只是他們不得不試了兩次，因為第一次嘗試的時候，我的靜脈痙攣，他們無法穿線。

感染小組隨後來了。因為我沒有發燒，舊的ＰＩＣＣ導管的位置看起來也沒感染，他們說已經被送到檢驗室進行培養的ＰＩＣＣ導管頂端，很可能也不會驗出感染。而且，由於我已經一個月沒發燒了，所以此時的我是一個無聊的病人。

另一方面，內分泌科小組則將我視為ＶＩＰ（非常有趣的病人〔very interesting patient〕），

---

41 譯注：原文為「itchy feet」，字面意思是腳癢（也是艾瑞克經歷的副作用）。在英語諺語中，「itchy feet」指去旅行和經歷不同的事的渴望。艾瑞克強調了這個雙關語。

因為我的尿崩症似乎真的已經消失了。情況是，我沒有症狀的時間間隔，從十七個小時穩步增加到二十四個小時，然後有段時間是三十到三十五個小時，現在已經是八十個小時了。內分泌科小組開始採集尿液樣本，根據我的尿液稀釋程度，他們相當確定我現在已經沒有尿崩症。他們會繼續做測量，用來完成我的個案報告。然後我就會成為一個「被」期刊發表的病人，不是一位「在」期刊發表的病人（而我兩者皆是），也證明了我作為病人一點不無聊，還是位ＶＩＰ。

二〇一八年十一月二日

骨髓移植後第九至十天

一名衣衫襤褸的骨髓移植病人亂七八糟的待辦事項的故事

角色介紹：

艾瑞克：病人

瑪西亞：病人非常明智、勤奮的ＣＥＯ

內分泌學小組（ＥＴ）：非常聰明的醫師和研究員，他們對激素有很深的了解。

十月三十一日，週三

內分泌科小組包括負責人在內的兩位成員來到艾瑞克的房間。艾瑞克告訴他們，距離他最後一次服用去氨加壓素來治療尿崩症，已經有超過九十個小時了。每個人都非常高興。「這難道不是代表尿崩症已經消失了嗎？」艾瑞克問道。「看起來是這樣。」內分泌科主任回答。她又補充說：「這個情況值得做一份病例報告。」她決定收集一些更具體的數據。這一切有趣極了，艾瑞克對成為一份案例報告的想法充滿興趣。

十一月一日，週四

尿崩症的症狀慢慢出現了，艾瑞克每隔一個半小時到兩個小時就會小便一次。他失望極了。內分泌科小組回來了。「這種情況可能會自行解決。」他們推測。「你能先暫停服用去氨加壓素鼻噴劑嗎？」「當然，」艾瑞克急切地回答，「我會做一個小便時間記錄，我們就可以看看趨勢是怎樣的。」「我們明天再來檢查。」內分泌科小組說。

小便紀錄：上午八點二十五分、九點四十五分、十點四十二分、十一點三十分；中午一點三十五分、二點四十分、三點五十分、四點五十分、五點零五分；晚上六點二十五分、七點三十五分、八點四十五分、九點四十五分。

是就寢的時候了。瑪西亞說：「親愛的，你要不要服用去氨加壓素來睡個好覺？」艾瑞克說：「我還是想繼續這個測試，那我明天就可以跟內分泌科小組討論了。」所以小便記錄又再繼續了：晚上十一點二十分、凌晨十二點十分、一點四十五分、二點二十五分、三點三十五分、四點十五分、五點四十五分、清晨六點四十分、七點二十分、八點十分、八點五十分。即使我在床邊就有個尿壺，醒來這麼多次也太影響睡眠了。早上，艾瑞克感到筋疲力盡。因為某些原因，他對自己這麼累感到很驚訝，因為前一天他才感到自己有點活力了。「親愛的，有甚麼好驚訝呢？你每小時都要起來去小便啊。」艾瑞克忍不住了，終於服用了一劑去氨加壓素，然後馬上睡著了。上午十一點，他去了上物理治療課。中午他又去睡覺了，一直睡到傍晚。護理師進來為他輸了一個單位的紅血球。內分泌科小組過來的時候也同意這是個好辦法。現在艾瑞克還算有活力。

故事的教訓：要聽瑪西亞的話。

二〇一八年十一月四日

骨髓移植後十一至十二天

根據移植小組負責人的預測，這些日子會是最糟糕的。我幾乎連續睡了兩三天，起床主要是為了吃藥，一堆又一堆的藥——巨大的、微小的、裝在可愛的五顏六色的外殼裡的、愚蠢的怪物似的藥丸。它們粗糙的粉質表面令它們難以下咽。早上要吃藥、中午要吃藥、晚上要吃藥，其餘的時間也都要吃藥。還有每天的主菜：在自己的肚子打一針依諾肝素鈉（Lovenox）。我不可憐嗎？但醫生說這些頑疾完全在意料之中，沒有甚麼好擔心的。所以，由早睡到晚是件好事。

二〇一八年十一月六日
骨髓移植後第十四天

CNN發自密爾瓦基的突發新聞

數字出來了：嗜中性球首次出現。連日來，我們都看到嗜中性球的跡象，因為我們看到一些單核細胞在漂浮，而在正常情況下，單核細胞是會長成嗜中性球的。但今天是我的嗜中性球計數（ANC）出現正數的日子：四十。離艾瑞克可以被診斷為沒有嗜中性白血球低下症，即ANC達到一〇〇〇的門檻，還有很長的路要走。而離正常的ANC範圍，即一五〇〇至一八〇〇，那條路又更長了。但這是個開始。一旦他連續兩天嗜中性球計數超過五〇〇，就可以出院了。他已經在醫院待了兩個多月了。

二〇一八年十一月七日
骨髓移植後第十五天

我熬夜看了威斯康辛州的選舉結果。這些結果直到凌晨一點多才最終確定，所以我今天自然有點累。但是今天早上的疲倦是熟悉的，熬夜看選舉後的睡眠不足的疲倦，而不是嗜中性白血球低下症而引起的那種深度疲勞。那是天差地別啊！而又因為威斯康辛州的選舉結果這麼理想，這種累也有讓人甘之如飴的地方。今天我坐起來寫作和進行正常的活動都沒有問題；而之前在嗜中性白血球低下症的情形下，這是不可能的。我今天的嗜中性球計數是一二〇，是昨天的三倍。而且芽細胞計數是零，表明這些嗜中性球很可能完全來自我的新免疫系統。而血小板和紅血球計數在沒輸血的情況下也上升了。所以，無論從哪一方面來看，我都在康復的路上。

二〇一八年十一月八日

骨髓移植後第十六天

（一）抽血的藝術

過去三週左右，我每隔兩到三天，就會通過直接針刺，而不是PICC導管來抽一次血。這是為了測試我血液中關鍵的抗排斥藥物的數值。這些藥物往往集中在PICC導管的周圍，所以無法通過PICC導管抽取的血液獲得準確的讀數。沒有人喜歡打針。我認為，即使你已經很習慣，並且定期抽血，也仍然會在抽血人員帶著工具進入房間抽血時感到擔憂。

在福德瑞特醫院，有個抽血員叫伊蒂安（Etienne）。伊蒂安技術非常好，每次他來，我都很高興地迎接他，一點都不害怕。他比大多數做這個工作的人都要老，大概五十多歲。從他可愛的口音來看，我認為他來自海地。他向我解釋了他如何抽血。「一切盡在十指間。」他把拇指和食指指尖併在一起，做了個前後移動的動作。「大多數抽血員，都會用手臂的肌肉來推進針頭。我跟我的學生說，將針頭推入靜脈就像穿針引線一樣，只需要用到手指。我讓他們通過穿針來練習。他們在課外練習穿針，加強大腦和手指之間的信號。你先將針頭跟靜脈平列，然後穿過去。一旦有血流出來，就要停下來。」今天，我甚至完全不知道他是甚麼時候抽的血。

（二）奇怪又有趣的夢

昨天晚上的夢境我記得相當清楚。在這些夢中，我在寫短篇小說，寫了三篇。我習慣在睡夢中寫學術論文，但我不記得自己有寫過短篇小說。我沒有完成三篇中的任何一篇，但下列是這些故事的大綱。

第一個夢：在玩撲克牌時作弊

背景設定：一八八〇年代的美國舊西部，可能在科羅拉多州的一個鄉鎮上，一間相當豪華的大宅的客廳裡。

故事：這個房子裡的人家，一家都是狂熱的撲克牌玩家，偶爾也會邀請陌生人跟他們一起玩。賭注相當高，一個晚上能玩上幾千美元。當他們一家人自己玩的時候，他們會用一副有標識的牌，這樣有點老邁的爺爺偶爾就能贏。在牌的角落有些微小的標記，例如「桃A」代表黑桃A、「方九」代表方塊九。當陌生人參與遊戲時，他們從不使用這些有標識的牌，那些牌不過是為了跟爺爺玩低賭注，五角錢一局的撲克牌而已。

有天晚上，有一場高額賭注的撲克牌局中，那副帶標識的牌不知怎麼就被用上了。來一起玩的陌生人是個職業玩家，他從一個鎮打到另一個鎮，所向披靡。在輸掉前四、五手牌後，他開始懷疑，並且很輕易弄清了事情的來龍去脈。然後他開始以一種別人看不到牌背的方式拿牌，並贏了大錢。到了晚上，其中一個家庭成員指責他作弊（在夢中，故事到這裡就完了）。

第二個夢：維多利亞時代的旅人

一位維多利亞時代的英國富豪女子，把所有的時間都花在船上，主要在南亞、東南亞和東亞的港口之間來來去去。她是一個狂熱的讀書人，把所有時間都花在船上閱讀。為了保持良好的書籍供應，她在每個港口，都有一個從英國運來的箱子等著她。她能說流利的法語、德語、義大利語和俄語，這樣她就不會沒有東西可讀了。有一次她來到新加坡，但岸上竟然沒有一箱書在等著她。所以她上岸去買書，但在城裡迷路了，最後還被綁架（故事到此為止）。

第三個夢：法國的小水壩視察員

故事發生在現代。第一人稱敘述者是法國小水壩的總督察員。他談到了自己的工作，又說到檢查法國所有的小水壩是多麼美妙的事，而其中一些小水壩已經有幾個世紀的歷史。他提到一些古老的小水壩不能用了，因為它們沒有運作正常的水閘，基本已跟景觀融為一體。他表示擔憂，因為水壩故障愈來愈多，導致嚴重的洪水。

他正試圖搞清楚，為甚麼這種情況會發生。與此同時，洛基（北歐神話的搗蛋鬼）和赫爾墨斯（希臘神話的搗蛋鬼）正聯手通過搗毀小水壩，來改變法國的鄉郊。他們有張神奇的，超級詳細的法國地圖，當他們在小水壩上畫個「X」符號時，它就會凍結或完全消失，引起洪水，要麼創造新的湖泊，要麼使湖泊消失（我所知的故事就到這裡了）。

這些真的是我昨晚在夢中寫的故事。我也不知道，這三個不同主題的潛意識根源是甚麼。

（三）我的新免疫系統取得的成果

十月二十三日，當我進行移植的時候，我沒有白血球。一個普通人大約有五〇〇億個白血球（每微升血約八〇〇〇個；而普通人的身體大約有五升血液）。其中大約百分之五十至六十是嗜中性球，所以有二五〇億左右。它們的壽命只有五個小時。因此，現在構成我骨髓的新造血幹細胞必須產生足夠的白血球，以應對每五小時二五〇億的周轉。我目前的嗜中性球水平是每微升二五〇個，即是說，我體內大約有二五〇〇萬個嗜中性球。它需要增加一千倍，才能達到正常範圍的中間值。這一切對我來說都太神奇了。

二〇一八年十一月九日

骨髓移植後第十七天：快要出院了

看來我將於十一月十一日週日從福德瑞特醫院出院。

我覺得是時候總結一下，自從四月初被診斷為急性骨髓性白血病以來，我有甚麼新的生活經歷。以下是我的試列清單。

自二〇一八年四月以來，因為急性骨髓性白血病而產生的新生活體驗（不是全部都在同一時間發生）

1. **ＰＩＣＣ導管**。之前我在某些情況下，例如二〇一五年被車撞倒住了一晚的時候，或者一九九三年我心臟病發作時，我都曾經掛過點滴架。但我從來都沒安裝過用來輸送藥物和抽血的ＰＩＣＣ導管。我愛我的ＰＩＣＣ導管。
2. **連續在醫院待幾天以上**。**截至十一月九日，我已經在醫院待了十週**。今年秋天我住院的時間是最長的，跟之前的經歷是數量級的差別。因為現在我的感覺不錯，已經準備好離開了。但在住院期間，我從來都沒有鬱悶到瘋掉，想去別的地方的感覺。在這裡，我覺得很安全，很受保護。
3. **日復一日的虛脫、睏倦和疲累**。特別是在最近幾週，我所經歷的疲累的程度和感覺，都是我記憶所及從來沒經歷過的。那是就算睡得好都沒法減輕的虛脫感。
4. **突然的疲憊**。這跟單純的深深疲累是不一樣的。有的時候，我會突然感到完全失去精力，就像汽車突然沒油。前一刻還在正常行駛，突然就甚麼都沒有了。
5. **堆積如山的藥物：每天服用超過五十顆**。無窮無盡的各種藥丸。有些外殼也很令人不快。

6. **夜間盜汗。**每晚能浸濕九件T恤（在一個月前就沒這種情況了！）。然後在九月底，在最後破壞我的骨髓的那些調理化療之前，就突然停止了。

7. **雖然不是嬰兒但頭禿了。**我一直對自己的頭髮有點虛榮心，但也很好奇自己禿頭會是甚麼樣子。就在治療的調理階段之前，當我無論如何都會失去大部分頭髮時，我決定把頭髮全部剃掉。禿頭很有趣，雖然我仍然認不出鏡裡的自己。現在我已經不再在每天晚上洗澡時剃頭髮，所以頭髮又長出來了。瑪西亞現在摸我的頭時，感覺妙不可言。短短的頭髮摸起來很吵，我在腦袋裡聽到一種抖動不定的嗡嗡聲。

8. **味蕾完全被搞砸了。**幾乎所有食物都很難吃。實在很難形容這種厭惡感有甚麼特點。我的嘴裡覆蓋著一層膠狀的，帶有金屬味道的塗層，當我吃東西時，這種味道會被唾液強化，令食物變得難吃。因此，我的飲食主要都是液態的。僅僅從飲料中獲得足夠熱量很困難，所以自四月以來，我已經瘦了將近二十磅。有人告訴我，這個問題會慢慢解決，沒有甚麼特別的事可以做。

9. **冷顫（伴有發燒和寒顫的嚴重顫抖）。**這種情況只在四月發生過一次，但確實是非常可怕的感覺。

10. **天天依附在點滴架上。**我的點滴架名叫寶拉。她一直很有幫助，但是時候說再見了。

11. **骨髓穿刺。**第一次非常痛楚，但能夠忍受。然後珍妮特給了我一個用來控制痛楚的指導性冥想音檔。之後的穿刺就截然不同了。

12. **以輸血來提高血紅素和血小板**。當然，我之前也輸過血，但每隔一天就輸一次還是頭一遭。現在看來這可能已經結束了，因為我的新造血幹細胞似乎正在產生大量的血小板——它們現在處於正常水平！甚至還有紅血球。所以，起碼有段日子不用再輸血了。

13. **以包裹強力保鮮膜開始，又以黏黏的抗菌濕巾結束的淋浴**。在醫院，我幾乎每天晚上都會洗澡。在準備過程中，我安裝了ＰＩＣＣ導管的手臂需要被包裹起來，以防止水進到ＰＩＣＣ管插入點的敷料上。用三層的強力保鮮膜（有點像強化了的廚房保鮮膜），手腕、上臂、還有沿著包裹的縫隙都要用膠帶貼好。洗完澡後，我必須用抗菌濕巾擦拭，這些濕巾會留下一點有黏性的殘餘物。這裡的淋浴間很舒適，但事前事後的功夫讓洗澡成為差事，而不是樂趣。

14. **幾週都沒有出去過**。我本以為我會覺得這很煩人，但事實並非如此。我在高級護理中心自己的窩待得很高興。

15. **每四小時測一次生命徵象（躺著的）和正位生命徵象（站著的）**。醫院的標準操作程序，我想就是測血壓、從手指測氧飽和度，還有每四小時量一次體溫。我不太介意，即使半夜也要測這些。有時候，這裡的護理師會在晚上十一點給我測凌晨的生命徵象，然後在清晨五點半給我測四點的，讓我的睡眠不會太受打擾。

16. **一波又一波的，強烈的幽暗情緒，會在沒有明顯的觸發點之下突然襲來。**這一直是令我最不安的經歷之一。通常這都發生在我體力耗盡的時候，但並不總是如此。我把這種體驗描述為受到一波強烈的黑暗情緒所衝擊。不是逐漸積累的，或慢慢陷入的悲傷情緒，而是一種被吞噬的，壓倒性的感覺。當我經歷這種情況時，都沒有明顯的觸發因素或焦點。但瑪西亞覺得經常都有這些觸發因素。例如，昨天我點了一個說是「烤櫛瓜和南瓜」的東西，以為這很容易吃進肚裡。結果它的調味很重，當我聞到它的時候，就知道自己吃不下了。我哭了起來，又充滿了這些強烈的、黑暗的情緒——充滿悲痛與絕望的情緒。這些情緒一般很快過去，不會沉澱下來。但它們總是讓我深深不安。當然，一個患有急性骨髓性白血病人有這麼黑暗的想法和絕望的情緒，本來就不會讓人驚訝。對我來說，突然被這樣的情緒所衝擊，才是我從沒經歷過的部分。

17. **和瑪西亞全天候共處一室整整十週。**我從來沒有跟瑪西亞在一個舒適的房間全天候共處十週的經歷（除了瑪西亞回麥迪遜的時間）。這些時間太美好了。我們在一九六五年，因為別人幫我們牽線約會而認識，至今在一起已經五十三年，結婚也已經四十七年。如果在我生病前，有人問我瑪西亞是不是很棒，我會同意說對，但我不會完全地，深刻地理解這是甚麼意思。現在我都明白了。

二〇一八年十一月十日

骨髓移植後第十八天的早上：大成功！

今天中午，我給自己打了一針惠爾血添，一種刺激骨髓提高嗜中性球產量的藥物。其目的是讓我的嗜中性球超過每微升五〇〇個，這是出院的門檻。昨天我的數字是二九〇。今天早上的數字：三九〇〇。令人難以置信。正常範圍是一五〇〇至八〇〇〇，所以我正處於正常範圍的中心。嗜中性球的水平不會一直這麼高，但仍有可能穩定在一〇〇〇以上。

就目前而言，我感覺非常好，很有活力。因為我已經有資格出院了（雖然還是要在這裡待上兩天，因為福德瑞特醫院為正接受治療的病人家屬提供的凱西之家，在週一前仍然住滿人），我已經解開了靜脈輸液。擺脫束縛的感覺很好，可以自由行走，不會再被管線纏住了。

因此，下週我就要在外面迎接這個傳奇故事的下一章了。我還沒有真正脫離險境，前面真正的危險還多著：即使我有著快樂的嗜中性球，仍然會被感染；雖然我有完美匹配的捐贈者，仍然可以有移植物抗宿主病；即使我在移植前使用放射線和毒藥，做了許多事情去消滅它，白血病也可能復發。而這個風險就是最嚴重的風險。移植小組的負責人語調輕快地說：「如果你要死的話，應該會是死在白血病復發手上。」幾乎可以肯定的是，我有缺陷的幹細胞殘餘物仍然存在。我希望它們會被新的免疫系統所淹沒，但這是希望，而不是確定會發生的事。我覺得，自己已經走了很長的路，經歷了很多事情，對未來我還是樂觀和高興的。我不（太）擔心復發，但這是一種可能性。我決定，不能讓這種未來的可能性，侵擾我現在的生活。

二〇一八年十一月十二日

骨髓移植後第二十天的早上：出院了！

十一月十二日中午

我正在8CFAC的九號病房等待藥劑師過來，跟我解釋我必須服用的許多許多藥丸，然後我們就離開這裡了。在醫院病房，兩個半月是一段很漫長的時間。在這種特有情況下，這裡是個令人愉快的好地方，但我已經準備好離開，並開展下一章了。

晚上七點，凱西之家

我回到外面的世界了。自九月初以來，我第一次呼吸到了新鮮空氣——威斯康辛州秋季寒冷、清洌而美妙的空氣。下午兩點，我們驅車前往凱西之家。我們有個舒適宜人的房間，也可以使用一個很不錯的公用廚房。在未來四至五天，我們的公寓準備好之前，這裡就是個絕佳的臨時住處。最大的驚喜是：今天晚上，我吃到了一頓正常飯菜，讓我又驚又喜。這是我大概兩個月以來，吃的第一頓真正的飯。凱西之家通常不提供膳食，但今晚有個特別的感恩節前晚餐，志工送來了火雞、焗餡料、肉汁、薯泥、小紅莓。我想我吃這頓飯還是有風險的，但醫生們說我現在可以在「有信譽的」餐廳用餐，所以這裡應該夠接近了吧。晚餐前，按照醫生的建議，我用牙刷刷了一下舌頭，又吃了一顆止吐藥，以防萬一。看看吧——我真的能吃東西了。

因此，現在我們有個新的日常。我們必須將我一天要吞下的四十顆藥（我問過藥劑師，他數了一下）按需要服用的時間分類。瑪西亞買了個巨大的藥盒來幫助我們解決這個問題。而且我們也需要安排好一天的時間，好等我們慢慢增加運動量。一旦我們住進了公寓，我就會加入瑪西亞上的健身房（她幾乎每天都游泳〇・八公里！），也會做一些力量訓練和溫和的有氧運動。我們每週會去診所三次。這些都會是例行公事，直到發燒或移植物抗宿主病的症狀（紅疹、噁心等）搞亂一切為止。大約有九成的病人會發生這些情況，然後他們需要短暫的重新住院治療。我們會盡力成為剩下那一成的人。

此刻我為出院感到高興極了，一方面因為這表示我在正軌上，另一方面也是人生在世感受到的身體愉悅。疲勞仍是我在這個世界運作的主要問題，但我相信它會逐漸退去的。

二〇一八年十一月十三日

骨髓移植後第二十一天：在我們的新公寓

現在是晚上十點半左右。在過去的一天裡，我應該睡了二十小時。瑪西亞把我從床上拖起來吃晚上的藥，我似乎稍微恢復了一點精神，所以就寫一篇短短的網誌，讓大家了解情況。

最後我們只需要在凱西之家住一晚，因為我們要住到一月份的公寓已經打掃乾淨，可以入住。這是個陽光明媚的兩房居室，完全可以滿足我們的需要，而且一切都很方便。第二間臥室會是間不錯的客房，給從威斯康辛州以外來訪的人住宿。明天上午是我的第一次門診，做完之後，我們下一階段治療的基本醫療程序就會就緒。我希望這個程序不會被任何激烈症狀打斷。我是如此渴望成為一個無聊的病人。

二〇一八年十一月十四日
骨髓移植後第二十二天

我在夢中杜撰出來的另一個故事

我不知道為甚麼自己在夢中老是寫故事，但昨晚我又一次夢到我在寫故事了。這一次夢中的人物有點不同。當我的孩子還小的時候，尤其是在我們開車或露營的時候，我經常給她們和她們的表兄弟們講故事。我從來沒有提前想好這些故事，但它們都是圍繞著某種哏展開的。我認為故事的哏，就是一個產生故事的機器：有了好的哏在手，我就能胡謅出充滿愚蠢情節的故事。通常，孩子們也會參與到故事中來，例如我們不懈地尋找內華達山脈巧克力礦的傳奇那樣。其中一個故事是關於兩個孩子的，分別叫喬西和潔西卡。故事的哏就是，喬西可以將自己變成任何他想變成的動物，但只能保持三十分鐘。如果他在一天內做太多這種把戲，就會在二十四小時內被困於動物的狀態。這個哏開啟了大量有趣故事。這是我三十年前編的那些故事之一。

好吧，我想我也是時候給我的孫兒女，準備一個可以產生新故事的哏了，而在夢中，我胡編了這麼一個故事。哏是關於女巫的種類的（這些女巫在夢中其實有男有女）。這些種類是通過一個二乘以二的表格來區別的：第一，他們的力量是強還是弱；第二，他們的力量能在遠處驅動，還是只能靠實際觸控。然後還有兩種不在二乘以二表格裡的類型。第三：可以在短時間內，將力量賦予非女巫，然後自己會失去力量的那種女巫；這些女巫在工地特別有用，因為他們可以讓工人得到幾個小時的超人力量。還有第四，被稱為「二人組」的女巫。他們的力量非常廣泛，但這些力量，只有在他們握著另一個「二人組」女巫的手的時候，才會發揮作用。大多數的「二人組」不知道自己實際上是「二人組」，因為他們只有在跟另一個「二人組」有身體接觸時，才會意識到自己的力量。

在我的夢中，故事的開場是這樣的：薩菲拉正在拜訪弗倫。弗倫四歲，薩菲拉比他大五個月。小艾達只有一歲半。弗倫熱情洋溢地說：「如果那們能飛，那不是很好嗎？」「那就太好玩了。」薩菲拉擁抱了弗倫。他們的手碰在一起，從地上站了起來。故事就這樣開始了。

故事草圖還有兩部分。艾達怎麼辦好呢？她也要參與這個冒險。這是我的解決辦法：貝琦和珍妮很快就知道薩菲拉和弗倫有這些超能力，於是去圖書館研究這個問題。她們找到一本發了霉的舊書，裡頭談到了所有不同種類的女巫。在關於「二人組」的章節中，書中說一個人只有在四歲生日時才能成為「二人組」。所以，最大的問題是，艾達有這種巫術能力嗎？在艾達的四歲生日會上，起先只有薩菲拉和弗倫手拉著手。他們在院子裡飛來飛去。然後他們在艾達身邊降落，拉著他的手說：「我們飛吧！」然後他們像火箭一樣，直往天空。這是女巫史上的第一個「三人組」！

故事中的另一個元素：我就是講故事的人，是我在解釋女巫歷史和力量的各種事情。然後我說：大多數女巫都是可愛的人，他們試圖讓人們的生活變得更好。有時他們會玩一些把戲，但這些把戲幾乎都是開玩笑的。然後，也有少數女巫會造成極大傷害。他們是邪惡的女巫。弗倫於是跳起來大喊：「我的故事裡沒有邪惡的女巫。」我解釋說，故事中總是有壞人，他們會為故事帶來一些衝突和緊張感。弗倫說：「我爸爸說，故事不總是要衝突的。」（女婿阿德里亞諾最近的編劇的新戲，名叫《完美的一天》，由貝琦執導，現在還在費城公演中。它就是一個特意不圍繞著衝突去寫的故事。）

這就是了。到我的孫兒女再大一點點，大概四歲的時候，我就會給他們講三個女巫和他們的歷險故事。這是個沒有邪惡女巫的故事。

醫療報告

今天我先做了化驗，然後第一次去看門診。化驗叫人煩心不已。我的預約時間是上午十點二十分，但是檢驗室預約人數太多了，所以直到十一點零五分才輪到我。然後，今天是一個正在實習的技術人員幫我做的化驗，所以每一個步驟都必須由她的主管檢查。他們在醫囑中說我的PICC導管敷料需要更換，這是錯誤的，因為護理師在我週一出院時就已經換過了。這又再花了二十分鐘。然後，他們又沒有在醫囑中說我需要直接從周邊血液中抽血，而非通過PICC

導管，來檢查我血液中抗排斥藥物的程度。那位實習技術人員嘗試從我的左臂抽血，但沒法讓血流出來。她扭動針頭，嘗試找到靜脈，但不成功。然後她的主管接手了，在我的手背抽了血。她下手滿重的，跟伊蒂安差太遠了。唉。

接著我去診所見哈瑞醫生，他是我的骨髓移植小組的負責人。大部分都是好消息：血紅素躍升至九．九，是三月以來的最高值；每微升有三七〇〇個嗜中性球，血小板只是有點低。但那有一個略顯不祥的數字：我的白細胞中，有百分之二是芽細胞。可怕的芽細胞。然而，芽細胞有兩種，一種是因為超速運作而從骨髓中溢出的，未成熟的嗜中性球，另一種則是白血病細胞。可能這些都是前者，但我懷疑它們是白血病復發的初期跡象。我們都知道，我在移植做的化療和放射治療，都不太可能完全消除我有缺陷的造血幹細胞。因此可以預期，我們將不得不面對這些殘餘物產生白血病的可能性。我想，我曾經以為會在一段較長的時間之後，我才需要面對這個可能性。但正如所有患癌的人都知道的：一切都無可奈何。下週三我將進行骨髓穿刺，結果會明確告訴我們發生了甚麼事。哈瑞醫生說，我們還是有力量對抗這種情況的，手上選擇還多。基本的想法，是改變抗排斥藥物的用量，令新的嗜中性球有更多的活動空間來攻擊這些白血病細胞，讓我重新接受一些口服化療，並採取一些其他措施，來加強新的捐贈者細胞。

這就如給我淋了一頭冷水，但我沒有氣餒。而且，這些最終說不定也是好的芽細胞，而不是惡毒的那種。邪惡的女巫不能出現！

二〇一八年十一月十五日

骨髓移植後第二十三天

今天發生的四件事

（一）巴里（Barry Eidlin）、彼得（Pete Ramand）和克里斯（Kris Már〔Arsælsson〕）來訪

今天我的兩個在校生彼得和克里斯來訪。巴里也來了，他現在是麥基爾大學的助理教授，幾年前是威斯康辛大學經濟社會學的博士後。巴里給我帶來了他剛剛出版的精彩著作《美國和加拿大的勞工和階級觀念》（*Class Idea in the United States and Canada*，劍橋大學出版社，二〇一八）。我向任何對理解政治機構和勞工運動之間的相互作用有興趣的人推薦這本書。

他們的來訪棒極了。我計劃和克里斯合寫一篇論文，主題有關公民直接投票的代表問題，我們輕鬆地討論裡頭的經驗現象和理論性問題；以及我希望在春天針對研究生開課的主題（關於解放性轉型的問題：轉型如何實現）。對我來說，能找到充分參與討論的能量，是令人興奮的。這又加強了我的感覺：如果我有能力，在我家舉辦研討會的話，不僅僅是對學生來說，對我也會是件好事。

（二）瑪西亞幫我建了一個工作站

我們的溫馨小公寓很舒適，但沒有地方能讓我建立一個合適的工作站，所以我一直在用廚房的桌子。於是，瑪西亞去了二十分鐘車程外的宜家家居，買來了一張小桌子。她回來後開始組裝：她需要一把十字型螺絲起子來安裝支架，桌腳要被擰進桌底。抽屜裡有一把十字型螺絲起子，但它太小了，所以瑪西亞又去了五金行。鑽孔有點小，但在瑪西亞的努力下，兩個支架終於安裝完畢。然後瑪西亞發現，她只有三個支架來安裝四個桌腳。我們找遍全屋，但第四個支架無處可尋。所以即使當時已經晚上七點了，瑪西亞又開車去了宜家家居，拿到了遺漏的支架，回來後把書桌組裝完畢。她完成了一個壯舉。所以，現在我又有不錯的工作站了。

（三）味蕾回來了

似乎我的味蕾決定要讓我的生活變得更好。今天早餐，我吃了瑪西亞做的美味炒蛋，午餐吃了火腿三明治，晚餐吃了熱狗配酸菜和烤豆子。所有食物都很可口。我又一次在飯前刷了刷舌頭，也許那有幫助吧，但無論如何，我再也不用只從強化蛋白質飲料獲取熱量了！

（四）在附近散步

哈瑞醫生駁回了我短期內上健身房的想法。他說我去健身房的話，有百分之三十的機率會染上流行性感冒，而如果我染上流行性感冒的話，有百分之十的機會死亡。所以那不用再想了。我們試試去了散步。這個街區環境怡人，附近的小學有個很漂亮的遊樂場，我的孫兒女或侄孫女來訪的時候可以去。那裡甚至還有個成人的戶外跑步機和划艇機，如果天氣暖一點，我又有多些精力的話，我應該可以去用一下。

對我的百分之二的芽細胞的進一步思考

我盡量不糾結於那組不好的數字，但在這種情況下很難做到。移植後才過不久就出現白血病復發的可能性——不，是極大的可能性——令我害怕不已。長期以來，我一直將移植視為大目標，覺得一旦完成了這個目標，事情就會變得簡單直接。我知道實情不是這樣，但我感覺是如此。想到我們可能即將必須跟急性骨髓性白血病正面對決，我既失望又恐懼不已。我當然會「既來之則安之」（那是癌症世界裡的陳詞濫調了），而這句話通常都頗為有用。但不是總是有用。

我會做的其中一件事，是將我的精力，從寫網誌轉向寫給孫兒女的信上。最近幾週我有點疏於寫那封信了，主要是因為疲累，而寫網誌不需要那麼多的精力。但現在我再度感覺自己的將來變得不確定，是時候在那封信上多取得一點進展了。

二〇一八年十一月十九日

無可奈何

今天我抽了血，又與移植小組的負責人進行了門診。主要都是「壞消息」，不過我們就把它改寫為「不幸的消息」或「不是我們所希望的消息」吧。上週三化驗結果中出現的芽細胞，在我的白血球中從百分之二，增加到了百分之八。這代表它們是白血病細胞。急性骨髓性白血病會復發並不令人意外，但我們希望的，是它在我的新免疫系統完全建立之後才出現——即是移植後一百天，而不是二十三天。哈瑞醫生說，他們還有些事情可以做，我仍然「有些機會」好起來。「有些機會」從字面上看即是高於零的機會，但我沒有要求他進一步說明。

我們的策略是，週三（十一月二十一日）我會先做一次骨髓穿刺，以便更細緻地了解急性骨髓性白血病在我骨髓中的情況，然後在下週停止抗排斥藥物治療（我想他說的是「停止」而不是「減少」），令我的新免疫系統，可以更自由地攻擊我的舊免疫系統。這些策略會跟一些新的化療結合，他們希望化療比我的新免疫系統更迅速地影響白血病細胞和芽細胞。正如諸位看到的，這一切複雜極了，涉及精準調整這些相當微妙且相互矛盾的必要條件。這一切都非常辯證，而且作用充滿不確定性。

可以肯定的是，我仍然抱有希望，但鑒於這些事態發展，確實很難維持一種打不死的樂觀情緒。這有點像我對克服資本主義的「真實烏托邦」的看法：「真實烏托邦」這個想法目的是點燃希望，相信有些機會可以實現，但它沒有樂觀的預測這個戰略確實會成功。希望（hope）和樂觀（optimism）很相似，但不是同一回事。我確實保持著希望，覺得自己有確切的機會（我喜歡「確切的」〔real〕機會而非「有些」〔some〕機會）能好起來。事情就是這樣了，不然又能怎樣呢。

二〇一八年十一月二十二日

醫療報告／感恩節快樂

祝大家感恩節快樂。我覺得即使在我這樣的情況，我還是有很多東西值得感謝：我還活著。我那了不起的，令我還活著的幹細胞捐贈者。瑪西亞——她讓這些難以忍受的折磨變得可以容忍，甚至有時是一種樂趣。而她一直付出了很多努力。醫療小組，他們正在盡最大努力，讓我捱過這個病。還有你們，你們表達的愛深深支撐著我的精神。

現在讓我發洩一下。我真的很**討厭**急性骨髓性白血病。它應該要被當作是違法的。這是一種邪惡的疾病，不斷地造成破壞。我已經厭倦了老是疲憊不堪，最近還一直有點噁心。我喜歡活著，我還想要多活幾十年。如果現在死了就太蠢了。想到不能參與我那些優秀的孫兒女的人生，就令我難過得不能自己。正如瑪西亞說的，這個現實是如此的不真實。發洩夠了。正如我了不起的祖母，索妮亞．波斯納（Sonia Posner）說的：「不值得。」（她是在大約八十歲，完全失明的時候說的。她在談為甚麼她永遠不會考慮自殺）。此刻我還活著，該死的！

醫療報告

昨天我又去做了一次骨髓穿刺，週一會得到結果。已經很清楚的是，急性骨髓性白血病正在勇猛地捲土重來。從昨天開始，最新的化驗數據顯示，芽細胞沒有變化（實際上是由百分之八下降到百分之七），但是我的血小板下降了很多，這是另一個急性骨髓性白血病的症狀。我的血紅素也下降了一些。我再一次從戰爭比喻的角度來體驗這一切：當我的新幹細胞還在接受軍訓時，敵陣就已經展開攻擊。若是再過一個月左右，新幹細胞就會準備就緒，但現在他們必須在沒有充分準備的情況下進行戰鬥。骨髓移植小組將盡力加強捐贈者幹細胞的力量，並削弱急性骨髓性白血病，但這是一項艱巨的任務。

二〇一八年十一月二十三日

簡單更新

今天的化驗和門診證實了我上次報告中的不幸消息：自週三以來，芽細胞急劇上升，從百分之七，上升到百分之二十二。哈瑞醫生認為必須正視，所以他今天就讓我開始服用原本其中一種化療藥物羥基脲。本來是要等到下週才開始化療的。這是我在八月和九月服用過的藥物，移植前也用過它。它在減少芽細胞數量方面相當有效。週一我們會收到穿刺的完整報告，並跟哈瑞醫生討論策略。我預計，最先要做的是盡快打擊急性骨髓性白血病，然後才去確保移植的骨髓的健康。再看吧。

我的脾臟在昨天感恩節的時候也有些疼痛，這是急性骨髓性白血病復發的徵兆。我打電話給診所，哈瑞醫生在電話裡向值班護理師幫我開了小劑量的類固醇和的剎美剎松，以減輕炎症。我只會服用幾天，但它給我帶來了巨大的能量。這種能量來得及時，因為珍妮、馬克，和我三歲半的，精力超級充沛的孫女薩菲拉在下午來了。靠著類固醇的支持，我的能量反彈，讓我能在公寓附近的公園待了不少時間，在下午晚些時候，又能給薩菲拉演奏維吉尼亞土風舞曲的狂野解構版：裡頭有大量的追逐和把薩菲拉用腕力提起來旋轉的情節，但在一片混亂中又有些維吉尼亞土風舞曲的舞步。跟他們一起是件快樂的事。他們現在走了，而我甚至不覺得累。的剎美剎松即使只是用上幾天，也會帶來明顯的副作用，實在太可惜了。

二〇一八年十一月二十四日

更正一點科學問題

我想，我在十一月十四日的醫療報告中，把我的新舊免疫系統之間戰役的故事搞錯了。殺入這場戰役中的不是嗜中性球。它們只知道如何攻擊細菌，所以嗜中性白血球低下症會使人容易受到感染。我的新免疫系統中，需要加強以用來應付急性骨髓性白血病的部分是T細胞，而它們的發展，要比嗜中性球慢得多。這就是我的難治性性骨髓性白血病，在移植後不久就復發的問題了：要我的T細胞勝任這個任務，需要移植後一百天左右的時間。我將在幾天後見哈瑞醫生時確認這一點。

我明天會寫一篇更長的網誌，現在我想回去給我的孫兒女寫信了。

二〇一八年十一月二十六日

戰場即時戰況

下午二點半，福德瑞特醫院

我正坐在一張典型化療椅上，在一個漂亮又通風良好的化療輸液室裡。這裡很安靜，沒有太大的聲音。我正在等待新治療計畫的第一次輸液：地西他濱（decitabine）。

下午二點四十五分

在接下來的一小時，地西他濱會從點滴架上慢慢滴入。我周圍放滿了零食。瑪西亞去了行政室，因為我們的保險在這一切開始以來，第一次出了點問題。不錯了，八個月才第一次出問題！

新的治療計畫已經全部制定好了。情況是這樣的：我跟哈瑞醫生確認了，所有的行動都跟我的新T細胞有關。要對抗造成急性骨髓性白血病的剩餘突變造血幹細胞，這些T細胞至關重要。因此，我的戲要演下去的話，我就要調整一下我的比喻。橄欖球這個比喻不合適。T細胞應該是未來戰役中的勇士，絕對不玩橄欖球的。我還是不免使用橄欖球來打比方，但反正我認為軍事比喻最適合推動後續敘事。要說T細胞是特種部隊，是陸軍「綠扁帽」部隊，還是海豹特戰隊都可以，任君選擇。這些T細胞需要大量招聘和培訓。嗜中性球則俯拾皆是，它們迅速發育，出去幹活，打一下橄欖球，然後在二十四小時內就死了（哈瑞醫生說是二十四小時，不是五小時）。T細胞就嚴肅得多。它們勤奮工作，努力訓練，不會胡行亂鬧。它們會在周邊血液中存活數月。研究過T細胞新兵訓練營的哈瑞醫生說，新鮮移植的幹細胞，需要一至三個月才能獲得一套完整的，足夠強的T細胞。明天是我移植後滿五個星期，所以我的T細胞肯定還在訓練中，沒達到最佳狀態。我知道它們很努力，但它們能做的也只有這麼多。

在T細胞發展的同時，我們有個更緊迫和直接的任務：我的急性骨髓性白血病又回來了。這個病很惡毒，很有侵略性，它製造了大量的芽細胞，又已經在我的脾臟做了些討厭的事情（我感受到的痛楚證明了這一點）。因此，當務之急是粉碎這些芽細胞，而這正是我的化療要做的。這週我會接受五天的地西他濱輸液。哈里醫生希望在這個基礎上，再增加一種新上市的口服化療藥物，但保險公司拒絕了，因為這種藥物還沒有被美國食品藥品監督管理局（ＦＤＡ）批准，所以我們正在上訴。哈里醫生要我別擔心，因為他相信上訴會成功的，而那種藥物會在今週或下週加入我的治療方案中。希望這些藥物能將周邊血液中芽細胞的水平擊落到低點。如果不能，還有其他的方法在等著我們。

一旦芽細胞數量下降，戰鬥就真的開始了。這裡的重點，是若要釋放新的T細胞特種部隊對抗死灰復燃的急性骨髓性白血病的話，就必須減少抗排斥藥物，令新的T細胞感到它們處於一個更陌生的環境中。這也將引發某程度的移植物抗宿主病。很多討厭的症狀會產生。最常見的是發燒、冷顫、紅疹和腹瀉。哈里醫生說，他期待著看到這些症狀，因為我需要某種程度的急性排斥來令這種策略奏效。他說，他們有應對這些副作用效果不錯的藥物。

我問哈瑞醫生，出現的症狀種類是否重要。他說不重要，任何一種症狀都可以。這讓我想到，我有沒有「偏好」哪一種症狀？我討厭在治療早期出現的發燒和冷顫。而來自急性排斥的紅疹被描述為「像火山爆發一樣」，聽起來非常不堪。而且紅疹很癢，我討厭癢的感覺。所以我選擇了腹瀉，因為至少可以清理一下你的系統，除非很嚴重，不然可以很好地控制。我問：「當腹瀉來的時候，我應該慶祝一下嗎？」他笑了。我會慶祝的。

如果這一切都被搞砸了，沒有效果，我們還有其他選擇（輸液完了，回家後再繼續）。

下午四點十五分，回到離醫院三分鐘的舒適家居

如果那一切都不成功，哈瑞醫生還有其他的方案。他畫了個方案的圖表給我：「我們有很多選擇，很多可以試試的臨床試驗。」門診結束後，他在道別時說：「我從不放棄的。」我回答：「我也是，我從不放棄。」

下午五點三十分

自週五開始，為了治療我的脾臟疼痛，我一直服用溫和的的剎美剎松，一種可愛的類固醇。它給了我極大的能量和專注力，而且讓我幾乎沒有疲累感。這種感覺很奇妙，我希望我是在淺嘗自己的未來。可惜的是，哈瑞醫生今天告訴我，明天早上服用的剎美剎松之後，我就必須停止使用它。所以到了週三，基本上它就會從我的體內消失。「我就不能偶爾用的剎美剎松來緩解一下疲累嗎？」他立即回答，「不可以，千萬不要為獲得能量而使用類固醇。」所以我不會，我是聽指示的。

二〇一八年十一月二十九日
遲來的網誌——不用擔心

距離我上次寫網誌又有幾天了。有幾個人對我的情況表示關切。最近幾天滿難過的，詳細情況見下文。但沒有甚麼太嚴重的問題。如果有天真的發生了嚴重的事情，我會讓瑪西亞在這邊寫網誌的。所以不要因為我幾天沒發文就擔心起來。

故事是這樣的。兩天前，也就是週二上午，我停服了神奇的的剎美剎松，但我仍有足夠精力，來完成給孫兒女的信的第一部分：四萬五千字的漫談，涵蓋了上世紀五〇年代初的內容。

我計劃在週二晚上寫當天的網誌，但在晚上七點，就好像有人拔掉了我的插頭，關掉了總開關一樣，完全筋疲力盡。我和瑪西亞坐在廚房的桌子旁，我的頭突然感覺像個西瓜一樣重，所以我把頭放在我在桌上交叉的手臂上。我沒辦法寫任何東西，於是去睡覺。整晚都非常不安。

週三上午，我做了標準的化驗，然後去了門診。我的脾臟疼痛愈來愈嚴重，特別是我咳嗽的時候。我去看門診時，他們第一件做的事就是測量「生命徵象」：血壓、脈搏、氧飽和度和體溫。到了體溫那部分，測出來的體溫是攝氏三十八．三三度以上。二十分鐘後，體溫又升到攝氏三十九．三九度。麥凱利斯醫生認為我必須入院，首先去急診室，然後到有床位的時候，就上醫院病房。我們被傳送人員帶到了一個非常舒適的急診室隔間，然後到了一個個人急診室，最後在晚上十點到了該去的病房。血液腫瘤科有五間病房可用，一間在高級護理中心，四間在普通醫院的病房。我們到了高級護理中心那間。我鬆了好大一口氣。

然後到了昨晚，一切每況愈下。脾臟疼痛難忍，高燒不退（即使他們已經讓我吃了泰諾來退燒）。我在床上，虛弱得無法翻身，無法坐起，甚至無法挪動身體來讓自己舒服一點。暫時的極度衰弱，顯然是白血病有時會出現的症狀。凌晨兩點，樓層的醫師助理終於給了我一顆低劑量的羥可酮（Oxycodone）。我對任何麻醉劑都非常警惕，因為它們會引起便秘。但為了得到一些休息，我還是妥協了。到了凌晨四點，我斷斷續續地睡下。

今天好了些。脾臟還是痛的，但沒之前那麼強烈。燒也退了，嚴重的虛弱也大幅改善。我很快就會做個電腦斷層掃描，看看脾臟的情況，然後開始服用處理這種情況的藥物。我還決定繼續使用一些適度的麻醉劑來止痛。醫師助理說服了我，她說這種情況只會持續幾天。她還說：「我是大便女王，我們會火力全開來對付便秘的。」既然這真的只是幾天的事情，我想我就順著她的建議吧。

從現在的情況來看，我應該還要在醫院待上四到五天左右。他們要在恢復對抗急性骨髓性白血病復發的化療前，弄清楚發燒的情況，確保一切穩定。當然我醒來時，我告訴瑪西亞我做的一個非常奇怪的夢的片段。我夢見我們房子裡堆滿了櫛瓜，它們堆在架子和桌上，廚房的檯面也鋪滿了櫛瓜。瑪西亞充滿睿智：「心智真是個奇怪的東西。我想櫛瓜代表的是白血病。」

二〇一八年十一月三十日

關於在自己的身體裡「泰然自在」的進一步思考

過去幾天，「我」和「我的身體」之間發生了激烈的衝突。我不知道這跟老生常談的「心物二元問題」是不是同一回事。可能是吧。但我的經驗不是關於我的「心靈」，而是關乎更廣闊的「我」。我在這裡的想法並不特別連貫，可能還雜亂無章。但我想我還是要把它們寫下來。

在我最難受的二十四小時裡，我對自己的身體感到很不自在，覺得它不是我的身體，不適合我。就好像你有個戶外烤肉用的帆布罩，但無論你怎麼做，都沒法讓烤架的輪廓和罩子對齊。我沒有噁心，也沒有頭痛，但脾臟疼痛難當。我非常虛弱，渾身都難受。我不知道該怎麼形容得更好了。然後昨天，醫生說服我服用第勞第拖（dilaudid，即二氫嗎啡酮〔hydromorphone〕），一種很快見效，持續時間短的靜脈止痛藥。當它通過靜脈注射進我體內時，我立刻感覺好多了，但它只持續了一個小時。然後，也同樣突然地，它就消失了。它的短效應該是個缺點，但令我感到到了控制權，一種在自己的身體裡泰然自若的感覺。感覺一切都歸位了，自在又舒適。

我還要服用第勞第拖幾天，直到我的脾臟腫大改善到不再疼痛的程度。根據電腦斷層掃描，我的脾臟目前大概腫大了百分之五十。減少腫大的主要策略是讓我的白血球計數下降，而那無論如何都是對抗急性骨髓性白血病的核心策略。這一切都會推遲處理現階段疾病的完整策略，晚個一到兩週。基本上，我們又回到了四月份的狀態，只是新的免疫系統跟突變的造血幹細胞共存了。眼前的任務，是重新取得對侵略性急性骨髓性白血病的控制，不論以何種方式。這就是為何血液腫瘤科的麥凱利斯醫生，和骨髓術植小組的哈瑞醫生現在又一起重新開始行動。

二〇一八年十二月二日

讓人不安的陰暗時刻

我一直猶豫要不要把這件事寫下來，因為言語不足以表達，而這件事又令我不安至極。昨天下午我在睡覺時，夢到了一個極其短促的片段。那不是個有完整敘事結構的夢。整個過程大概持續了不足一秒。惡毒的是那個場景，不是故事。我打開了一扇門，房間裡，坐滿了我愛的人和愛我的人——瑪西亞、珍妮和貝琦；我的孫兒女，大家庭的其他成員們，朋友、學生，還有同事，所有人都在。他們全都在取笑我，嘲笑我在這個網誌寫的東西，嘲弄我為理解這個病作出的一切努力，說我太荒謬太好笑了。沒有人說話，但我單看場景就立刻明白了意思。我大聲叫了出來——驚醒時我抽泣著，喘著大氣。對我來說，沒有一個惡夢比這個更壞了。我的生命，我所愛的一切，我賴以生存的所有——都是一場空。跟我對資本主義的批判相比，我更堅定地相信著我在世上體驗到的愛。如果愛是假的，那就甚麼都沒有了。甚麼都是一場空。我知道這個夢表達的不是真的，我對我所感受到的，沒有一絲一毫的懷疑。可是，那一瞬即逝的自我否定啊……

後來

寫到上面那半句話時，我不能控制地放聲哭了起來。我花了十五分鐘來平撫自己。在瑪西亞的建議下，我冥想了半小時。那讓我的情緒波動消散了。

我想以幾個反思來總結這篇網誌。

我不確定我在「自我否定」之後想要寫甚麼，而且那不重要了。自做了那個夢以來，在跟瑪西亞交談和自己反思了二十四小時後，這個詞第一次從我腦海裡跳出來，而且觸發了我的情緒崩潰。這個夢令我質疑自己是不是我以為的那個人，而「自我否定」這個詞，又反映了這種想法。

我常常想，自己有沒有從這些可怕的經歷學到甚麼。也許這種經驗，就好像思覺失調症狀的心理體驗那樣。你會偏執地認為你對其他人的想法都是假的，每個人都想要謀害你。如果我被推到某個臨界點，開始相信這種可怕的想法是真的，我會瘋掉。我在夢醒後的情緒波動中，以及寫這篇關於那個夢的文章時，所經歷的急促的呼吸，還有呼吸困難的感覺，大概都有點像恐慌發作。最重要的事情，也許是具有諷刺意味的：夢中內容的恐怖和虛假，比任何事情，都更能讓我看見愛之於意義的核心重要性。至少對我而言是這樣。我不覺得在一年前，我會寫出「跟我對資本主義的批判相比，我更堅定地相信著我在世上體驗到的愛。如果愛是假的，那就甚麼都沒有了。甚麼都是一場空」這樣的話。如果以前有人問我是否同意這句話，我會說同意，但那不會是我主動寫出來的。

* * *

最後：這是對我自身經歷的一段描述而已。我對自己身處愛的網絡其中，沒有一絲懷疑。寫下這些，並不是為了從你們獲得甚麼保證。

二〇一八年十二月三日

醫療報告

我本來希望今天就能出院的。兩天前有人告訴我，我需要二十四小時不發燒才能出院，但實際上是三十六小時。好吧，其實我已經不發燒四十八小時了，但不幸的是，我又有了個新的併發症。

有種病毒，幾乎在每個人還是嬰兒的時候就已經感染了，叫巨細胞病毒（cytomegalovirus, CMV）。一般來說它都是無害的，即使是普通功能的免疫系統也能抑制它。但是，在經歷過移植程序的病人身上，這種病毒可能會蓬勃發展，成為一種非常麻煩的併發症。所以醫生會在病人接受移植後立即檢測巨細胞病毒。在前面一個月，我的巨細胞病毒數量是檢測不到的。然後上週，檢驗室在一個單位的血裡發現了三百個巨細胞病毒（可能是一微升，我沒有問）。這個程度不足以構成任何風險。問題在於是否還持續上升，以及速度有多快。上週五（十一月三十日）進行了新的測試，但結果今天才出來。這次數值已超過四〇〇〇，因此需要對此進行治療。唉，對於我現在的整體情況而言，沒有一種治療方法是理想的。它們全都充滿副作用，包括對我的免疫系統的副作用，而不單單是針對那項病毒。無論如何，我今天晚點會開始服用對抗巨細胞病毒的藥了。我需要接受每天的仔細監測，所以最好還是留在醫院裡。

我需要留在福德瑞特醫院的最後一個原因是：一種能更積極處理我討厭的難治性急性骨髓性白血病的新化療藥，終於得到保險公司的批准了。它在一週前，剛剛被美國食品藥品監督管理局批准，但保險公司要求提供更多文件。這種藥物，即唯可來膜衣錠（venetoclax），顯然能識別急性骨髓性白血病白血球裡的一種蛋白質，而這種蛋白質在健康的細胞中是不存在的。這種藥會抑制所有白血球，但更有效抑制白血病細胞。大概是這樣吧。但是，一如以往，它的潛在副作用很嚴重，最初還是需要密切監測。

所以，我們在這裡不知要待到何時。他們說可能我週末能夠出院，我覺得可能下週吧。都有可能。就是這樣了。

二〇一八年十二月五日

「意義何在？」

此刻，在十二月五日週三的早上，我感覺非常好，幾乎沒有疼痛，內心平靜，有足夠的能量，也休息得很好。這一點很重要，要牢記在心：我有時會非常難受，像下列描述的那天那樣；但這些最終都會過去的，之後我還能感受到健康的感覺。這個故事有四個章節。

第一章：如何不去搞清楚止痛藥的程度

十二月三日週一，我從靜脈注射第勞第拖轉為口服止痛藥。這是讓我擺脫靜脈注射藥物的總體行動的其中一步，因為最終要出院就要擺脫靜脈注射。然後劑量就成了問題，因為口服藥的劑量跟靜脈注射的不同。決定劑量有兩個方面：多少（多少毫克／多少劑）和時長（每兩小時服一次，還是「按需要」服用）。還有就是對疼痛的監測問題：他們應不應該叫醒我，來看看我在十級制的主觀疼痛量表上的疼痛程度？我試圖向夜班護理師解釋，我沒有作出選擇的依據，因為我不知道各種選擇之間的利弊。

這一章顯露了圍繞著偏好和選擇的複雜問題。那又是現今時代的重要議題：「選擇」這個口號主導了醫療保健的討論，因此使用歐巴馬醫保（Obamacare）的人，需要仔細研究備選計畫後才作出抉擇。但是，當人們基本上不可能有意義地理解這些取捨所起的作用時，要權衡那些複雜的利弊來作出選擇，是很累人的。（而單一支付者醫療衛生系統[42]當然可以解決這個問題！！）做投資決策或買智慧型手機的時候也是這樣的。有時，相比起擁有不受約束的選擇權，更好的是能信任一個真正知道甚麼是重要的，也了解風險又是甚麼的人——一個能代表你行事的，真正的專家。這就是我需要的，因為我需要被解除選擇的負擔。我的偏好就是：將我的疼痛控制得夠好，不影響睡眠。而我很樂意將這個偏好轉化成劑量方案的決定，交給我信任的，有足夠知識的人。

第二章：靜脈注射免疫球蛋白和冷顫

作為控制巨細胞病毒生長的策略的一部分，我需要輸注免疫球蛋白（Intravenous immunoglobulin, IVIG）。這種液體是從健康成人身上收集的，含有他們的抗體，有助於抑制各種病毒。免疫系統長期低下的人，經常每月輸注免疫球蛋白。但管理就是非常棘手的一件事了。由於幾乎每個人都容易對輸液中的某些東西產生過敏反應，他們會預先給你一大堆預處理藥物：苯海拉明加上類固醇；又會以非常緩慢的速度進行輸液，只會根據反應小幅度地增速。好吧，昨天在輸血的前半時間裡，一切都很順利。然後，只消一點小小的增速，「啊砰！」我突然產生強烈的冷顫。止不住的冷顫。

之前我有過一次冷顫的發作，在夏天的網誌中寫過。冷顫是一種嚴重顫抖，兼伴有發冷的情

42 譯注：單一支付者醫療（single–payer healthcare）是一種全民醫療系統，意思就是由公共機構（單一支付者）承擔居民的所有基本醫療衛生費用。

況——那是直入心扉的，似乎完全不能受控的顫抖。我夏天經歷的就是這樣，可怕極了。這次比上次更要糟糕得多。開始的時候我是坐著的，這次除了全身顫抖外，我的腿、身軀和下巴的肌肉都被鎖緊了，我幾乎不能說話。我大叫說自己需要幫忙。我的心率已經到了危險的水平了，呼吸也愈來愈急促，愈來愈淺。瑪西亞在我旁邊，摸著我的頭，抱著我。她要我嘗試呼吸得慢一點，並試著深呼吸。我試了，我試了一次又一次，但我完全控制不了自己。我咬著牙，嘗試吐出一句「我做不到」，但似乎沒有人能理解我在說甚麼。

護理師們立刻著手工作，醫師助理也被叫來。他們都很冷靜，表面上看來就是在處理事情而已。後來我向他們這麼形容，但他們說其實他們每個人內心都很緊張，處於緊繃的狀態。在讓我明確知道醫護人員也覺得這是一場危機，跟他們那種極平靜又實際的交流方式之間，我不知道哪一種在情感上更讓我放心，更能讓我在完全驚惶失措的情緒狀態下平靜下來。對我來說，這個世界正在破裂，正在分崩離析。疼痛很強烈，那種疼痛表明某些東西隨時可能爆炸或倒塌。但我周圍的人都很冷靜。這應該是最好的方法吧，我是這麼相信的。

大約過了十五分鐘，這些症狀才開始緩和下來。他們立刻停止了輸液，我被注射了大量的類固醇、配西汀（Demerol）和苯海拉明，都是透過靜脈注射。第一次用藥沒有效果，第二次就有了。顫抖減輕了一些，肌肉痙攣也迅速消退了。過了半小時我才不再發抖。但我的血壓、心率和其他方面，都要更長時間才能穩定下來。在被注射了那麼多藥物後，我就沉沉睡去了。

第三章：靜脈注射免疫球蛋白派對

我果然正是需要睡一下。我有時睡得很沉，但大部分時候，我都只有那種邊緣睡眠，在睡著和醒著的邊界上來回移動。在這個邊界上，我覺得自己同時處於清醒和睡眠狀態，而不是簡單的「半醒狀態」。過了三、四個睡眠週期後，我跟瑪西亞進行了以下對話。

「ＩＶＩＧ（靜脈注射免疫球蛋白）派對在哪裡呢？」

「甚麼意思？」瑪西亞問。

「我們剛剛就在ＩＶＩＧ派對那裡，」我認真回答。「男人們都穿著燕尾服，女人穿著那種蓬鬆的，走起路來皺摺會發出響亮的聲音的裙子。你剛剛就穿著那種裙子。我們要去芝加哥參加剩下的派對。」

「親愛的，我們在密爾瓦基的福德瑞特醫院呢。」瑪西亞耐心地解釋。「你在這裡治療白血病。」

「我知道呀！」我有點急了。「但派對在哪裡？」在我如夢未醒的腦子裡，我們身處某個巨大宛如貨倉的空間。遠處有個派對，男人穿著晚禮服，女人穿著皺巴巴的裙子。不知為甚麼，派對上還有長頸鹿。

瑪西亞在我旁邊，摸著我的頭。「沒事的，我們在福德瑞特醫院。」

「我們要去派對。但意義何在？派對的意義何在？」

我又昏昏沉沉的睡去了。

醒來時，我又問一次。「派對的意義是甚麼呢？」

瑪西亞提議我們明天才解決這個問題。

慢慢地，經過了幾個這樣的週期後，我的疑惑煙消雲散。我不再有那些關於派對的幻覺了。剩下的就只有我的詰問：意義何在？但我質疑的，顯然是白血病，而不是派對。

白血病有甚麼意義？這是個愚蠢至極的問題。我們人類為了治療白血病而付出的努力是有意義的——那個目的充滿了意義。但疾病本身並不是為了任何目的而存在的。

第四章：後記

雖然我的盜汗又開始嚴重了（昨夜換了五件T恤），我昨晚還是睡得很好。我睡得如此平靜，可能是因為下午為應對靜脈注射免疫球蛋白的冷顫問題而服用了很多藥物。但這些藥物現在應該已經完全失效了。無論如何，不管是甚麼原因，今天我身體感覺輕鬆；而在昨天的激烈之後，今天一切平和。

眼下的主要問題，是讓我的白血球計數下降，以控制芽細胞；也要大幅減少脾臟腫大，消除脾臟的疼痛感。這裡有個微妙的訣竅：在做這一切時，要注意盡量減少對我新移植的免疫系統的傷害。

二〇一八年十二月六日

重返正軌！

今天沒有戲劇性的事情發生，真讓人鬆了一口氣。一切都穩定下來了。美國食藥管理局新批准的化療藥物唯可來膜衣錠終於送到，所有的障礙都克服了，我剛剛吃了第一顆藥。血液腫瘤科負責人麥凱利斯醫生，決定重啟上週因發燒而中斷的新化療輸液地西他濱。我會連續五天用靜脈輸注地西他濱，同時服用唯可來。這就是我們對付核心病程「火力全開」的過程：我們知道需要處理副作用，但極盼完成這場戰役的中心任務。（同樣地，雖然這跟我的價值觀相左，我真的不知道如何能避免戰爭比喻。它似乎符合我身體裡正發生的事的象徵現實，所以我也不再在意了。）因此，我預計在未來的日子裡會更難受。希望不會像前幾天那樣，但還是會更加難熬。我應該會有一些腫瘤溶解（tumor lysis），即腫瘤細胞的死亡。如果這種情況發生得太快，可能會快速流失電解質，對腎臟破壞尤其大。冷顫也被列為潛在的副作用，但肯定沒有十二月四日發生的那麼強烈了。而且無論如何，我不認為它會引發我當時感覺到的恐慌。因此，再一次突圍成功了！我很興奮。

珍妮來訪

今天下午，我因珍妮和馬克的來訪而深受感動。馬克正在找關於大氣科學的工作，他們現在住在我們在麥迪遜的房子裡。他們可以把麥迪遜當作根據地，而薩菲拉又在參加一個很棒的蒙特梭利學前教育計畫，這種安排好極了。貝琦和小艾達今晚開始要來住三天，珍妮週六又會跟薩菲拉一起過來。我的兩個女兒和三個孫兒女中的兩個，都會環繞在我膝下。這是最好的藥了。

二〇一八年十二月七日

簡短更新／美好的一天

醫療報告

用上了新的化療組合後，我現正處於全面攻擊的模式。暫時還沒有明顯的副作用，只有兩件事一直在困擾我：高血鉀和輕微便秘。高血鉀是個問題，因為它可能引發心律問題，而又因為我有過心房撲動，所以不能讓它發生。我正在服用各種藥物，嘗試處理這種情況，但在數字下降前，我必須戴上惱人的心臟遙測器。至於可怕的便秘，「大便女王」（這個雅號是她給自己的）已經基本幫我解決了，她讓我從中度便秘變成了輕度便秘，在我看來頗不錯。

地西他濱輸液會持續五天，同時我也會服用精美的唯可來膜衣錠化療藥。之後，我應該會停止輸液二十二天，並希望能夠出院。出院日可能是十二月十一日週二。這一切都是為了對抗咄咄逼人的急性骨髓性白血病復發，為我成功移植的骨髓創造環境，讓它發揮作用，並開始產生活躍的T細胞來加入戰鬥。如果我只是在場外觀戰的觀眾，我肯定會覺得戰鬥刺激極了。

美好的一天

貝琦和艾達昨晚抵達。我們預約了醫院病房的家庭休息室，好讓他們白天來的時候可以用。休息室很棒：座椅舒適，沙發可以用來睡覺，安靜怡人。拉下了簾子，室內暗得可以讓艾達睡一下。還有個私人的沐浴間。我們幾乎整天在那裡閒聊。這樣的時間，跟上次珍妮來訪一樣，是我最深深感受到幸福的時間。那種幸福滿溢的感覺，是連我的惡疾和死亡的可能都無法玷污的。在某些方面，我為此覺得很意外。我極渴望活著，可是，我也無法比現在這一刻覺得更滿足，更幸福了。我不是說死亡的陰影沒有侵入過我的快樂，但昨天沒有，今天也沒有。

二〇一八年十二月八日

分崩離析又重新接合的世界

我一直想弄清楚，在我身患惡疾，並從不否認我可能因此而死時，我怎麼可能在此刻感受到如此圓滿、深刻的幸福。我無法以語言描述我的感受。我知道人們常說的堅韌不拔是甚麼意思，也知道甚麼是「身心合一」，或肢體與心靈的互動（雖然這種合一也很容易喚起絕望），也知道將某些感覺「分離隔絕」是甚麼意思。我會談及這些東西，會用這些字眼，也或多或少能形容現正發生的，不太真實的現實，以及我的感受。但它們不能完全表達我的意思。

貝琦跟艾達還在這裡。珍妮下午從麥迪遜過來了，但薩菲拉有點流鼻水，所以要留在家裡。我、瑪西亞、貝琦和珍妮幾乎整天在漂亮的家庭休息室閒聊。我說了很多，關於愛的，關於滿足的，關於滿溢的幸福的。我也聊到，即使我身體正處於這樣的情況，而死亡的可能性也離我並不遙遠，但那一切都沒有玷污那些滿溢的幸福。

到了下午三點，我要回到三十一號病房進行化療。我站了起來。從家庭休息室走到病房要兩分鐘。我突然覺得世界分崩離析了。「分崩離析」是我想到的字眼和畫面。就好像有一堵牆，黏合得很好的牆，突然開始漏水了，爆裂了。它是一堵木牆，也是一道水壩。它爆裂了，然後我突然被情緒淹埋了——是被情緒的「洪水」淹沒了吧？我在瑪西亞前面，拖著腳步走在走廊上。脾臟又開始痛了。我一直在努力延長止痛藥的時效。那種疼痛沒那麼難以忍受，但它擴大了我覺得一切崩壞的感覺。我撲倒床上，很快那種強烈的感覺就過去了。情緒的洪水也退了潮。我睡了一陣子，醒來覺得世界又接合起來了。

這可能一點都不令人震驚，至少不讓人驚訝或不安。我的確深深感到幸福，但同時我也的確身患致命惡疾。這就是我身處的現實／不現實。可能沒有甚麼要再搞清楚的了。

二〇一八年十二月九日

繁忙的一天

我的一天：

1. 早上和羅傑斯、貝琦、小艾達和瑪西亞一起閒聊了一個小時左右。我們談到政治，以及代表了州級進步政治的「威斯康辛模式」的崩潰——儘管如此，我們也談到了希望的源頭，甚至也聊到了樂觀主義。
2. 打了個盹。
3. 跟貝琦一起，在CFAC八號病房的走廊走了〇・八公里。

4. 在小艾達在一旁喋喋不休的時候，來了個甜美的小睡。

5. 跟貝琦和小艾達玩在一起，為自己這些奇怪的快樂和滿足感而驚嘆不已。

6. 做了化療輸液，服了化療藥。脾臟疼痛沒有改善，但白血球計數下降了。血鉀也在下降，所以我今晚也許就不需要掛著遙測儀了。

7. 跟大衛（David Calnitsky，艾瑞克的舊博士生）的妹妹肖娜所在的加拿大社會活動家閱讀小組進行了近兩個小時的Skype研討會。他們讀了《如何在二十一世紀反對資本主義》的定稿。這場會議好極了，異常有趣且令我受到鼓舞。能跟年輕的活動家進行如此深入的對話，感覺很美妙。有人問我為何能保持如此樂觀和充滿希望。我說，在這個特定的時刻，這個問題很有趣，因為樂觀或希望，指的是對我的身體，也是對這世界。我解釋了為甚麼我不同意葛蘭西[43]那句關於「意志上的樂觀主義，智性上的悲觀主義」（optimism of the will, pessimism of the intellect）的老生常談——因為如果沒有智性的樂觀主義，就不可能維持意志的樂觀主義。再者，要悲觀實在太容易了，完全沒有智性挑戰。樂觀是需要花功夫的！

8. 洗了個澡。

9. 寫了網誌。

10. 是時候看一集《漫才梅索太太》（*The Marvelous Mrs. Maisel*）了。

二〇一八年十二月十一日

各種零散的話題

這是密爾瓦基的一個陽光燦爛的寒冷冬日，現在還早，太陽低懸在地平線上。我沒有直接體驗到這種天氣，因為我在高級護理中心八樓的舒適房間裡，往大概是南方的方向眺望著。窗外是一片溫暖的黃色光輝。

（一）關於週日的那場Skype研討會

瑪西亞說，當我跟學生討論得興高采烈的時候，又特別是當話題圍繞著社會學抽象的理論問題時，我的疲累就會一掃而空。之前幾次舊生和現在的學生來訪，還有同事們來訪的時候，都有這種情況。我們會先聊聊近況，我說明自己的病況，學生告訴我他們最近在做甚麼。能跟他們重拾聯繫和分享令我快樂，但我也會很快到達體能上限。然後，我們會慢慢轉往理論探討——我們會討論世界體系理論中的功能性解釋，國家體制的內部矛盾，或是認真對待無法避免的兩難問題的可能意義，等等。我的能量水平會隨著討論熱度一起逐步上升。週日就是這樣。這是即使在我

43 譯注：安東尼奧．葛蘭西（Antonio Gramsci；一八九一—一九三七），義大利激進左翼政治家和思想家。他關於「同意」（consent）和「陣地戰」（war of position）的思想，對後世影響重大。

這種情況，我還是覺得下學期能開個研究生研討課的原因。

（二）跟小艾達在地板上唱歌

過去的那個週末，我幸福地沉浸在最小的孫女艾達的陪伴中。她不能進入癌症病房，但她可以進去病房外電梯旁可預約的家庭休息室。我們預約了整個週末，但也說如果有更緊迫的用處，我們也可以把空間讓出來。我們基本上在那裡渡過了整個週末，而我也因此能跟小艾達一起躺在地上，共渡深刻、放鬆又對我意義深遠的時間。

二〇一八年十二月十二日

特別的時刻

昨天傍晚，我經歷了人生中最特別的其中一次談話。我的血液腫瘤科小組的首席醫生蘿拉・麥凱利斯，因為一個重要的全國性年會而離開了幾天。她回來後我第一次跟她碰上面。總括而言，我們大概談了近一個小時，她注意到冷顫事件是多麼糟糕，也說我不會再接受靜脈注射免疫球蛋白治療了。

我跟蘿拉說，「那不是我患病後最難過的時刻。我也做了人生中最可怕的一場夢。」然後我告訴她我在十二月一日做的那場夢。在十二月二日的網誌裡，我是這麼寫的：

> 我打開了一扇門，房間裡，坐滿了我愛的人和愛我的人。他們全都指著我的鼻子取笑我，嘲笑我在這個網誌寫的東西，嘲弄我為理解這個病作出的一切努力，說我太荒謬太好笑了。我大聲叫了出來——驚醒時我抽泣著，喘著大氣。對我來說，沒有一個惡夢比這個更壞了。我的生命，我所愛的一切，我賴以生存的所有——都是一場空。跟我對資本主義的批判相比，我更堅定地相信著我在世上體驗到的愛。如果愛是假的，那就甚麼都沒有了。甚麼都是一場空。

蘿拉聽了，靜靜地說：「艾瑞克，我是個天主教徒。這正是耶穌在受難時在十架上說的話：『我的神！我的神！為甚麼離棄我？』」

耶穌說的這段話，大概是整個受難的敘事中心最重要的一段。這也是福音經文中人們最熟悉的一段話。我和蘿拉都哭了，但繼續交談著。耶穌最深切的絕望時刻，跟我的絕望時刻之間的深刻對比，是如此刻骨銘心。我相信，我的無意識並沒有在夢中引用這些經文，它們只是直接表達了一種普遍的恐懼——被一個人生命中最根本的意義來源完完整整地拋棄。基督教的上帝是愛的上帝，或者也正如一些基督徒所表達的，上帝就是愛。故，耶穌的絕望是：「為甚麼愛拋棄了我？」「如果愛是假的，那就甚麼都沒有了。甚麼都是一場空。」這則是我的體會。

二〇一八年十二月十四日

醫療報告：無法出院

今天早上我準備出院，但我發燒過了攝氏三十八度的門檻。我已經好幾週沒有發燒了，大部分時間都快樂地停留在攝氏三十六．一一至三十六．六七度之間。昨晚我的體溫到了三十七．二八度。護理師說不用擔心。下一次再量，讀數又回到了攝氏三十七．〇六。

看，沒甚麼好擔心的。但我見過這種模式了：有點不穩定，稍微上升，然後又越過了門檻。這就是之後發生的事了。上午大概十點，體溫上升到攝氏三十八．八九度。再沒有含糊的空間了。所以要重新進行血液培養，因為敗血症是白血病致死的方式之一，醫生們不想冒險。

發燒高峰只持續了很短的時間，也許二十分鐘吧。之後，我又回到了不穩定的低溫狀態。但我在這天的多數時間都感覺非常糟糕，所以在病房人員的照顧下，我沒甚麼不開心的。

現在晚了，我必須回去睡覺。但我發現，讓你們所有人知道我的情況，是讓我感到我跟大家聯繫緊密的部分原因。所以只是簡短的更新一下，感覺也很好。

二〇一八年十二月十六日

醫療報告

由於我們正試圖改善那麼多「數字」和條件，我自己也有點糊塗了。我會不時在網誌中報告一下那些數字，明天再談一些關於我在福德瑞特醫院的治療和生活的各方面，一些（對我來說）有趣的新想法。

鈉。我的尿崩症還在擾亂我的鈉數值。昨天我有三十六個小時沒有服用去氨加壓素，結果在十八小時裡去了四十次小便，而且一直口乾舌燥，口渴難耐。當然，我服用的每一種藥物，幾乎都將「口乾」列為可能的副作用。

大便。便秘的處理是個永恆的主題。我沒有被硬塊狀的糞便困住，但我還是被困住了。昨天晚上，我們為了解決這個問題扭盡六壬：番瀉苷（Senna）、MiraLAX瀉藥、拉特樂斯緩瀉劑（Lactulose）。肚子出現咕嚕咕嚕的聲音，但甚麼都沒發生。凌晨兩點的時候，為了檢查與尿崩症有關的問題，夜班護理師給我做了個膀胱掃描——基本上就是使用一根棒子的可攜式超音波掃描，看我在排尿後，膀胱裡還有多少尿液。掃描程序包括在下腹部和膀胱上推壓那根棒子。

這種推壓引發了大幅抽筋。我叫起來：「我要去廁所了！」我成功了，在放了些短屁後，我拉了一大坨大便。醫生們希望能夠評估這件事，所以他們不得不在馬桶裡放一個他們稱之為「帽子」的東西來兜住糞便。它被填得滿滿的，看起來像布丁。護理師走進去，忍不住「嘩」了一聲。我問以護理標準來說，那些大便是不是還不錯？「當然了。」

血鉀。血鉀一直在上升，引起了潛在的心律不正問題。但現在的程度似乎還好。

巨細胞病毒。它的病毒量已經減少了一半，但還沒有「受控」。明天會再度測量。

白血球、嗜中性球、血小板和血紅素。當然還有我的病的核心問題：白血球。這就是化療要除掉的目標，雖然同時還要保持（用於凝血的）血小板和血紅素的數值。到目前為止，我幾乎每天都要輸各種血細胞。

如你所見，正在進行中的事情太多了，也有很多互相影響的，變動中的部分。我想我一旦有幾天不發燒了，他們也覺得我在這些不同問題上處於某種大致的平衡狀態，我就可以出院。明天我就會知道更多了。

二〇一八年十二月十八日

關於人工幸福的漫無邊際的思考，還有旅鼠

快樂：是真實的，還是人工的？

這篇是對我的一個情緒波動的時刻的敘述，而且將會既漫長又曲折。考慮到我目前的疲勞程度，這似乎是最好的寫法了。我在寫作的時候常常睡著，所以不斷地停下來，又開始寫，使得這篇文章有點雜亂無章。

在哲學中，有個圍繞著「幸福」（happiness）這個概念的，由來已久的問題，那就是這個概念很容易受到各種形式的操縱。在馬克思主義中，這反映在異化分析中對「工作滿意度」的批判中：工人可能會說他們對自己的工作感到滿意，因為替代方案範圍非常有限，所以跟替代方案相比，他們擁有的似乎已經很好。高度分工的生產線上的工人肯定是不快樂的。人們很容易形成適應性偏好，就像《伊索寓言》中「吃不到的葡萄是酸的」那個故事。然後，還有個「幸福藥丸」的問題：如果有種藥丸可以放進水源裡，完全無色無味覺察不到，而且會讓每個人都感到非常幸福；例外是有客觀的充分理由感覺悲傷時，例如親人的死亡。如果水裡有幸福藥丸，世界會變得更好嗎？

在討論社會正義的過程中，我探討過這些問題。我將一個公正的社會，定義為「所有人都能平等地獲得能蓬勃發展的生活（flourishing life）所需的社會和物質條件」的一個社會。我並沒有說「獲得『快樂』生活所需要的條件」。當然，不快樂就難以蓬勃發展，所以實際分別可能不大：有利於獲得快樂的社會制度，也會有利於獲得能蓬勃發展的生活。

但我覺得，「快樂」作為切入點是比較膚淺的。這又跟「幸福產業」（happiness industry）的問題有關了，即把容易獲得快樂感覺的手段商業化，從娛樂性藥物[44]到超級消費主義都包括在內。

一個不同的角度：在跟珍妮特談及冥想時，她最近建議我冥想一種安適的感覺，而不要專注於消除疾病。「安適」更確切地說，是一種完整的，身體上的滿足感。所以我一直在這樣做。而且我一直在網誌中寫自己是多麼的快樂，而這些快樂是完全沒有被疾病帶來的痛苦影響的。

週五晚上，我在午夜時分醒來，給珍妮特寫了封電郵。「親愛的珍妮特，今天晚上，我帶著滿滿的，深刻的安適感翩然醒來。我睡得很沉，很安寧。我沒有驚醒，而是慢慢醒過來。我和世界之間，沒有任何阻隔的感覺——就像我們之前談到的那樣，我和世界真正融為一體。多麼美好。」

第二天早上，我正在和瑪西亞聊各種話題。我不確定觸發因素是甚麼，但我突然哭了。對我來說這是突如其來的，那些淚水和抽泣完全沒有焦點。為了安慰我，瑪西亞查閱了我正在服用的第勞第拖止痛藥的副作用。其中一個列出的副作用是焦慮不安（dysphoria），悲傷和不快的感覺。但同時也列出了欣快感（euphoria），即深深的滿足感。能夠消除前者（焦慮不安）的藥物當然好。我深信，憂鬱症和其他影響我們享受世界的能力的疾病，是受苦的實際來源，而且相當程度上是由神經化學問題引起的。它們應該像其他干擾健康功能的疾病一樣被治療。沒有人應該因為使用人工荷爾蒙噴劑來處理尿崩症而受到汙名，服抗抑鬱藥也是一樣的。好吧，這對我而言是絕對清楚的，但不知何故，當我知道我深刻而普遍的幸福感和滿足感也是第勞第拖的副作用時，我覺得受到威脅。

我知道這種感覺毫無道理，因為在我服用第勞第拖之前，就一直在寫自己感受到的快樂了。但我在這裡想說的，不是任何理性的評估，而是我的經歷。我為自己在面對急性骨髓性白血病時的堅韌不拔感到自豪，我覺得我達到的平衡是真正的成就，不是甚麼藥理上的花巧技倆。減輕痛楚本身有助幸福感，因為疼痛令人不快樂，但那是一回事——令人不安的，是我得知我的一些更深刻的滿足感，很可能是來自於止痛藥。這讓我感到被欺騙，被剝削了真實地體驗那些情感的機會。

---

44 譯注：娛樂性藥物（recreational drugs）一般指用於休閒消遣的迷幻藥和興奮劑，常見的包括尼古丁、大麻、鴉片類藥物等。

一隻名叫波巴的旅鼠

在過去約一週的時間裡，瑪西亞一直在晚上給我讀艾倫・阿金（Alan Arkin）的精彩小說《森林淨地》（*The Clearing*）。故事圍繞著一個了不起的角色：旅鼠「波巴」。他害怕成為旅鼠，因為旅鼠以跳崖聞名。但單單當一隻不像旅鼠的旅鼠，波巴覺得也不是個令人滿意的替代選擇。波巴的煩惱，跟「真實烏托邦」的主題產生了共鳴——尋求一個積極的替代方案，不僅僅是對某些東西的否定，而是對正面價值的全面肯定。我第一次讀這本書是在三十年前。這本書有趣極了，而且是一本值得大聲朗讀的書，但我同時也認為它是一場對意義的深刻思考。一個十歲的孩子和一個七十歲的老人都可以享受這個故事。這本小說沒被視為寓言文學的經典作品，著實令我驚訝。

二〇一八年十二月十九日

醫療報告

過去兩天，我的健康狀況惡化了。這讓我覺得，我以前對痛苦的看法很輕率，談幸福和安適感時，看法則細微得多。情況是這樣的：昨天進行腹部電腦斷層掃描後，發現了兩件事：（一）輕微的脾臟梗塞，導致一些脾臟組織死亡。（二）我結腸的一部分受到感染。脾臟梗塞就像心臟病發作，不過是改在脾臟發生而已。部分脾臟腫大，以至於它沒有得到足夠血液供應，最終死亡。這就是脾臟疼痛的部分原因。結腸感染又更令人擔憂了，因為它可能導致結腸破裂，反過來導致敗血症。敗血症是急性骨髓性白血病能將我殺死的方式之一。

所以，現在他們完全不讓我用嘴巴吃喝了。我用靜脈注射補充水分，到目前為止，我只得到最低限度的營養。我剛從介入性放射科回來，我的PICC導管上加了一個額外的接頭，通過這個接頭，我可以輸注更像「食物」的調製品。此刻的我飢腸轆轆，三天來我連葡勝納這類的營養品都沒下肚，而且一直很口渴。我醒來的時候，嘴唇黏在一起，沒有唾液可以鬆動嘴巴。他們允許我啜飲幾口水，但絕對不能吞下任何東西。我腸子裡的水顯然會增加結腸破裂的風險。

現在我要停下來了。想寫的很多，但我太累了，完全精疲力盡。瑪西亞在佛蒙特州的伯靈頓，要幫忙她的父親住進安寧之家。瑪西亞的女性小組（the feminar）成員裡頭嘉菲和詹妮特昨晚來醫院陪我過夜，雖然不是必要的，但真是貼心得叫人難以置信。而塞德曼，我親愛的朋友和同事，現在將接替她們的工作。所以，晚安了。

二〇一八年十二月二十日

簡短小更新

很快更新一下：感覺明顯比昨天好。就感覺而言，事情往好的方向發展。瑪西亞半小時後就回來了。所有的數字都在改善。所以，也許一切都會變好的。

二〇一八年十二月二十二日

寫網誌的新策略

我向瑪西亞口述相對簡短的醫療報告，以便你們能盡快知道一些基本資訊。這邊很快地說一下：這是個嚴肅的時刻，在很多方面都同時掙扎著。醫生第一次說，他們不能確定這場危機的結果。下列就是我們現在面對的問題：

（一）脾臟：脾臟腫大的情況持續，還有更嚴重的傾向。

（二）伴有發熱和便秘的腸道／結腸感染：脾臟腫大抑制了腸道的運動，從而加重了便秘。

（三）因試圖控制尿崩症而使體內鈉含量升高。

（四）為了處理這一切，有幾天的時間限制了口服液體，以及用靜脈注射抗生素，令腸道得以休息。結果是難以忍受的口乾，以及化療的中斷。

我的目標是渡過這個非常艱難的時期，並使所有這些症狀得到控制。

二〇一八年十二月二十五日

聖誕節

我已經有一段時間，沒真正感覺到能集中精力寫作了。但過去一週，讓我感覺難受的各種情況都獲得了一些進展，無論如何，我覺得我越過了「有足夠的精力和注意力去寫作」的門檻。

戰爭比喻又一次派上用場：在我身邊，有一場針對急性骨髓性白血病的戰爭，但也有與其他敵人的戰事，有些與急性骨髓性白血病密切相關，有些沒有。如果不打敗其他部隊，我們就不能有效地對付主要的敵人。這場戰爭有太多戰線了。好吧，就目前而言，我們在眼前的威脅上取得了些進展。

昨晚是平安夜，我碰巧聽到全國廣播公司的平安夜禮拜。講道的內容太精彩了。傳道人是一位名叫露易絲（Jacqui Lewis）的非裔美國女性。下列是全國廣播公司釋出的布道內容：

「聖誕故事的核心是希望……而希望是以一個脆弱，可憐的嬰孩的形式出現在我們面前的。改變世界的，是一個孩子，不是君王。上帝以一個來自巴勒斯坦拿撒勒的，被邊緣化的，非洲閃族的猶太孩童模樣，出現在我們面前。這個孩子長大後，教導我們去歡迎外邦人。如果我們愛鄰人如同愛自己一樣，這個世界會有甚麼不同呢？」中間大學教堂的高級牧師露易絲博士如此問道。

這幾乎不足以形容這場講道的力量。露易絲談到聖誕節的故事如何被帝國主義和商品化，即如何被權力和貪婪所劫持。她又談到基督教一旦成為國教，又是如何被用來進行統治和剝削。但是，她說，基督教的核心其實很簡單。在層層外殼下的底蘊就是「愛」。就只有愛。其他都是對這個核心思想的注釋而已。這句話對現在的我來說，真的直中心坎。我認為，愛確實是我生命中一條亙深的線索，將我如何教導學生，如何為人父母，我的學術工作，以及對馬克思主義和解放社會科學的全心投入，統統連起來了。聽到聖誕崇拜廣播有力地闡述了這一點，我深受感動。當然，我不能接受那些關於上帝是一個有意識的、直接永恆的、全能的存在的說法。但是當上帝難以捉摸時，例如說「上帝是愛」，而不是「愛的上帝」——那就更易讓人接受了。不過，對我來說，上帝會容易讓人偏離核心訊息，那即是：愛。僅僅如此。

二〇一八年十二月二十八日

時限

我決定，是時候更了解自己這個病將會發展到甚麼程度了。在過去一週，很多事情暗示病情不妙，但都還很模糊——我們處理的都是眼下讓人衰弱的症狀，例如口乾、疲勞、發燒。

所以，今天我跟當值醫生交談了：「我知道自己能好起來的機會很微小。但現實點來說，我應該期待自己能活多久呢？幾個月？六個月？一年，或者超過一年？」

他說：「六個月有點勉強了。」

這就是來自駐層血液腫瘤科醫生的答案。我會再問其他醫生，他們的答案可能有出入。但我不認為基本上會有太多變動。

在接下來的日子裡，我會努力安排好未來的實際工作：清理我在辦公室裡的藏書，不同的書有各自的目的地（例如，我的書和譯本應該放在一起）、清理文件櫃、期刊（一套幾乎完整的《新左派評論》）、各種藝術品，以及很多我們在黑文斯中心沒有用上的海報，等等。

所以，我們要為所有東西都找尋目的地。我不希望用書來賺錢，所以也不想要賣書。

在社會科學大樓的某處，還有裝滿了我一九八〇年研究數據的文件櫃。所有原始數據都在裡頭。除非有人想在五十年後再做一個後續研究，不然這些應該要被扔掉。

我把這些列出來，是為了提醒我的朋友和同事們，要做的實際工作很多。

我很樂意把書送給那些有藏書的學生。

有興趣幫忙的人，請讓我知道。但我們可以稍後再想辦法，解決這一切的實際執行問題。

二〇一八年十二月三十一日

沒甚麼好報告的

這篇網誌是我口述給瑪西亞打出來的，因為我發現寫起來非常困難，寫作時眼睛打不開。過去兩天，我大部分時間都在床上睡覺，而且還沒有機會向其他醫生跟進我上一篇網誌中，關於「只剩下不足六個月」時間的說法。

我現在感到比較樂觀了，因為很多人在精彩的評論中，提醒我合理估計的困難，還有許多人們被告知他們所剩時間不多，然後又活了很久的故事。

所以，我還是回去好好活著，把避免讓我死亡的事情都留給醫生們吧。

二〇一九年一月一日

二〇一九新年快樂！

二〇一九年一月四日

哀訊

就我的醫療狀況，我現在有更明確的消息了。根據最新的指標，我還能活三到四週的時間。當然，意外不是沒可能的。而我會繼續利用剩下的任何化療手段來對抗急性骨髓性白血病。但事實是，我們已經沒有選擇了。醫生們認為我還剩下三至四週。

這也代表我的運作模式改變了。我明確告訴醫生，我最優先的事項，就是盡可能獲取能量，能夠寫作，並在這些最後的日子，享受跟家人在一起的時光。如果我有精力的話，我的確計劃著要寫作。有人來探訪我當然高興，但我無法計劃和協調這些探訪，所以我告訴大家，即使跟其他人有重疊，也來短暫地看我一下吧。我想，這個可怕的消息有個好處，就是我可以將那些因食物中毒而設的食物限制拋諸腦後了。因此，今晚我們就要舉辦一場壽司宴會。如果我的味蕾不配合，我要殺了他們！

未來我會繼續寫網誌，但可能更新會有一點疏落，因為我有其他更重要的寫作任務。特別是給孫兒女的信。如果我的病情發生任何重大變化，我當然會在這裡寫的。

愛你們的

艾瑞克

二〇一九年一月五日
奇異的存在狀態

我大概還會存在約三週的時間。三個星期。那就叫這段時間作「二〇一九年一月」吧。二〇一九年一月：屬於我的月份，我的最後一個月份。意料之外的變化是可能的，好的壞的都有可能。我的肝臟是白血病蹂躪得最嚴重的地方。它現在嚴重腫大了，急性骨髓性白血病已完全入侵。這就是我需要每天輸血小板和紅血球的原因。

我的移植組織沒能抵禦急性骨髓性白血病的復發，所以沒有製造些甚麼出來。而且被急性骨髓性白血病阻塞的肝臟似乎過濾掉一些輸血，所以我沒能從中得到全部的輸液。結果就是，即使在血小板輸血後，我的血小板計數還是極低；在血紅素輸血後，血紅素數值也一樣極低。到了最後，這些數字就會低到無法支撐我的生命，或者一場趁亂而起的感染會把我解決掉。醫生們說我還有「數週」——如果我能活到二月，那會是不錯的驚喜，因為我的生日在二月九日。那就看看吧。

很難完全接受這一切。對於死亡，我無太大掙扎。我為很多事情感到悲傷，尤其是對於我的家人，但我沒有懼怕。以往我已寫過這一點，我的感受沒有改變：我不過是一束星塵，因著偶然，散落在銀河此一角落。在這裡，有些星塵以複雜的方式聚在一起，故有了「活著」的狀態；又，更複雜的是，這些星塵也有了意識，而且感知自己擁有意識。多麼神奇——星塵不過從超新星爆發而來，本無生命，卻因偶然以複雜方式聚集，故有了自我意識，並能感知自己的存在和意識。這是浩瀚宇宙間至高無上的光榮。也許這是有終點的。這個複雜的組織將會結束，而這束星塵，令我之所以為我的這束星塵，也將冰解雲散，返回一般的形態。這本無可奈何。人類作為有創造力，有幻想力的生物，我們總有辦法在星塵散盡後，用不同方式延續自身之存在。那也不錯。我不相信這種事情，但到了二月，我就會知道了吧。

二〇一九年一月七日

歡慶的時光

昨天我有個奇妙的發現：我可以把信中的故事和感想口述給孫兒女，比寫作的速度快得多。

我的手出現了輕微的顫抖，那也增加了錯字的頻率。但就算沒有，貝琦打字也比我快得多。而我的信在許多方面，也真的更像口述故事，而不是書面寫作。因此，昨天，我口述了我和瑪西亞相愛和結婚的經過，以及我去哈佛和牛津的故事的開始。

這些文字加起來大約有六千字。在一天之內就寫了我自八月以來新寫內容的十倍了。因此，我將通過口述來說更多的故事。此外，這樣說故事還有個好處：有訪客來的時候，它就變成表演了。我在為所愛的人說故事，而貝琦是我的忠實秘書，忙著把我所說的寫下來。我相信故事在完成後還需要進行一些編輯，但把這些故事向貝琦和旁邊在聽的人大聲講出來，還是非常有趣的。

健康方面，我現在感覺其實非常好。小提醒，那是因為我服用了四毫克的類固醇和兩片利他能（Ritalin），但它們似乎的確在發揮作用。另外，過去六週我一直在服用的，美國食藥管理局剛批准的化療藥，似乎也使我的肝臟略有縮小，讓我感覺好了些。由於這是一種全新的藥物，誰知道它能做甚麼？增添一些故事的不確定性也不錯。

我的女兒們送了一份最好的禮物，她們作了一些安排，好讓她們能在我去世前的這段時間陪著我。這為我帶來了莫大的喜悅。我接受了自己的情況，會隨遇而安。我問過醫生，結束的時候會是怎樣的。他們說我睡著的時候會愈來愈多，最終沉沉睡去，不再醒來。

二〇一九年一月十二日

一波三折——對不確定性的讚歌

我已經有好幾天沒有寫網誌了，實在很抱歉。部分原因是因為這幾天感覺很糟糕，而且訪客也很多。重點是，如果有甚麼戲劇性的變化，我們會在這裡寫下來的。所以，「沒有消息就是好消息」，至少現在情況或多或少是穩定的。如果有些好消息的話，我也會告訴你們。

醫生們昨天來做日常的諮詢，報告的內容正面了很多。他們不再說「剩下幾週」的話了，雖然沒有提及長期的情況，也沒講到「存活」的字眼，但他們談到下週可能出院的問題。我顯然對正在接受的新化療反應良好——血液數值很好，腫大的肝臟也縮小了一點。結果是，我感覺很好，真的很好——沒有任何疼痛，精神還可以，是我稱之為在身體裡感覺自在的狀態。我確定，當中有些是類固醇的作用，有些來自我正在服用的利他能。但不管是甚麼原因，我都會珍惜這種良好的，身體的幸福感。

二〇一九年一月十三日

對慷慨之情和善良之心的反思

許多人以「慷慨」和「善良」來形容我和我的影響，讓我深受感動。慷慨和善良顯然都是美德，如果有更多這樣的人，世界將變得更加美好。但有時候，當人們如此欣然地寫道我有多麼慷慨和善良時，他們又讓人覺得，這些不僅僅是令人欽佩的特質，而且在某種程度上涉及到我作出的犧牲，即好像認為慷慨善良在某程度上是英雄的行為。擁有學術聲譽的人有這些特質，可能有點不尋常，但這些特質一點都不像英雄，犧牲也是無從說起。我覺得，因為我活得慷慨而善良，我的一生更快樂了。

我花很多心思策劃學期末跟學生的修學旅行。是的，的確要花很多心思，但它有助於培養一種社群意識，在這種意識中，社會學的嚴肅研究工作與愛和樂趣並存，讓學術生活的競爭性稍微冷卻下來。這對我和其他人來說都是更好的生活。

我住在一個有空房的大房子裡。這些房間經常都有人來住。這確實「算」是慷慨的，因為根據私有財產的原則，我「擁有」這個空間，所以我有權利（和權力，因為這個權利是由國家嚴格執行的）排除任何人進來。但是，讓人們使用這個空間來促進他們的生活，對實現一個充滿關愛的社群生活作出了貢獻。而無論如何，對我來說，這是一種令我更快樂，更有意義，更充實的生活方式，而不是一種犧牲。

當然，有些時候，善良和慷慨是要花時間的。考慮到時間的稀缺性，有時要善良慷慨會讓人覺得有壓力，甚至有負擔。但這又有點像養育子女的壓力和取捨了。有壓力和負擔，並不代表自己對孩子的慷慨和善意是一種自我犧牲的英雄行為。它令養育子女成為了一種愛的行為，因為老是有太多的事情要做了。

我知道，哲學家談論性格和個人美德，也談到如何培育一個人的品格。當然，社會學家也談論社會化和社會規範，這些對我們論及的問題都有很大影響——我對「真實烏托邦」的思考也是如此，因為轉型和社會解放的任務之一，正是要創造一個讓人們更容易變得善良和慷慨的世界。

二〇一九年一月十四日
瑪西亞關於探訪的公告

明天，週二，艾瑞克就要出院了。我們將住在醫院附近的一間公寓裡。出院和搬家有許多不可預期的因素，所以明天不是自發性來訪的好日子。

週三，艾瑞克計劃將在麥迪遜留一整天，所以那天也不能探訪。

貝琦自發做了一些基本的來訪安排。因為公寓很小，所以聚會的規模最好不要太大。所以，如果你想探望艾瑞克，請傳訊息（不要打電話）給貝琦。艾瑞克說，這不是為了減少訪客，只是為了確保公寓裝得下所有人。

謝謝。

二〇一九年一月十七日

過去的一週

關於慷慨和善良的網誌的後續

對於我那篇關於慷慨和善良的網誌，我又有了些進一步的想法。我的學生對於我指導學生的品質，表達了極大的讚賞。但我認為，大部分我的學生並沒有完全意識到，我從他們那裡獲得的，是多麼的豐富。我可能很慷慨、很善良，那是真的。但我是因為他們的辛勤工作和對學生這個角色的認真態度，才能好好地工作和發展。

週一：學生們在我的病房裡聚在一起

這個週一，我有個奇妙而深刻的經歷。我已經放棄協調訪客，因為對我來說太複雜了，我告訴人們想來就來吧，如果跟其他人有重疊，也沒有關係。結果在週一，有大約二十五個以前和現在的學生，在近中午和下午的時候來探望我了。當中包括一九八〇年代，我一個來自台灣的前學生，他帶著他的兩個女兒來見我，還有來自這數十年教學生涯各階段的學生。我給他們講故事，他們問問題。下午結束時，我坐在輪椅上，在靠近病房門口的地方。學生們一個接一個地走過來，彎下身向我道別。那個場面太美了，對我來說充滿了意義。

週二：計畫受挫

週二，我想我可能成為了有記錄以來出院時間最短的人。本來的計畫是讓我在週二下午早些時候出院，搬回公寓並跟我以前的學生喬希（Josh Whitford）、詹保羅（Gianpaolo Baiocchi）和大衛（David James）聚會幾個小時。我的確出院了，也成功在沒弄得太麻煩的情況下回到了公寓。我們成功將住所從公寓二樓轉到了一樓，因為最終我認為自己不可能走十四級樓梯到二樓，或那至少會是個非常大的挑戰。在辦理出院手續的同時，我們見了一個安寧療護組織。該組織將會在週四開始，在我們的公寓開展照顧。能參與安寧療護計畫，對我來說真的非常令人放心。這個計畫基本上會提供高級護理中心那些讓人熟悉的護理和其他服務。

喬希送我一段精彩的影片，從我講卡通人物「Shmoo」的課堂開始，然後畫面接到和以前的學生一起搞笑地朗讀Shmoo的故事。這是一份多麼、多麼美妙的禮物啊。

下午的時光慢慢流走，我當然也累了。基本上他們離開後，我就累透了。到目前為止，一切都很好。到了週二晚上，我們知道情況不妙了。本來的計畫是週三我要前往麥迪遜，跟社會學系道別，並去我的辦公室做些初步的工作，把東西整理好，以便最終更容易清理。

週三

週三早上我們量了體溫，我的體溫明顯升高到了攝氏三十八・八三度。於是我們打電話給診所，他們要我去福德瑞特的日間醫院。

從我們的公寓去到日間醫院，是一項可怕又困難的任務。沒有人有辦法把我從家裡移到車上。對於阿德里亞諾、瑪西亞和貝琦來說，我比一大袋馬鈴薯更沉。從車裡到醫院是極度困難和痛苦的事。

我相信有其他能完成這件事的更好辦法，只是我們不知道。對我來說，福德瑞特醫院即使是停車場也冷得刺骨。我只出院了不足二十四小時，現在又被重新送入。結果我有兩種感染，一種是病毒性的，一種是細菌性的，而它們把我完全擊倒了。這些感染也讓我敏銳地意識到自己有多脆弱。我理解到，我還有多少時間是相當不確定的。如果我能解決這些感染問題，或許我還能堅持很多個星期。但當然，如果這些感染不受控了，就算擁有你想得到的最好的護理，我也隨時都可能死去。而這種不確定性，似乎跟我之前感受到的很不同。

在這個時候談論目標和想完成的事似乎很傻，但在最後這幾週裡，我真的想完成給孫兒女的信。我想我是做得到的，因為有我的速度狂人貝琦當秘書，還有我新發現的，口述而不是自己去寫的能力。所以，我希望我能講述養育珍妮和貝琦的故事，還有這個故事作為經驗和為人父母作為意義之源，對我來說又意謂著甚麼。

我很喜歡這個網誌。它確實已經成為了我生活的中心。如果沒有這個網誌，我也許不能如此深刻地理解到，死亡對我意謂著甚麼。而事實上，可以用一種簡單的方式，與我愛的人和學生、朋友和同事的圈子，甚至我不認識的人分享這一切，而這種分享對他們來說又是有意義的——對我而言是如此珍貴。我認為CaringBridge是個了不起的平台，它在這種情況下，給了我一種能提升生活品質的溝通模式。至少對我來說，這個網誌改變了我的患病經驗。如果沒有CaringBridge，我可能會寫筆記，或者像平常一樣，在日記裡記下自己的經歷吧。但它們不會有這裡的豐富內容。而你們當中許多人認為這個網誌很重要，也自然令我非常欣喜。

週四

今天我感覺比昨天好一點了。我還是極度疲累，而物理治療師會讓我維持精神。但基本上，直到我體內的病毒和細菌感染被消滅，我都會繼續有這種極度疲累的感覺。現時我不期望會有另一次出院的機會。我現在已經過度衰弱，而即使我能夠解決眼下的這些感染，因為我沒有一個運作良好的免疫系統（甚至沒有能中度運作的免疫系統），所以還是留在醫院範圍比較好。但誰知道呢，意料之外的事還是常有的。

二〇一九年一月十八日
解釋最後數週的情況

昨天我做了一次骨髓穿刺，看看我的骨髓有沒有任何再生的希望。很可惜，沒有。我的骨髓幾乎空空如也，在那裡的細胞，很大程度上是芽細胞。麥凱利斯醫生告訴我，即便我們能夠消滅殘餘的芽細胞，我會虛弱得無法再次進行移植手術。所以，移植不在考慮之列了。而移植是我能好轉的唯一可能。

現在，只有紅血球和血小板的輸血在維持我的生命。我所有的紅血球和血小板都來自普通的血液捐贈。不幸的是，借麥凱利斯醫生的話，這種疾病令我的肝臟「吞掉」了這些輸血細胞，我從輸血中能得到的幫助會愈來愈少。到了某個時候，輸血就完全沒有用了。即使輸了一個單位的血，血紅素數值還是不會上升。到了這種情況發生，生命就再不能維持下去。在接下來的日子，可能是幾天或幾週，慢慢地，你睡眠的時間愈來愈長，你的身體能獲得的氧氣愈來愈少：一開始是一天睡十五個小時，後來變了十八、二十、二十四。你不是處在昏迷狀態，你還是會醒來的，可以說些愛的話語，甚至能跟人有較長的交流。但最後，你開始總是處於睡眠，然後歸於寂滅。那就等如是在睡夢中離世的急性骨髓性白血病版本。變成不過是，到了某個時候，一天睡二十四小時不再醒來而已。

但也有其他潛在的情況。我有兩種感染，這兩種感染都能殺死我。它們可能會突然發展失控，隨時都能在我不為意的時候把我幹掉。醫生們正盡一切努力控制感染，我覺得我的發燒已經得到控制了，基本上不會是我死亡的原因。但誰知道呢，可能我也猜不到。到我離開的時候，瑪西亞會跟大家報告消息的。

所以，親愛的朋友們啊，我們早知道這個情況了，不過又一次確認它是事實而已。能以過去幾個月我一直在談論的，這種奇妙的星塵的形式存在，我剩下的時間不多了。我沒有感到任何恐懼。我想向你們保證，我並不害怕。

如果在以這種非同尋常的形式活了七十二年後，還抱怨自己的星塵要消散於宇宙星河中的話，也未免太小題大做。整個宇宙中，很少有分子能夠體驗到這種存在。事實上，對星塵用上「經驗」這樣的字眼，就夠讓人驚訝了。原子沒有經驗，它們只是「東西」。這就是我了，我是「東西」。但這些東西的組成是如此複雜，這些的複雜性已不是「東西」能有的了。它們複雜得能夠反思自己到底是甚麼東西，以及意識到活著是一件多麼了不起的事情。而且，它意識到自己活著——它甚至察覺到自己能察覺到自己活著。

這種複雜性又產生了構成我人生的愛、美好以及意義。最重要的是，我身處一個如此充滿特權的位置，我沒有在我們殘酷的文明中過著恐懼和痛苦的生活，從沒有害怕會食不果腹，我沒有在自己的鄰里裡安全備受威脅，這些資源讓我得以建立美好的家庭，養育子女，而我認為我的孩子在這個環境裡，也感受到自己的人身安全無虞，而且有能讓自己的生命蓬勃發展的一切養份。就這樣。七十二年來，我都是浩瀚宇宙中，最有優勢，最有特權的星塵之一。它是會結束的。但我早就知道了，起碼從六歲開始就知道了。比我曾希望的早了幾年，但我沒有甚麼好抱怨的了。

如果要將繼續進行這個幻想，我想，除了擁有如此優越的位置外，我在十幾歲到二十歲出頭的時候，我還決定利用我所擁有的這種特殊優越位置，不是為了要過自我放縱的生活，而是為自己和他人創造意義，努力使世界變得更美好。我之所以這樣做，具體而言當然是受到了六〇年代末和七〇年代初期知識潮流和社會動蕩的歷史框架所影響。但我不認為這個選擇，純粹是因為那個歷史時刻的影響。我認為我堅持不懈地試圖重新使馬克思主義傳統恢復活力，以及使其與今天的社會正義和社會轉型更密切相關，是以透過科學有效理解世界如何實際運作為基礎的。但是，如果沒有一個能辯論這些想法，並以有時合理，有時判斷錯誤的方式將這些想法與社會運動聯繫在一起的社會環境，我永遠都不可能追求這套想法。恰恰是社會環境允許我這樣做了。我的個人生活因此變得非常有意義，智性上也得到了很多刺激。所以我沒有甚麼要抱怨的。我將在幾週內，懷著滿足的感覺離開人世。我不為自己的死亡感到高興，但對我所過的生活，以及我和你們所有人分享過的生活，我深以為幸。

在這個曲折迂迴的主題後加最後一筆吧：二〇一五年十一月[45]，我在騎自行車時被一輛車從側面撞上。只要發生了的事改變一點點設置，那場意外就不止會令我受傷，而會令我死亡。這一秒我還活著，下一秒我可能就死去了。有時候，人們總會談論死亡的最佳方式：是在睡夢中突然離世好一點，被「砰」的一槍擊斃好一點，或者在一段較長時間內慢慢消逝好一點。對我來說，沒有懸念：我在經歷的死亡方式，就是我會選擇的死亡方式。但這種方式還有些微妙之處，是我之前並不了解的。

通常當人們在醫學脈絡下談論死亡時，又當死亡延宕良久，像我這種情況的時候，討論的主題，經常會是關於生活品質和延長生命之間的取捨。我現在意識到的是，當你病入膏肓，當生病的痛苦已經占據了你的生活，甚至像昨晚那樣，當我的咳嗽已無法控制，令我疼痛至極並幾乎整夜無法入睡的時候，你已經無法安然地待在自己的身體裡。那就不僅僅是「生活品質」的問題，而是個關乎生命的問題了。如果我能再活五週，但活得就像我昨晚感受到的那樣，那它跟只能再活兩週，但沒有這種症狀之間，就不存在取捨的問題了。活成這樣的五個星期不能算是活著。所以我跟醫生說，從此刻開始，我將以自己的舒適感為優先。我不是要那些讓我身體舒適但精神錯

45　譯注：艾瑞克指的是二〇一六年十一月的車禍，在這裡錯指為二〇一五年。

亂的藥物麻醉，我希望自己在精神上也是舒適的。我希望與人連結溝通，並能繼續寫這個網誌，直到最後。但我的首要任務是要「在場」。能活多久就由它吧。我的生命很快就要結束。在我能真正活著的情況下，我期望它能持續得更久一點。

二〇一九年一月二十一日

耍傻的藝術

最近的文章相當沉重，但可以理解吧——我正處於生命的最後階段。所以我都在專注思考那些關乎生死的大問題。這些問題，又跟一些對我身體產生強大影響的健康危機結合在一起，故我也必須分享這一切。因此，雖然我希望這些網誌文章不總是死氣沉沉的，但它們肯定不太輕鬆。好了，為了讓你能更全面地了解我的生活，即使我在思考的都是死亡的問題，我會與你分享貝琦和我剛剛完成的，給我孫兒女的信的部分。這些都是由我口述，貝琦負責寫下來的。這一節信，描述了我女兒們的成長過程中，我和她們的關係中一個極其重要的方面，那就是培養一種傻傻的，憨氣的，開玩笑的氣氛；一種時時在不經意間冒出來的，以各種不同形式出現的輕快好玩的氛圍。有時我也會把溫和一點的版本，帶入研討課或跟學生的其他活動。但我還是跟孩子們在一起的時候，最能發揮這種傻氣。

其中一個體現傻氣的地方，就是說故事的時候。我的故事不總是笨笨的。它們不總是純粹的傻乎乎，但我想說的是，在我給孩子講的幾乎所有故事中，傻乎乎都占了一部分。所以，下列節選了我給孫兒女的信。其中包含了些關於一起耍傻的總論，又特別講到如何自發地講一些邊講邊編，沒有特定情節的故事。這些故事都很容易道出，所以不是作為父母的其中一項工作，而是一種樂趣。

當中關鍵之處，就是我說過的，要創造一個哏，哏就是講故事的機器（我在十一月十四日的文章裡，提到了哏的概念）。你有個好的哏，讓它在腦子裡，故事就會自然蹦出來。這些故事不需要情節，只需要一個有趣的，好玩的結構。一個真正好的故事，是一個孩子們也可以參與的故事。他們會將自己的想法放進來，提議故事情節，也會說自己希望接下來發生甚麼。好了，介紹完畢。我們看看這一節信吧。

給孫兒女的信的節錄

傻氣作為生活方式的一部分，對我和我的孩子們的關係來說，真的非常重要。傻氣有很多不同形式：耍傻有很多方法。一個很有關係的詞是「傻乎乎」。作為你生活方式的一部分，傻乎乎是一種可以對抗我們人類死板嚴肅的存在條件的東西，使生活變得有趣和滑稽，令人不會老是將所有事情看得太重要。而且，對我來說，做人「傻乎乎」的方式正是表達了我對所有事都看得很認真的需求。我確實非常認真地對待這個世界。我將整個事業生涯，奉獻在有關社會正義的研究，以及對學生的指導上；我也同時是一位充滿愛而又積極的父親。這些都是很嚴肅的事情。那就是把生活看成重要而又必須要投入心力的事。

但是，世界上有那麼多的困難，隨著年齡的增長，你就會更意識到這些困難。如果你在我們的充滿特權的條件下，孩子們就不需要經歷當中某些困苦。所以，傻氣從來都是令生活變得輕鬆的方式之一。我不是在說「不要那麼認真」，我是說，「在對事情認真以外，就既嚴肅又輕鬆的看待生命吧。」

因此，我表達傻氣的方式之一，是講傻氣的故事。不過也有其他方式的。有種也比較接近講故事的方式：我開車送孩子們上學的時候，在往溫格拉小學的路上，會經過一個奇妙的，有點像樹林的車道，叫埃奇伍德風景車道。我們會沿著這條被樹木覆蓋的路開車，在〇．八公里的路途中，我會假裝有恐龍從樹林中跳出來撲向我們。我以每小時十六到二十四公里的速度緩慢開車，當一隻恐龍跳出來時，我會猛踩剎車，突然停下來，這樣每個人都會向前衝。我這樣做是安全的，因為孩子們都繫好了安全帶，而且速度顯然不會導致頸部或類似問題（至少我希望我的判斷是對的）。開車去學校的過程因此變得充滿樂趣，車裡的每個人都因為想像恐龍向我們跳出來而樂不可支。而且這很有參與性，孩子們會大喊：「哦！有隻恐龍來了！」然後我就會猛踩剎車。

或者，在我們有晚餐聚會的時候，我會把某個鍋的蓋子塞進我的衣服裡，然後拿著一個木勺子，在自己的肚子上打一下，發出響亮的聲音，讓孩子們大笑。我這些舉動都是突如其來的，不是任何遊戲的一部分，都是想到就把蓋子塞進去打。這就是傻氣了。

但我會說，傻氣其中一個最重要的表現方式，還是講故事。這些故事聽起來很有趣，隨著孩子們年齡的增長，他們也會更熱烈參與，故事也會因為他們對傻氣的貢獻而更好笑。當我有個好哏，連睡著我也能講個好故事。因此，在漫長的公路旅行中，我會在開車的時候講一個以喬西和潔西卡為主角的故事。我不用先計劃好故事情節。另一個哏是在高山上尋找巧克力礦。又或者，我們會在「通往曼德勒之路」[46]上無休止的穿越叢林。當時我的侄兒山姆是孩子群中年齡最大的，他總是被安排在一頭名叫「慢吞吞」的驢子上，而其他孩子則可以自己宣稱要騎的是甚麼動物。山姆比其他孩子大，我可以取笑他。他會成為笑話的主角，他也會意識到那是樂趣的一部分。

有時我會把這些故事錄起來。喬西和潔西卡的全套故事，許多暴風雪史詩，以及尋找

46 譯注：「通往曼德勒之路」（On the Road to Mandalay）來自英國詩人吉卜林（Rudyard Kipling）於一八九〇年作的詩《曼德勒》，描述的是英國殖民時期的緬甸。後來詩被改編成音樂劇和歌曲，多年來翻唱者眾，包括著名爵士歌手法蘭克・辛納屈（Frank Sinatra）。

巧克力礦的故事都被錄下來了，你們可以聽一聽。你們會聽到你們的母親們大喊大叫的聲音，因為我編了些情節，然後貝琦或珍妮就會說，「不是，它不是這樣發生的。」到了某個年齡，貝琦在打斷我的故事的時候，聲音非常尖銳。好吧，這些都錄起來了，你們可以聽一聽，把自己帶回到三、四十年前。這些都是在一九八〇年代中期錄下來的，是很久以前了，你們可以聽聽在你們母親的參與之下，我講的這些故事是甚麼樣子的。

這些故事最初的一組，實際上是我在一九七〇年代，在柏克萊跟另一個家庭住在一起的時候錄起來的。那個家庭就是祖克夫婦（The Zuckers）。我把那些故事都錄起來了，尤其是喬西和潔西卡的故事，還有大猩猩的。有個溫馨的小情節是，這個家庭的小兒子喬納森．祖克（Jonathan Zucker）當時還沒有出生，他是在一九七四年出生的，我是在一九七二年把這些故事講給他的姐姐聽的。而喬納森在六歲的時候，晚上總是難以入睡，他的父母認為我錄下來的故事可能有助他入眠，而它們也真的奏效了，像一劑靈藥一樣。自六歲開始，到差不多十三歲為止的一段頗長的時間裡，喬納森每晚都聽著關於喬西和潔西卡，還有大猩猩的故事入睡。然後到了他再長大一點，十五、十六歲的時候，他成為了一個柏克萊夏令營Camp Kee Tov的輔導員。晚上，孩子們就圍著營火，聽著喬納森講這些故事——而因為他已經把故事聽過千百遍了，喬納森講得一字不漏，跟我說故事的方式一模一樣。有個故事我講著講著突然打了個噴嚏，而喬納森講到那裡的時候，他也會打個噴嚏。

對我來說，這就是人類一種奇妙的現象。圍著營火說故事的傳統可以追溯到遠古，這就是宗教故事、神話和寓言開始的方式，就是所謂的口述，而不是寫下來的故事傳統。寫下來的故事不會有像打噴嚏這樣的情節，但這些故事肯定了生命的價值，也時時肯定了生命的傻氣。喬納森會對夏令營的孩子們講這個故事，而他打噴嚏的地方，也同樣是我在二十年前打噴嚏的地方。對我來說，從古至今，人類在社群中共同生活，傳播著這些文化現象的意義，從未因時間推移而中斷。這正是個美好的，深刻的佐證。

當然，要講故事的話，孩子必須先擁有語言能力。每個孩子獲得語言的時間都不一樣。孩童在會說話之前，當然就已經能理解事物了，但要真正講好一個故事，我會說孩子最少要差不多三歲左右，然後到了四歲或四歲半左右，他們就真正能理解故事，以及能夠參與故事本身了。我常常在想，要給你們準備一個怎樣的哏。我不希望向弗倫、薩菲拉和艾達再重複關於喬西和潔西卡的故事了。我有個故事的輪廓，那是一個每個人都是女巫的世界，但他們自己完全不知道。而這個世界的女巫，是擁有特殊力量去實現這種潛力的人，這項潛能是他們夢寐以求的東西。

你看到了吧，這就是生產故事的機器。不同的場合會產生不同的問題，但基礎已經打好了。在你們去公路旅行，或在林中小屋裡生火講故事的時候，我都不會在場。但可能，這個故事的模板會流傳下來，有其他的故事會由此衍生。

醫療小報告

大部分時間，我感覺都還可以。沒有甚麼可以報告的重大進展。唯一的新症狀是，我有了幾次呼吸困難的經歷，因為我根本無法填滿我的肺。這種情況大概會持續十五到二十秒，非常可怕。只消站起來，或轉一個身，就足以觸發這種症狀了。但這都是意料之內的，急性骨髓性白血病晚期的症狀之一。

而我可以的。我還可以的。

＊＊＊

艾瑞克在二〇一九年一月二十三日凌晨十二點二十二分與世長辭。

附錄　墜入台灣真實烏托邦

編按：二〇一四年，艾瑞克受中研院社會所林宗弘教授、台大社會系何明修教授等人之邀來台。事情經緯與相關協助人士請見林宗弘〈墜入真實烏托邦：Erik Olin Wright速寫〉一文，收錄於《真實烏托邦》（群學出版；二〇一五）。艾瑞克對於此趟台灣之旅的日記，亦收錄於《真實烏托邦》一書自序。

照片提供：©台灣勞工陣線。

二〇一四年恰逢台灣發生三一八社會運動。三月二十七日，艾瑞克在學運決策小組的密會場所之一——台灣勞工陣線辦公室，分享「占領威斯康辛州議會經驗」的演講。

林宗弘教授致贈勞陣「反血汗」毛巾與《崩世代》一書（群學出版；二〇一五），並與艾瑞克合影交流。

三月三十日艾瑞克於後門咖啡（現已歇業）演講，主題為「展望真實的烏托邦」。可見艾瑞克招牌的濃密捲捲髮，並套上「支持學生」T恤。

譯後記 愛、社會學、還有真實烏托邦

愛

在艾瑞克辭世後一個月，我在《端傳媒》寫了一篇題為〈關於愛，社會學家Erik Olin Wright告訴我的事〉的文章。二〇一六年底我在準備結婚，艾瑞克知道後很高興，拉著我手懇切（甚至帶點激動地）跟我說：「妳的生命一定會更好，更完滿。」後來一直很疑惑，為何一位基進左翼社會學家——在他的「無廢話（馬克思主義）小組」的許多同儕都拋棄馬克思傳統後，數十年仍未偏離這個學術進路的社會學家——竟然會對婚姻這種幾乎有點封建的制度充滿信心？恩格斯不是說婚姻是「資本主義的共構關係」嗎？

在他辭世後，我在翻譯了他的講稿和文章[1]再細細思考，在那篇文章裡寫下我的答案：「如果歷史已經有終點，如果一切都已經由冥冥中某些神秘的強大力量（那怕是甚麼自然法則還是

1 注：可網路搜尋參見「中文馬克思主義文庫：埃里克・奧林・賴特」。

辯證法也好）替我們選擇好了，那麼我們為甚麼還要苦苦掙扎？如果執著於純粹與同質，只會令我們無法坦然接受異質與複雜性，只能永遠等純粹的世界出現。」對於畢生思考「限制」與「行動」的艾瑞克而言，我們永遠無法活在一個沒有束縛的世界，但那不應該是我們停止向著更好的世界前行的絆腳石。如果只見限制之牢固，但不見人的創造力和能動性，我們只能永遠等待一場燒光一切的革命，來達到我們理想中的烏托邦。而革命能創造理想社會的，在人類歷史中，即使有也是屈指可數。

艾瑞克在病榻上仍心心念念的「真實烏托邦」，就是對這種困境的直接回應。這些年來，不是沒聽過尖酸的質疑者指艾瑞克放棄分析馬克思和階級理論的前沿研究，轉而「研究維基百科」（指「真實烏托邦」的其中一個例子），在學術上是一種退步。但這些質疑者無法理解的是，艾瑞克一直沒有放棄行動者的身分，而且總認為知識不應在象牙塔裡爭先恐後地追求「影響係數」（Impact Factor）而存在。他很常引用馬克思《關於費爾巴哈的提綱》著名的第十一條：「哲學家嘗試用不同方式解釋世界；問題在於改變世界。」相比影響係數，他更關心的是人的生存狀態——我們如何才能生活得更幸福，更有能力建立良好的制度，更能舒展自己。

這幾年，不論是在我生命裡，還是在我的家鄉香港，還有整個世界發生的一切，都讓我再次回頭看艾瑞克的「真實烏托邦」。讓我一次又一次反覆思考的，不是甚麼政治理論，而是「在行動和言論不再自由的年代，我們如何能過值得過的，有尊嚴的人生？」也是一次又一次，我從

「真實烏托邦」裡得到了啟發：如果我相信個人是社會的一個變量，那麼個人的堅持與信念，即便渺小，也不可能是沒有意義的。

而這也是我在他人生最後十個月的網誌裡讀到的：即使在最深刻的磨難，最不可能跨越的限制面前，愛也不可能沒有意義，甚至可能是唯一的意義。

在生命最後的日子，艾瑞克經常思考：為何自己會為即將到來的死亡感到如此悲痛？畢竟他在還是個小孩的時候，就接受了人的終點只能是永遠的寂滅；而從來沒有宗教信仰的他，也知道「來生」、「死後的世界」，不過是人類編給自己的故事。死亡是所有人在出生時已寫在終點的命運，再有財富權勢的人都逃不過的命運，而他從來不曾嘗試否認這個事實。

而艾瑞克的答案是，因為愛，所以他如此渴望能夠看著孫兒女成長，能模塑他們的人生；也因為對這個千瘡百孔的世界的愛，他急切地想要知道，自己想像的，那個更平等，更公義，令所有人能夠欣欣向榮地生活的世界，會不會有天成真。因為愛，他有了太多牽掛，在他即將腐朽的身體以外的牽掛。

翻譯這一段的時候，我想起哲學家、電腦科學家侯世達（Douglas Hofstadter）在《我是個怪圈》（*I am a Strange loop*）裡寫道，如果一個已逝的人的照片，在生的人看到時仍然會想起許多美好的回憶，仍然能讓他們心裡泛起漣漪，那麼，一個人生命的「界限」在哪裡呢？史特拉汶斯基已經離世數十年，但他在百多年前寫的《火鳥》，卻仍能讓面對頑疾的艾瑞克感動不已，那麼我們能說史特拉汶斯基不再「存在」了嗎？

社會學總是說，人在呱呱墮地時就落入社會世界裡，受到它的各種束縛；但人也能夠思考，能夠觀察和理解世界，甚至能改變那些束縛自己的結構。我們的整個生存狀態，令人之所以為人的一切，都是社會的——包括愛本身，又特別是「愛」本身。

如果沒有愛，也許人生要輕盈得多；牽掛、悔恨、遺憾、傷痛，大概都因愛而來。但也因為愛，我們能夠擴闊生命的界限，在自己的物質構成以外，仍能以另一種方式「存在」。

三年前我這樣寫：「艾瑞克讓我相信，茫茫世間，人類所有能理解和感知的所謂愛，到了最深最盡處，都是在世間一切約束與限制中竭力創造希望與幸福的過程。」在翻譯了他在病榻上對愛和死亡的思考以後，我好像對此又有了更深刻的領會。

艾瑞克人生中寫下的最後一篇網誌，題目是「耍笨的藝術」。以他對知識學術、浩瀚宇宙與人生的哲思來告別或許優雅，但這種道別方式也不錯——人無法選擇自己何時來到世上，絕大部分人也無法選擇何時要走，那麼就傻乎乎地，隨意地，有點糊塗地過日子吧。

而才華洋溢的社會學大師艾瑞克，的確同時是傻乎乎的。我和艾瑞克第二次見面的時候，他就下定決心不要再叫我的英文名字「Sherry」，說想知道我的家人和朋友怎麼稱呼我。於是我告訴他中文名字「婉容」的廣東話讀音。他試了幾次，我糾正了幾次，最後大概有七成準確吧。我說「很好了，對了。」（難道真的要老教授念到百分百準確為止嗎？）艾瑞克於是信心滿滿地說：

以後見到你，我就可以叫你的中文名字了。

可是，聰敏如艾瑞克，也會被廣東話這樣的一種調性語言擊倒。以後他見到我的時候，都大老遠就揮手喊「嗨，Yoyo！」（音調有點像廣東話的「婉容」）我沒再糾正他，也是樂得有個可愛童趣的暱稱。艾瑞克去世後，我突然意識到，在這個冰天雪地的異鄉，沒有人會再叫我的中文名字。我又只能是Sherry了。所以我是後來，才意識到艾瑞克那個看似隨意的問題的重量：因為在他眼中，我值得以我希望的方式被認識，被了解，被記住。在異國他鄉，老教授的一句「Yoyo」肯定了我的身分，也肯定了我的完整性。

作為研究院裡的博士生和教授，規範我們的關係的，是學院各種成文或不成文的規矩。但從我認識艾瑞克的第一天起，他就不打算視我（或任何人）為眾多博班生的一個。艾瑞克的為人，大概也影響了他的社會學：因為他總是竭力去打破那些讓人難以伸展的藩籬，他才會看到在那些看似牢固的結構之下，我們還是有可能不受規範的束縛左右。他的「解放型社會科學」，出發點是對人生存狀態的深深關懷。

在這十個月的網誌裡頭，艾瑞克常常很自覺地用上一個字：「meandering」，即曲折、多彎、蜿蜒。在漫長學術生涯中，艾瑞克著作等身，作品一直以論證嚴謹、邏輯緊密著稱。讀者在艾瑞克的日記中，可以理解他處理學術寫作的手法：在眾多的旁枝末節中整理出一個「核心信息」，然後圍繞著這個核心信息修剪材料，展開論述。認識艾瑞克的社會學，讀過他的學術寫作的人，就知道他寫作通常是多麼簡潔直接，還尤其喜歡將東西分門別類；系裡研究生間常笑談他對矩陣表格（matrix）的執著。即使是不同意他的理論的人，都不得不承認他一針見血地指出問題核心的能力。

但在這段無法複製，無法預計，也無法理論化的過程中，他的文字和他的病情一樣反反覆覆，在希望和絕望，高山與低谷中來回擺蕩。在翻譯的過程中，我忍不住想，對於此前不認識艾瑞克的讀者，為甚麼要讀一個社會學家在病厄中，對生命和意義反覆無解的詰問？為了譯書，我查過書中提到的許多種化療藥物的名字，也增進了關於血液和細胞的知識——那是因為，在艾瑞克最後的十個月，那些幾乎就是他的日常。瑣碎、曲折、繁冗的日常。

英國神學家和牧師霍洛威（Richard Holloway）在《等待最後一班公車》（*Waiting for the Last Bus*）裡寫道，相比那些數算逝者有多少成就的文章，他更喜歡讀那些寫到他們如何在生而為人的痛苦中掙扎的訃告：「接近死亡的美妙，在於我們獲得最後一次機會，讓我們承認和擁有真正的自我。」在這些網誌裡，面對著將自己逐日侵蝕的惡疾，艾瑞克一次又一次的否定自己，甚至寫下了「我的生命，我所愛的一切，我賴以生存的所有——都是一場空」的話。

在翻譯的過程中，我有時覺得「啊，不愧是艾瑞克，到這種時候還能這樣思考」；但有時又覺得，這些自我懷疑多麼平凡，多麼普世。畢竟我們誰不是都不免一死，都在等待最後一班公車？在生命的終章，艾瑞克肯定了在病中遇上的，此前他不曾認識的，充滿恐懼的自己。在體認自己不過是渺小星塵的同時，他還是不禁感嘆——能成為擁有自我意識的星塵，多麼神奇，多麼幸運。我們是平凡的，卻也同時是獨特的。

對於那些關乎生死的詰問，這似乎不是個肯定的答案。但我想，他也會覺得這個答案「夠好了」。

這樣的，有瑕疵的，永遠不能完全確定的答案，難道不是更加動人？

寫到這裡，我的古典音樂清單播到德弗扎克《第九號交響曲》的慢版樂章。英國管悠悠吹出意念來自黑人靈歌《念故鄉》的主題，樂音溫醇動人，彷彿在說著，晚了，晚了，要歸去了。我也彷彿聽到熱愛古典樂的艾瑞克說，公車到了，我要走了。但他給我們留下了這些故事，讓旅途還未結束的我們，能夠在迷失於浩瀚宇宙時，記得世上還有值得我們去盼望、去關懷、去愛的人和事。

也許這本書，也能是一個真實烏托邦吧？社會學裡有著名的「托馬斯定理」：如果我們定義它為真實的，那麼它的後果就將是真實的。那麼我也如此相信，這就是真實烏托邦。

能讓華文讀者也能聽艾瑞克在星河盡處的公車站說故事，我深感榮幸。

國家圖書館出版品預行編目資料

命若星塵：這裡就是真實烏托邦，一位公共社會學家對於生與死的最後反思／艾瑞克．萊特（Erik Olin Wright）作；陳婉容譯. -- 初版. -- 臺北市：麥田出版：英屬蓋曼群島商家庭傳媒股份有限公司城邦分公司發行, 2022.09
面；　公分. --（麥田叢書）
譯自：Stardust to stardust : reflections on living and dying.
ISBN 978-626-310-261-3（平裝）
1.CST: 萊特 (Wright, Erik Olin)　2.CST: 社會學家
3.CST: 回憶錄　4.CST: 美國
785.28　　111008748

麥田叢書 111

命若星塵

這裡就是真實烏托邦，一位公共社會學家對於生與死的最後反思

Stardust to Stardust: Reflections on Living and Dying

作　　者／艾瑞克．萊特（Erik Olin Wright）
譯　　者／陳婉容
責任編輯／許月苓
主　　編／林怡君

國際版權／吳玲緯
行　　銷／闕志勳　吳宇軒　陳欣岑
業　　務／李再星　陳紫晴　陳美燕　葉晉源
編輯總監／劉麗真
總 經 理／陳逸瑛
發 行 人／凃玉雲
出　　版／麥田出版
10483臺北市民生東路二段141號5樓
電話：(886)2-2500-7696　傳真：(886)2-2500-1967
發　　行／英屬蓋曼群島商家庭傳媒股份有限公司城邦分公司
10483臺北市民生東路二段141號11樓
客服服務專線：(886) 2-2500-7718、2500-7719
24小時傳真服務：(886) 2-2500-1990、2500-1991
服務時間：週一至週五09:30-12:00．13:30-17:00
郵撥帳號：19863813　戶名：書虫股份有限公司
讀者服務信箱E-mail：service@readingclub.com.tw
麥田網址／https://www.facebook.com/RyeField.Cite/
香港發行所／城邦（香港）出版集團有限公司
香港灣仔駱克道193號東超商業中心1/F
電話：(852)2508-6231　傳真：(852)2578-9337
馬新發行所／城邦（馬新）出版集團 Cite (M) Sdn Bhd
41, Jalan Radin Anum, Bandar Baru Sri Petaling, 57000 Kuala Lumpur, Malaysia.
Tel: (603) 90563833　Fax: (603) 90576622　Email: services@cite.my

封面設計／盧卡斯工作室
印　　刷／前進彩藝有限公司

■2022年9月　初版一刷

定價：480元
ISBN 978-626-310-261-3
其他版本／978-626-310-273-6（EPUB）

cite 城邦媒體 麥田出版
Rye Field Publications
A division of Cité Publishing Ltd.

廣	告	回	函
北區郵政管理局登記證			
台北廣字第000791號			
免	貼	郵	票

英屬蓋曼群島商
家庭傳媒股份有限公司城邦分公司
104 台北市民生東路二段141號5樓

▼
請沿虛線折下裝訂，謝謝！

文學・歷史・人文・軍事・生活

麥田出版
Rye Field Publications

書號：RL4111　　書名：命若星塵

讀者回函卡

cite城邦媒體

※為提供訂購、行銷、客戶管理或其他合於營業登記項目或章程所定業務需要之目的，家庭傳媒集團（即英屬蓋曼群島商家庭傳媒股份有限公司城邦分公司、城邦文化事業股份有限公司、書虫股份有限公司、墨刻出版股份有限公司、城邦原創股份有限公司），於本集團之營運期間及地區內，將以e-mail、傳真、電話、簡訊、郵寄或其他公告方式利用您提供之資料（資料類別：C001、C002、C003、C011等）。利用對象除本集團外，亦可能包括相關服務的協力機構。如您有依個資法第三條或其他需服務之處，得致電本公司客服中心電話請求協助。相關資料如為非必填項目，不提供亦不影響您的權益。

□ 請勾選：本人已詳閱上述注意事項，並同意麥田出版使用所填資料於限定用途。

姓名：________________ 聯絡電話：________________

聯絡地址：□□□□□________________

電子信箱：________________

身分證字號：________________（此即您的讀者編號）

生日：____年____月____日 性別：□男 □女 □其他________

職業：□軍警 □公教 □學生 □傳播業 □製造業 □金融業 □資訊業 □銷售業 □其他________

教育程度：□碩士及以上 □大學 □專科 □高中 □國中及以下

購買方式：□書店 □郵購 □其他________

喜歡閱讀的種類：（可複選）

□文學 □商業 □軍事 □歷史 □旅遊 □藝術 □科學 □推理 □傳記 □生活、勵志 □教育、心理 □其他________

您從何處得知本書的消息？（可複選）

□書店 □報章雜誌 □網路 □廣播 □電視 □書訊 □親友 □其他________

本書優點：（可複選）

□內容符合期待 □文筆流暢 □具實用性 □版面、圖片、字體安排適當 □其他________

本書缺點：（可複選）

□內容不符合期待 □文筆欠佳 □內容保守 □版面、圖片、字體安排不易閱讀 □價格偏高 □其他________

您對我們的建議：________________